国家社科基金资助项目（21BGL118）

物理人性
——领导力与组织发展

邱伟年　著

中山大学出版社
SUN YAT-SEN UNIVERSITY PRESS
·广州·

版权所有　翻印必究

图书在版编目（CIP）数据

物理人性：领导力与组织发展/邱伟年著. -- 广州：中山大学出版社，2024.12. -- ISBN 978-7-306-08251-0

Ⅰ．C933

中国国家版本馆CIP数据核字第2024AL7784号

WULI RENXING —— LINGDAOLI YU ZUZHI FAZHAN

出 版 人：王天琪
策划编辑：陈文杰　谢贞静
责任编辑：刘　丽
封面设计：林绵华
责任校对：周擎晴
责任技编：靳晓虹
出版发行：中山大学出版社
电　　话：编辑部 020 - 84110776，84113349，84111997，84110779，84110283
　　　　　发行部 020 - 84111998，84111981，84111160
地　　址：广州市新港西路135号
邮　　编：510275　　传　　真：020 - 84036565
网　　址：http://www.zsup.com.cn　E-mail：zdcbs@mail.sysu.edu.cn
印 刷 者：广州一龙印刷有限公司
规　　格：787mm×1092mm　1/16　17.5印张　300千字
版次印次：2024年12月第1版　2024年12月第1次印刷
定　　价：98.00元

如发现本书因印装质量影响阅读，请与出版社发行部联系调换

作者简介

邱伟年,广东外语外贸大学商学院教授,中山大学管理学博士。现任广东外语外贸大学人工智能与电子竞技学院、高等继续教育学院、公开学院院长,校级重点研究基地——领导力与组织发展研究中心 [Leadership Empowerment and Organization Development (LEO) Research Center] 主任,广东省领导科学与组织发展(LEO)研究会会长。中国领导科学研究会常务理事,广东国际战略研究院研究员,中山大学企业管理研究所研究员,英国兰卡斯特大学管理学院高级访问学者等,曾在英国剑桥大学、牛津大学、北京大学汇丰商学院(牛津校区)、美国马里兰大学、加州大学河滨分校、纽约大学、法国巴黎高师、格勒诺布尔商学院、巴西圣保罗大学、葡萄牙里斯本工商大学等访学研究。广东省委组织部、广东省人力资源和社会保障厅、广东省市场监督管理局等专家顾问,上市公司独立董事及多家大中型企业管理顾问。

研究方向:领导力与组织发展、战略管理与公司治理、全球价值链与跨国并购、人力资源与企业文化。

学术科研成果:现正主持国家社科基金课题"国企'敢担当善作为'高管激励容错与高质量发展联动机制研究"(21BGL118)、中国领导科学研究会"中国共产党百年领导力"系列课题研究——"改革开放与党的领导力",参与国际合作课题 GCRF(Global Challenges Research Fund)"A pragmatic approach: a possible pathway towards organizational resilience?"(SF10206-42);曾主持并参与国家自然科学基金、省部级课题"广东省珠三角一体化战略研究""广州市国际商贸中心研究""广州市高端服务产业集群研究""肇庆市国有经济研究"等6项;在《社会科学》《学术研究》等权威学术刊物发表论文多篇,出版《学习的逻辑》等专著,主编、翻译《组织行为学》《人力资源管理》等教材。

政府专题与企业咨询服务成果：主持了广东省委组织部、广东省人力资源和社会保障厅、广东省贸易促进委员会、茂名市国家税务局、河源市国有资产监督管理委员会、风华高科、大亚湾等政企事业单位的专题培训及专项研究项目 20 余项，主要成果有"关于深化广东与澳大利亚经贸合作的调研报告""广州自由贸易港战略研究""肇庆市市属国有经济发展改革研究报告项目""河源市市属国有经济发展改革研究报告项目"，其中"关于深化广东与澳大利亚经贸合作的调研报告"获广东省委书记胡春华的重要批示。主持了 10 余项大型企业咨询项目：广东中国移动城市发展项目，风华高科战略及人力资源项目，珠江实业战略及薪酬管理项目，广州农商行业战略和人力资源项目，华发集团人力资源项目，海鸥卫浴人力资源项目，广州电视台激励机制、胜任能力项目，正佳广场、广州百货战略及人力资源项目，湛江自来水人力资源项目，肇庆旅游战略及人力资源项目等。

序　言

领导力是一个穿越历史、令人着迷的课题，创新性和前瞻性是它永恒的灵魂。领导力也是科学与艺术的结合、物理与人性的融合、人品与产品的投射、物质与精神的凝聚，由中西文化互鉴共生，真实且不可复制。领导者需要组织，组织是个人梦想成真、价值实现不可或缺的基础；组织也需要杰出的领导者，领导者是组织成长的原点；领导者也需要追随者，追随者是组织发展壮大的源动力。领导理论是研究领导力与组织发展互构协同有效性的理论。领导力就是要解决"发现未来的发展方向、影响追随者过程和创新性定义组织边界"这三个核心问题。组织里的最高领导是组织发展的天花板及存在价值的基础，推进组织发展与创新进步的动力不是组织规模的大小和市场占有率的多少，而是领导力的强弱，以及其对体制力影响的大小。创新是领导力的灵魂，领导力的底线就是它的价值观，领导力的空间在于无限的想象力和对未知世界的好奇心和探索精神。领导的决策行为不仅需要"物理人性"的有机结合，还需要符合"人性第一、经济第一、管理第一"三位一体的领导三大定律。自20世纪40年代以来，西方学者从不同角度对领导问题进行大量研究，先后形成了三个不同的发展阶段：领导特性理论、领导行为理论和领导权变理论。自20世纪80年代以来，经济的不断发展和企业的不断增加促使越来越多的专家学者及实践工作者从其他角度对领导行为进行研究，推动了领导理论的发展，具有代表性的领导理论主要有领导归因理论、领导成员交互理论、权威型领导理论、服务型领导理论、魅力型领导理论等。当前的领导理论研究呈现出从单一层次向多元化层次发展、从理论探索向实践验证转向的态势。本书通过梳理现有的权威型领导理论、变革型领导理论、服务型领导理论、魅力型领导理论、追随力理论和数字领导力等研究成果，介绍了领导力相关的概念与测量方法，明确了领导力形成的理论基础与路径，厘清了领导力相关的研究现状，创造性地提出了 LEO 六阶领导力模型及与之匹配的职业晋升与组织发展理论，尝试为领导力理论和实践提供有价值的研究新框架及应用新模型，以期丰富领导力的探索研究。

　　领导力犹如古代的棋艺、现代的投资、未来的科技，是永恒的艺术，易学难精，上手快，但后劲不足。如果只是关注领导者本人的特质和风格，则无法充分展示组织发展的曲折与宏大的历史方位；如果只停留在组织战略和千秋伟业，又无法体现领导者作为中流砥柱的英雄本色和践行向死而后生、以身许国的初心使命的历史担当风采。那么，领导力的研究框架如何平衡组织体制力与领导个人魅力？组织制度可传承创新，而领导者的个性化魅力却无法复制，两者之间的奇特关系犹如黑箱一样一直困扰着学者们，不少学者也曾构建个人与集体领导力的研究框架，尝试解答该疑惑。本书以回顾领导力理论发展历程中的重要理论及主要代表性人物的方式展开阐述，这样不仅有助于增加本书的说服力，而且有助于增强可读性。各章涵盖以下内容：第 1 章 "领导力与组织发展（LEO）理论" 围绕着领导的本源、领导的性质与区分、领导的科学方法等展开阐述，再现了领导理论的演变进程和意义。第 2 章 "LEO 领导力之权威型领导与组织发展" 围绕着权威型领导的概述、权威型领导的基本含义、权威型领导的测量及案例分析等展开阐述，再现了权威型领导理论的演变进程和实践价值。第 3 章 "LEO 领导力之变革型领导与组织发展" 围绕着变革型领导的起源、变革型领导的内涵、变革型领导的维度、变革型领导的测量及案例分析等展开阐述，再现了变革型领导理论的演变进程和实践价值。第 4 章 "LEO 领导力之服务型领导与组织发展" 围绕着服务型领导的起源、服务型领导的本质内涵与特征、服务型领导的内容结构维度划分、服务型领导的测量及案例分析等展开阐述，再现了服务型领导理论的演变进程和实践价值。第 5 章 "LEO 领导力之魅力型领导力、数字领导力与组织发展" 围绕着中国进入数字化时代、数字领导力的内涵、数字领导力的类型、数字领导力的测量、数字领导力的特征及案例分析等展开阐述，再现了数字领导理论的演变进程和实践价值。期待构建领导者—追随者—组织发展的逻辑框架与领导力演化战略地图。第 6 章 "LEO 六阶领导力模型：领导力与追随力的关系" 围绕着追随力的起源、追随力的内涵、追随者的类型、追随特质理论及追随力维度、追随力与领导力的互构协同与相互转化等展开阐述，再现了领导力与追随力理论的演变进程和实践价值。第7章"LEO领导力与组织未来发展"围绕领导力与组织演化、文化、金融、科技、晋升管理及案例分析等展开阐述，再现了领导力在组织发展中的实践价值。

领导力就是领导者洞察未来趋势并指明战略方向，影响并引领，赋能并激励追随者，共同实现组织创新发展的过程。时代发展需要创新，创新驱动就是人才驱动，人才驱动和聚集需要领导力新方向的引领。领导力深深地刻上了时代的烙印，从新中国成立以来到改革开放，再到中华民族伟大复兴的新时代，领导力有什么新的特征？其作用机理和机制又发生了哪些变化？个体、团队到组织的领导力提升面临着哪些问题和挑战？在当前社会日益剧烈变动又叠加经济趋向结构化的复杂情境下，如何带领组织对内不断改革、对外持续开放寻求新的平衡点，实现组织的健康可持续发展？这些都是亟须高度重视并认真解决的重要课题。广东省领导科学与组织发展研究会会长，广东外语外贸大学人工智能与电子竞技学院、高等继续教育学院、公开学院院长，校级重点研究基地——领导力与组织发展（LEO）研究中心主任邱伟年教授负责本书的主要撰写工作，其他参与本书编写的人员有：四川大学张海娜教授，广东外语外贸大学领导力与组织发展研究中心杨安、陈晓、孙海龙、赵地、林家荣、郭胜杰，以及硕士研究生蒋雪、邢红磊、李玲、冯佩珊、姚欢欢、尹功琦、余泳仪、姚子欣、张晓琳、刘顺、何荣渠等。我们尝试通过回顾古今中外领导力理论的演变历程，总结其研究成果及经验，旨在为需要了解领导力理论与实践的各类人士提供较为客观、全面的知识和信息，希望能够增进读者对领导力理论的了解。受资料收集和学术水平等诸多因素的限制，书中所表述的观点难免有疏漏和不当之处，敬请广大读者批评指正。

2024年恰逢母校中山大学百年华诞，康乐园怀士堂孙中山先生手书的"学生要立志做大事，不可立志做大官"历历在目，遥想当年本科期间曾代表系队与岭南学院辩论队辩过此题：领导者识未来得天下，以未来为己任，立志做大事，是为命；赋能激励团队，是为运。认命变运，诚如北大光华志学兄所言之领导逻辑。何谓领导者，能察能成之事，能识成事之人。初心使命，物理人性，认命变运，价值成长，是谓领导力与组织发展。

前　言

达尔文在《物种起源》中写道:"最后能够生存下来的既不是最强壮的物种,也不是最聪明的物种,而是对变化做出最快响应的物种。"

中国古代传统的社会领导力一般依托血缘关系,依附、隐匿在体制力中,个人在体制面前没有任何反抗余地,也几乎没有发挥创新能力的空间,当时的社会关注的是价值的存量优化,即财富的分配,经常在不患寡而患不均和效率公平之间纠结。而在西方社会,特别是工业革命后,越来越多的农民摆脱了对庄园主的人身依附,对领导力的理解较早从血缘关系走向了契约关系。从"家天下"走向现代社会,更多强调的是价值的增量创新。现在,正处于中国式现代化建设和中华民族伟大复兴的历史节点,如何在中西文化互鉴的背景下,对领导力的研究做进一步的思考,以更好地丰富关于中国领导力的伟大实践的理论研究?领导力作为推动社会进步和变革的创新核心动力,始终在政治、经济和社会各领域发挥着至关重要的作用。本书致力于全面剖析领导力的多维特性,探讨其在多样化环境和情境中的应用,以为读者提供一个融合理论与实践的全面视角。

(1) 从研究人员的视角,我们将进行领导力的理论探索。在学术界,领导力的研究一直是一个备受瞩目的议题。研究人员通过持续的探索和研究,试图解答"为什么"的问题,即探索领导力的起源、作用机制以及其对团队和组织表现的影响。近年来,情境领导理论得到了进一步的发展,强调领导者应根据不同的情境调整其领导风格。例如,在实际应用中,特斯拉公司首席执行官埃隆·马斯克以其对创新的执着追求和对未来愿景的清晰描绘,引领特斯拉在电动汽车和能源解决方案领域取得了显著的成就,对整个行业产生了深远的影响。

(2) 从企业家与专业人员的视角,我们将探讨领导力的实践应用。对于企业家和专业人员而言,领导力是实现组织目标、提升竞争力的核心。

他们关注的是"如何行动"和"如何高效执行"的问题。例如，字节跳动的创始人张一鸣通过其创新的互联网思维和对用户需求的深刻理解，将公司发展成为全球领先的短视频平台。张一鸣先生所倡导的"以用户为中心"的产品理念和"快速试错"的工作方式，不仅激发了团队的创新精神和执行力，也确保了公司在激烈的市场竞争中始终保持领先地位。

（3）从一般读者的视角，我们将观察领导力的日常体现。领导力在我们的日常生活中无处不在，它不仅仅影响商业或政治领域，而且渗透到我们生活的每一个角落。例如，在家庭教育中，父母通过树立榜样、建立规则和鼓励孩子独立思考，培养孩子的领导能力。这种领导力的培养对孩子的成长至关重要，它帮助孩子在学校和社会中更好地适应和发挥作用。在社区层面，居民通过参与社区管理、环境保护和文化活动等，展现了领导力在促进社区发展和增强邻里关系中的作用。例如，面对城市垃圾分类的新政策，一些居民自发地组织起来，通过宣传教育和互帮互助，有效地推动了垃圾分类工作的实施，提高了整个社区的环保意识和生活质量。

通过这些日常的实践，我们可以看到，领导力并不是遥不可及的概念，而是每个人都可以通过学习和实践来掌握和提升的技能。无论是在家庭、学校、社区还是职场，领导力都能发挥其独特的作用，促进个人和组织的发展与进步。

在本书的后续章节中，基于 LEO 领导理论的视角，我们将继续深入探讨权威型领导、变革型领导、服务型领导和数字领导力等多种领导风格与组织发展的关系，并展示领导力在不同领域和层面的实际应用和深远影响。我们期望通过本书，能够为不同背景的读者提供有价值的见解和启发，让大家了解如何在 VUCA［易变性（volatility）、不确定性（uncertainty）、复杂性（complexity）和模糊性（ambiguity）］的时代背景下，培养和提升自身与组织的领导力，以及如何通过创新思维和科技手段来优化自身与组织的领导方式并提升领导效能，共同推动领导力理论与实践的发展。

目　　录

第1章　领导力与组织发展（LEO）理论 / 1
　　一、LEO 领导理论框架 / 1
　　二、LEO 领导力机制模型 / 5
　　三、领导的科学方法 / 22
　　四、领导与决策：物理与人性的结合 / 27
　　五、领导与信任：组织发展的基础 / 35
　　六、领导力三大定律：人性第一定律、经济第一定律与管理
　　　　第一定律 / 41
　　七、领导力与使命感、权力感 / 43

第2章　LEO 领导力之权威型领导与组织发展 / 48
　　一、权威型领导的起源 / 48
　　二、权威型领导的内涵 / 55
　　三、权威型领导的测量 / 59
　　四、权威型领导印记 / 64

第3章　LEO 领导力之变革型领导与组织发展 / 65
　　一、变革型领导的起源 / 65
　　二、变革型领导的内涵 / 66
　　三、变革型领导的维度 / 68
　　四、变革型领导的测量 / 71
　　五、变革型领导与工作重塑的响应 / 72
　　六、变革型领导印记 / 75

第4章　LEO 领导力之服务型领导与组织发展 / 79
　　一、服务型领导的起源 / 79
　　二、服务型领导的内涵与特征 / 80

三、服务型领导的内容结构维度划分 / 84

四、服务型领导的测量 / 87

五、服务型领导印记 / 89

第 5 章　LEO 领导力之魅力型领导力、数字领导力与组织发展 / 92

一、领导力的气场：魅力型领导 / 92

二、全球进入数字化时代 / 99

三、数字领导力的内涵 / 109

四、数字领导力的类型 / 114

五、数字领导力的测量 / 116

六、数字领导力的特征 / 119

七、数字领导力印记 / 120

第 6 章　LEO 六阶领导力模型：领导力与追随力的关系 / 123

一、追随研究的起源 / 123

二、追随力的内涵 / 138

三、追随者的类型 / 141

四、追随特质理论 / 148

五、追随力 136 维度：LEO 六阶领导力模型 / 150

六、追随力与领导力的互构协同与相互转化 / 187

七、追随领导力印记 / 192

第 7 章　LEO 领导力与组织未来发展 / 193

一、领导力与组织演化 / 193

二、领导力与文化 / 220

三、领导力与金融 / 228

四、领导力与科技 / 230

五、领导力与晋升管理 / 232

六、领导力与组织创新印记 / 236

参考文献 / 239

第 1 章 领导力与组织发展（LEO）理论

一、LEO 领导理论框架

2024 年注定是一个不平凡的年份，全球国际政治环境风起云涌，O2O（online to offline）、2B2C（business to business，consumer to consumer）等创新型商业模式层出不穷，金融市场出现强美元、高利率、强黄金和石油等不可思议的周期共振与叠加效应，人工智能（artificial intelligence，AI）的发展也日新月异。世界发展何去何从？从复杂环境中寻觅趋势方向，沧海横流方显英雄本色，每个处于风口浪尖的领导者无疑是这个大时代最闪耀的光芒，他不仅指明方向，还能积聚力量，更好地引领顺应时代的发展。

人类社会几千年来，不同的领导者价值观各有不同，其实现价值观的方式和路径也各具特色，江湖义气、学术诚信与政治信仰等是几种常见的表现形式。领导力，不仅是价值观转化成价值的过程，而且是一种时间套利的期权价值，聚焦于多目标的优化。组织发展是领导存在的全部理由，领导是组织发展的刻度。在领导力的研究与实践过程中，我们亟须回答三个核心问题：价值之问、本领之问、胜战之问，即想不想干、可不可干、能不能干。想不想干关注的是价值问题，可不可干关注的是环境客观规律、制度与组织发展目标相匹配问题，能不能干关注的是领导者的组织目标胜任力问题。为解决这"三问"，各位从事领导力研究的专家学者需要关注三个关键要素：发现未来的发展方向、领导者与追随者互构协同和边界定义。这三个要素相互交织，共同构成了领导力的核心。其中，边界定义包括认知边界、信用边界和产权边界，这是领导力发挥作用的重要基础。在我国的领导力发展过程中，我们需要不断探索和挖掘边界定义的内涵。自20世纪早期开始，领导理论的演变始终与时代特征相结合，历经了特质理论、行为风格理论、权变理论、数字领导理论等不同理论流派的发展，领导理论的演变如图1-1所示。

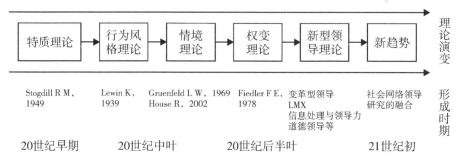

图1-1 领导理论的演变

1949年中华人民共和国成立后，中国经历了从站起来到富起来再到强起来的过程，中国经济创造了世界发展的奇迹。经济的发展体现了五千年中华文明积淀的中国特色发展道路的独特魅力，中国领导力的理论研究无疑也深深地刻上了中国传统与现代互构协同的印记，否则无法解释为何中西方不同的发展道路，都能获得长足的发展，都先后走到了世界舞台的中央。其中的异曲同工之妙，或许是因为中西文化本来就存在文明互鉴。本书关注的是：中国特色领导理论框架是什么？不同经济发展阶段是否体现不同领导风格以适应环境变化？政商领导风格是否受传统文化的影响而显现一致性？领导者存在的意义以及真正的价值是什么？个人的力量是微弱的，个人需要组织，领导者需要投身或构建并推动组织发展来实现个人抱负和梦想，组织也需要个人发挥能力，使组织发展壮大。那它的作用和机理，以及演化路径和作用机制又是什么？

中国的经济发展历程可大致划分为三个阶段：投资驱动阶段、出口导向阶段和消费拉动阶段。与此同时，企业的领导情境也呈现出与政府领导情境的高度一致性，即权威型领导、变革型领导和服务型领导。这种一致性使得在从政府主导的计划经济体制向市场主导的经济体制转型的过程中，有与之相适应的民族文化，实现了组织和经济的协同发展。这种政府与企业领导风格的一致性体现在经济政策的制定和执行上。

在投资驱动阶段，权威型领导占据主导地位，这一时期政府通过强有力的政策指导和资源配置，推动了基础设施建设和重工业的发展。随着经济的进一步开放和内部的进一步改革以及全球化进程的加快，出口导向阶段的变革型领导开始兴起，政府和企业领导者鼓励创新和变革，以适应国际市场的需求。进入消费拉动阶段，服务型领导成为主流，政府和企业更加注重服务质量和消费者需求，创新成为经济发展的主要驱动力，推动经济向更加可持续和以人为本的方向发展。LEO 领导理论框架、组织生命周期与领导风格关系、LEO 理论研究技术路线分别如图 1-2、图 1-3、图 1-4 所示。

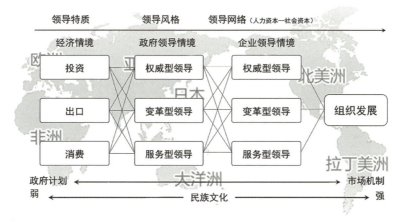

图 1-2　LEO 领导理论框架

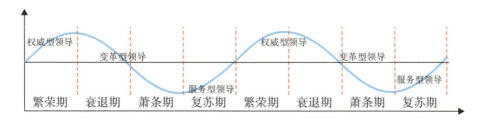

图 1-3　组织生命周期与领导风格关系

LEO 领导理论框架将领导方式与经济成长阶段及外部环境紧密相连，突出了领导者在不同发展阶段应展现的特定领导风格，以应对多样化的挑战和需求。这一理论架构不仅深化了我们对领导角色和行为的理解，同时也为组织和领导者提供了极具价值的两个指导原则。

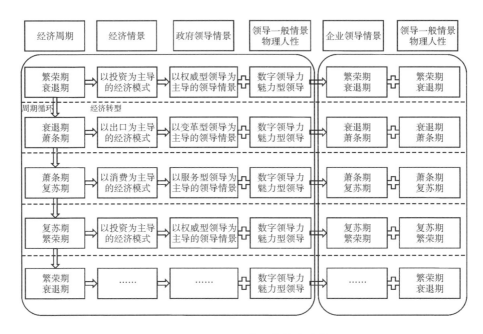

图1-4 LEO理论研究技术路线

注：（1）领导情景是"三体两翼"，即由权威型领导、变革型领导和服务型领导构成的"三体"，由数字领导力和魅力型领导构成的"两翼"。其中，"三体"随经济情景周期波动，"两翼"是领导一般情景，不随周期波动。

（2）每一阶段的经济周期，都有其对应的经济情景，每一经济情景都有与之相对应的政府领导情景和受政府领导情景影响的企业领导情景。

（3）经济周期是周期性波动的，与其对应的经济情景、政府领导情景和企业领导情景也是对应的周期性波动。

作为一位称职的领导者，掌握三种关键的领导角色是至关重要的。在中国这样一个地域广阔、情况多变的国家，不同的发展阶段和环境往往需要领导者展现出不同的风格。从图1-3所示的组织生命周期与领导风格关系，我们可以看到，这三种领导风格并非是孤立存在的，而是在实践中相互交织、循环使用。

随着经济发展的脚步加快，领导者的角色也会发生显著的转变。在以投资为主导的经济模式的时期，领导者更多地扮演规划者和执行者的角色，他们的工作重点是确保资源得到高效配置，同时推动基础设施的建设与经济的发展。当经济进入出口导向型阶段时，领导者的角色逐渐转变为变革者和创新者。他们需要引领企业和经济体适应全球市场的快速变化，满足多样化的市场需求。而到了消费驱动型阶段，领导者的角色进一步演化，成为服务提供者和客户导向者。在这一阶段，领导者需要专注于提升产品和服务的质量，确保客户满意度达到最高水平。这样的角色转换，不仅体现了领导者对经济发展阶段的敏感性，也展现了他们在不断变化的环境中适应和引领企业发展的能力。

二、LEO 领导力机制模型

（一）LEO 领导力："三体两翼"

基于从中华人民共和国成立后到现在我国独特的经济环境及领导情境，本书构建了 LEO 领导力机制模型。其中，"L"代表"leadership"，即领导力，它涉及领导者在确立组织未来发展方向中的关键作用；"E"代表"empowerment"，指的是激励机制，领导者通过赋予下属权力和利益，激发其潜能和积极性；"O"代表"organization development"，即组织发展，强调领导力在推动组织目标实现过程中的重要性。LEO 领导力机制如图 1-5 所示。

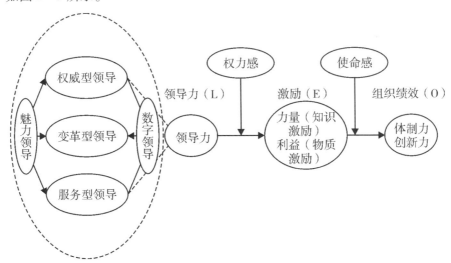

图 1-5 LEO 领导力机制

领导是一个经典的且在不同时期具有新含义的主题。在马克斯·韦伯的《社会和经济组织理论》一书中提到，权力指一种社会关系中的某一行动者能够处在某个尽管有反抗也能贯彻他自己的意志的地位上的概率。领导，是价值观转化成价值的过程，是一种可以时间套利的期权价值，聚焦于多目标的优化；组织发展是领导存在的全部理由，领导是组织发展的刻度。

正如阿尔伯特·爱因斯坦曾言："逻辑会将你从 A 点带到 B 点，而想象力则会带你遨游四方。"这句话深刻地揭示了逻辑与想象力在思维过程中的不同作用。正如他的学生问爱因斯坦："导师，这学期期末试卷和上学期是一样的？"爱因斯坦回答："答案不一样。"逻辑是我们认识世界、理解事物的基础，它帮助我们按照既定的规则和步骤，从已知的前提推导出结论，实现从一个点到另一个点的有序过渡。而想象力则超越了逻辑的局限，它让我们能够跳出既定的框架，探索未知的世界，创造出全新的思想和观念。

LEO 领导力机制模型认为，领导力包括权威型、变革型和服务型三种领导风格，且这些风格均根植于魅力型领导的理论基础之上。因此，LEO 模型不仅强调了领导者在组织发展中的核心作用，也突出了激励机制在激发下属潜力和推动组织进步中的重要性。

在 LEO 领导力机制模型中，领导力（L）的"弯路"是常态，如图 1-6 所示。领导力的发展和应用是一个复杂的过程，涉及多方面的因素，包括组织内部的动态变化、外部环境的不确定性，以及领导者个人的能力和局限性等。在组织发展的不同阶段，领导者对既定方向执着和坚守，同时可能会遇到各种预期和非预期的风险和不确定性。这些挑战可能会导致领导者为了最终实现目标，在面对现实时采取战略性妥协和让步，具体实践因此会偏离线性理想路径，螺旋式前进从而形成"弯路"。

第1章 领导力与组织发展（LEO）理论

"领导力（L）的'弯路'是常态还是非常态？"

图1-6 领导力（L）的"弯路"是常态

然而，这些"弯路"也是领导力发展的重要组成部分，因为它们为领导者提供了学习和成长的机会。

在企业的"弯路"探索过程中，领导者的"觉性"起着至关重要的作用。先知先觉的领导者仿佛能够提前站在历史的关口，预见未来的趋势和挑战。这种能力使他们勇于选择一条少有人走的道路，探索未知的领域。他们不仅能够洞察即将到来的变化，还能够在这些变化成为普遍认知之前，就开始采取行动，从而在竞争中更早采取行动，领先一步。例如，比尔·盖茨在微软的早期就预见到个人电脑的普及将深刻改变世界，他认识到软件对于每个家庭和企业的重要性，这种远见促使微软开发了Windows操作系统，该系统最终成为全球个人电脑操作系统的领军者。

相对地，如果领导者表现出后知后觉的态度，企业的发展就会受到严重限制。柯达公司在传统胶片摄影时代曾是行业的领导者，但面对数字摄影技术的兴起，其领导层未能及时调整战略，忽视了数字摄影的潜力。当他们终于意识到这一趋势时，市场已经被佳能、尼康等竞争对手占据，柯达因此失去了市场领导地位。更有甚者，一些企业可能完全未意识到市场的变化，即不知不觉。例如，在外卖服务兴起之前方便面一直是快节奏生活中的便捷选择。然而，随着外卖平台的普及，人们发现可以通过外卖服务快速获得更多样化和健康的食物，这直接导致了方便面销量的大幅下降。这一变化出乎许多行业观察者的预料，显示了市场变化的不可预测性，可见领导者需要具备敏锐的洞察力。

领导者的"觉性"对于企业能否抓住机遇、规避风险、持续发展具有决定性影响。先知先觉的领导者能够引领企业走向成功，而后知后觉或不知不觉的领导者则可能导致企业错失发展机遇，甚至面临生存危机。因此，培养和选拔具有前瞻性和应变能力的领导者对于任何组织的成功都至关重要。

在LEO领导力机制模型中，"E"代表激励机制，这一点在中国的领导力实践中尤为重要。中国传统文化，特别是道家哲学，对当代领导力理念有着深远的影响。伏羲八卦，作为道家哲学的核心组成部分，不仅体现了宇宙万物生成和变化的哲学思想，而且其阴阳变化原理与道家的"道法自然"理念相辅相成。八卦通过阴阳两种基本力量的相互作用来解释宇宙的生成和变化，其中阴阳之间的动态平衡和转换被视为万物运行的根本法则。这种哲学强调顺应自然规律，追求和谐平衡，正如《易经》中所言："一阴一阳谓之道。"在当代，越来越多的优秀领导者开始展现出一种"刚柔并济"的特质，即在倾听时保持主见，在激情时保持理性，在意志坚定时保持身段柔软。这种领导特质与八卦哲学中阴阳平衡的理念不谋而合，体现了领导者在不同情境下灵活调整策略的能力。

在LEO模型中，领导力借用《易经》中的谦卦，象征着领导者应当具备的谦虚美德。谦虚并非仅仅是一种个人品质，它也是一种能力、一种能够在展现强大领导力的同时保持谦逊的艺术，因为拥有了足够的成就才能具备谦虚的资格。领导者通过"安其心"来"安其身"，又通过进一步"安其身"来强化"安其心"。这意味着领导要确保下属得到力量和利益的保障之间的平衡，并且在组织中创造一种"处无为之事，行不言之教"的氛围，从而实现组织目标与愿景。领导力与伏羲八卦如图1-7所示。

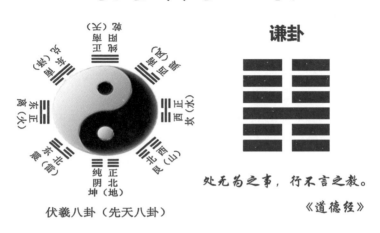

图1-7 领导力与伏羲八卦

在 LEO 领导力机制模型中,"O"代表组织发展,强调领导力是推动组织发展的关键因素。领导的能力水平高低与组织发展之间存在密切的关系,主要体现在以下三个方面。一是在方向与战略引领中,高水平的领导力能够清晰地设定组织的愿景和目标,制定有效的战略规划。领导者通过确定未来的方向和优先级,帮助组织集中资源和精力,从而推动组织向既定目标迈进。二是在团队激励与执行中,优秀的领导者能够激励和动员团队成员朝着共同的目标努力。他们通过建立信任、激发热情和提供支持,来提高员工的积极性和参与度,这直接关系到组织的执行力和效率。三是在快速变化的市场环境中,领导力水平高的领导者能够引领变革,调整组织结构和文化,以适应新的挑战和机遇。他们能够有效地管理变革过程,减少阻力,提升组织的适应性和灵活性,构建其体制力和创新力。自下而上是领导定性未来目标的能力,即所谓看见未来的领导能力;自上而下是根据未来的目标有条理地布局、有序发展,体现为定量的管理能力。

体制力代表着组织的稳定性和规范性,是组织得以高效运作的基石。它通过一系列完善的制度、规则和流程来确保组织目标的实现和成员行为的一致性。一个具有强大体制力的组织，能够在复杂多变的外部环境中保持方向和秩序，确保战略目标得以顺利推进。然而，体制力的刚性可能会导致组织对新变化的适应性降低，从而抑制创新的产生。因此，创新力成为打破这种僵化，推动组织向前发展的关键因素。创新力是指组织在思维、产品、服务和流程上进行创新的能力，它要求组织持续探索未知领域，勇于尝试新的可能性，并对失败持宽容态度。

体制力与创新力之间的关系并非零和游戏，而是相互促进、共同发展的关系。体制力为创新提供了必要的结构和稳定性，它确保了组织在追求创新的过程中不会失去方向或陷入混乱。同时，创新力的引入也为体制力带来了活力和新的可能性，使得组织能够不断适应外部环境的变化，保持其竞争力和相关性。在体制力的支持下，组织可以建立起一套有效的创新管理体系，这不仅有助于保护和鼓励创新思维的产生，还能够确保创新项目得到适当的资源配置和风险管理。另外，创新力的推动也能够帮助体制力不断进化和完善，它通过引入新技术、新流程和新理念，来提升组织的运作效率和创新成果的转化率。领导者应当认识到，体制力和创新力之间的这种相互促进的关系是组织发展的关键。在制定战略时，他们需要兼顾两者的平衡，既要维护组织的稳定性和连续性，也要为创新留出空间和可能性。通过这种方式，组织不仅能够在短期内实现目标，还能够为长期的可持续发展奠定坚实的基础。

具体来讲，如图1-8所示，组织的发展与领导者的能力之间存在着密切联系，领导力不仅是推动组织前进的核心动力，也是组织发展成果的直接体现。在这个过程中，领导力的作用可以被视为组织发展的起点和推动力。优秀的领导者具备一种独特的能力，即"相信才看见"，而不是被动的"看见才相信"。这种能力意味着领导者能够基于坚定的信念和远见，预见并塑造组织的未来发展。

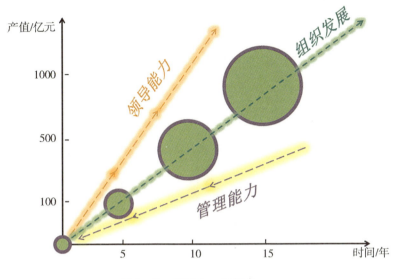

图 1-8 领导力：知行合一

这种先知先觉的领导力使领导者能够洞察时代的趋势和变化，预见组织在未来可能达到的发展规模和发展速度。基于这些预见，领导者可以逆向工作，从长远目标出发，逐步倒推并设定每一年、每一季度、每一月的具体目标。这些目标不仅为组织提供了清晰的发展方向，也为团队成员提供了可实现的具体目标。

总之，如图 1-9 所示，领导力是组织发展的关键源点，优秀的领导者通过先知先觉的能力，不仅能够设定和实现短期目标，还能够为组织未来的持续发展奠定坚实的基础。这种领导力的外化作用于组织的每一个成长阶段，确保了组织能够适应不断变化的环境，实现长期的成功和繁荣。

LEO 观点：领导能力具备创新性和前瞻性，能看凡人所不见，星星之火可以燎原，看见未来才能坚定，有序发展，无惧波动，这是一个增量创新的过程；否则就是盲人摸象，无法安心，随波逐流。管理能力是看见未来后，按部就班，坚决执行，循序渐进地实现存量优化的过程。一般投资者不能像巴菲特那样坚守价值投资，慢慢变富，其实是一般投资者并没有看见未来，所以不相信。相信才看见，是领导能力。看见才相信，是管理能力。就像苹果的乔布斯所言，以终为始是领导者，以始向终是管理者。君子悟本，本立则道生。那么，什么是领导力之本呢？领导力与组织发展的逻辑又如何呢？

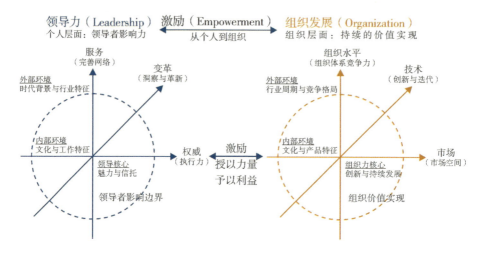

图1-9　LEO领导力与组织发展

有一位著名投资人从2001年毕业就开始做金融，一直到2016年，做了15年，经历过亿归零的三次过山车，涨的时候睡不着，跌的时候也睡不着，涨涨跌跌最后回到原形。人生经历过三次过山车，体会到了什么叫梦幻泡沫。物理人性为理解那些和直觉相悖的新鲜事物提供了一个最好的框架，物理就是事物的内在规律，稳定且有序，而人性类似于马斯洛层次需求体系，受情绪变化的影响。具备领导力之所以能见人之所不见，在于能洞察基于正确价值观的事物发展规律。经济发展，产业轮动，先知先觉者吃肉，后知后觉者喝汤，不知不觉者随波逐流。有正确的价值观才能准确预见未来的市场，心中有朝阳，前进有方向，才能不受市场波动的影响，市场的波动就是人性的波动、情绪的宣泄。正确的价值观是领导力的基础，而组织目标的实现还需要好的管理能力，界定每个步骤实现的分目标，稳中有进，积少成多，管控风险，行稳致远，才能实现组织的有序发展。如果一个领导者想真正有创意，就要从物理第一原理来思考问题，将所有事情回到事物的本源，这样才能变得有独创性、有创新性。简单的存量优化，既价值有限又浪费资源和时间，无益于真正的创新发展。关注增量创新而不是简单的存量优化，这是领导力的初心使命。

(二)领导的性质

在所有社会中存在的领导地位对社会组织的运作至关重要(Wren, 1995)。长期以来,领导一直是历史分析、政治学、军事研究和社会心理学领域的研究对象。领导理论被认为是复杂的,因为学者们总是试图从不同的角度和目的对领导研究进行调查。这些不同的方法导致领导研究缺乏可遵循的普遍方法。正如 Becherer 等(2008)所说,"从领导研究的这些不同的优势点来看,研究这一现象的方法各不相同"。尽管对领导有不同的看法和观点,但领导的性质可以概括为"同时是一种有目的的活动和一种对话关系",即领导的性质包括组织的知识和实际活动、一个不断对话的过程和影响具有明确目的的人的行为(Barker et al., 2001)。

在整个领导研究中,区分领导方法的一种方式是识别领导行为的发生地(Chen and Lee, 2008)。个人层面的领导指就行为和性格而言,把领导者如何为人处世作为下属的榜样;二元性领导指领导者如何与下属互动;制度性领导则是通过领导活动来关注组织体系的创造。Chen 和 Lee (2008)还补充说,这三个层次的领导是相关的,因为每个不同的领导哲学都有各自的重点。在这个意义上,领导研究应该涉及所有三个层次的领导方法。这种以层次为中心的方法不仅为理解领导理论的发展及领导行为和影响过程提供了另一个视角,还架起了领导与哲学之间的联系,为研究文化和哲学对领导行为的影响提供了基础。

(三)领导的区分:常识方法 - 隐含理论

在以前的领导研究中,经常采用两种不同的方法来区分领导的属性:"常识方式"和"科学方式"(Elkin et al., 2008)。Yukl 等(2002)将有效领导的常识方法作为隐性领导理论加以说明。隐性领导理论指领导者在行为时通常持有的价值观和对他们的期望,这些价值观被用来解释领导属性和感知 - 领导的概念结构(Lord et al., 1984; Offermann et al., 1994)。"被感知的个人和领导原型之间的配合越好",即"被认为是特征或属性的集合",这个领导者就会被认为越有效(Den Hartog et al., 1999; Foti and Luch, 1992; Offermann et al., 1994)。由于其对人们对领导者的期望和对领导者的评价的影响,内隐理论在领导故事中占据了主要地位,在过去几十年中受到了研究人员的广泛关注（Bryman，1987），特别是当研究文化在领导中的作用时。

Elkin 等（2008）认为隐性领导理论既有积极的一面，也有消极的一面。积极的一面是，隐含的理论往往符合领导者自己的信念，并提供了明确和简单的规则；消极的一面是，它们可能是"天真、模糊和过于简单"。此外，由于隐含的领导理论对进行研究的特定社会、心理和组织环境具有具体的实质性，因此很难将其对下属结果的影响推广到领导研究的背景环境之外（Parry，1999）。

（四）领导力与 IQ、EQ、SQ

在领导力的研究中，智商（intelligence quotient，IQ）、情商（emotional quotient，EQ）和心商（spiritual intelligence quotient，SQ）尤其重要，领导力与 IQ、EQ 和 SQ 如图 1-10 所示。

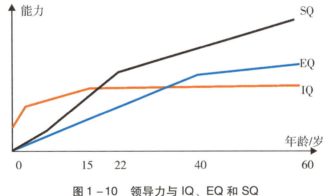

图 1-10　领导力与 IQ、EQ 和 SQ

IQ 衡量一个人的认知能力，包括逻辑推理、数学能力、空间识别、词汇理解等。

在领导力的范畴内，IQ 扮演着至关重要的角色。它赋予领导者分析复杂问题的能力，帮助他们理解新信息，制定并执行有效的策略和决策。虽然 IQ 高并不意味着一切，但它是领导者必备的智力工具，用以应对不断变化的挑战和环境。

以虚构的王国为例，我们可以更清晰地看到这一点。在王国中，有两位统治者，一位被称为愚蠢国王，另一位被称为聪明国王。愚蠢国王坚持使用过时的法律和治理方法，不愿接受新思想或改变现状，尽管这些做法已不再适应时代的需求。他的行为导致了民众不满和社会动荡，但他错误地期待通过重复相同的行为能够获得不同的结果。与此相反，聪明国王展现了一种截然不同的领导风格。他重视学习和知识，不断探索新的治理理念，鼓励创新，并且愿意根据民众的反馈和全球趋势调整政策。这种开放和适应性强的领导方式使得他的国家在经济、科技和社会福利等方面取得了显著的进步。随着时间的推移，两个国家的命运出现了鲜明的对比。愚蠢国王的国家逐渐陷入了衰退，而聪明国王的国家则持续繁荣。这一转变最终促使愚蠢国王认识到了自己的错误，并开始向聪明国王学习，重视创新和智慧在领导中的作用。

这个故事强调了一个核心观点：真正的愚蠢不在于智力的缺乏，而在于拒绝学习和适应变化；真正的聪明则体现为不断追求新知，勇于接受挑战，以及灵活适应环境。领导力的核心在于预见未来，不断学习，以及带领团队或国家走向更加光明的未来。只有通过持续的学习和成长，领导者才能真正地发挥其潜力，引领他人走向成功。

EQ 涉及理解和管理自己的情绪，以及识别和影响他人情绪的能力，该能力一般会随着年龄的增长具备更好的外化。EQ 在领导力中的重要性体现在它能帮助领导者建立良好的人际关系，激励团队，处理冲突，以及更好地理解和管理员工的情绪和需求。

IQ 与 EQ 的关系如图 1-11 所示，在《三国演义》这部历史小说中，曹操是一个典型的 EQ 和 IQ 双高的代表人物。他不仅在智力上展现出卓越的策略和智慧，如巧妙的政治布局和机智的外交手腕，而且在情感智商方面也同样出色，能够理解他人情感，建立良好的人际关系，并有效地激励和领导他的团队。

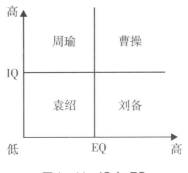

图 1-11 IQ 与 EQ

相较于曹操，刘备更多地被认为是一个 EQ 高而 IQ 相对较低的人物。刘备以其仁慈、宽厚的性格和对朋友忠诚的特质赢得了人们的尊敬和支持，这些特质体现了他在 EQ 方面的高超能力。尽管他在战略和战术上可能不如诸葛亮那样精妙，但他的领导风格和人格魅力使他能够吸引并留住一批忠诚的将领和谋士。周瑜在小说中被描绘为一个 IQ 高的人物，他在军事策略和音乐上都有显著的成就。然而，他在 EQ 方面的表现却不尽如人意，尤其是在与诸葛亮的互动中，他的嫉妒和情绪化有时甚至导致他无法做出最佳决策。袁绍在小说中则是一个 EQ 和 IQ 都比较低的角色。他在政治和军事决策上的失误，以及无法有效管理和激励他的团队，反映了他在这两个方面的不足。

SQ 指个人心灵层面的洞察力和直觉思维。它源自潜意识，涉及深层认知和对复杂问题的顿悟。SQ 反映了对生命深层意义的理解，促进了超越传统思维的洞察力。它是内在智慧的展现，助力精神与情感成长，能提升自我认知。培养 SQ 能增强情感敏锐度，深化生命意义的理解，促进个人发展和社会互动中的明智决策，实现精神层面的和谐，从而自我实现。一个成功的领导者需要在以下三个方面都有所发展，以全面提升自己的领导效能。这三个方面分别对应技术技能、人际技能、概念技能，领导者的三种技能如图 1-12 所示。它们在不同管理层次中的重要性各有侧重：高层管理者更侧重概念技能及人际技能，中层管理者在人际技能和技术技能之间寻求平衡，而基层管理者则更多依赖技术技能和人际技能。技术技能指专业知识和操作能力，对基层管理者最为关键，因为他们直接参与具体工作。中层管理者需要足够的技术理解来指导团队，而高层管理者虽然不直接操作，但仍需要理解技术以做出明智的战略决策。人际技能包括沟通、协调和激励团队，对所有层级的管理者都至关重要。高层管理者依赖人际技能来维护关键的外部关系，中层管理者用人际技能来确保信息流通和团队协作，而基层管理者则通过人际技能直接管理团队。概念技能涉及战略规划和全局思考，对高层管理者至关重要，因为他们负责设定方向和愿景。中层管理者需要将战略转化为可执行的计划，而基层管理者则将概念技能应用于日常运营的决策中。

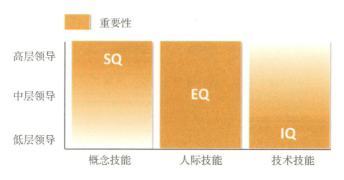

图1-12　领导者的三种技能

综观领导的"自上而下"的"物理"能力和"自下而上"的"人性"能力这两个维度，我们可以看到，领导力的有效发挥需要领导者在战略规划时具备清晰的方向感和理性的分析能力，在执行过程中则需要关注人的因素，激发团队的动力和创造力。领导者必须能够在"物理"的规划和"人性"的执行之间找到平衡，确保战略既符合组织的目标，又能够得到团队成员的广泛认同和支持。这种平衡的实现，是领导力成功的关键所在。如图1-13所示，一个具有高SQ的领导者在企业发展中起到了决定性的作用。这类领导者具备高度的敏感性和预见性，能够准确地识别和理解时代的变化和产业的发展趋势。他们不仅能够洞察到新兴的市场机遇，即"时代的风口"，还能够预见潜在的产业风险和衰落迹象。

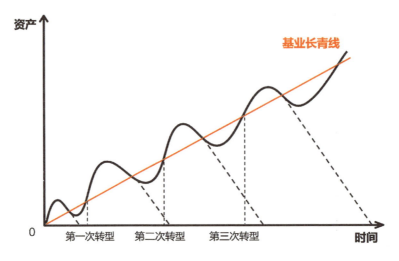

图 1-13　领导者 SQ 与企业发展的关系

　　面对这些洞察，高 SQ 的领导者不会被动等待市场的变化，而是积极采取行动，通过战略规划和决策，引导企业进行必要的转型。这种转型可能包括技术创新、业务模式的调整、市场定位的重新规划，以及组织结构的优化等。通过这些措施，企业能够更好地适应市场的变化，把握新的增长机会，从而实现资产的增值，使基业长青。

　　在管理领域，由于其固有的多样性与复杂性，领导者需要具备多种能力以应对不同的挑战。本书结合 IQ、EQ 和 SQ，相对应地构建了一套包含 10 种管理角色的框架，旨在帮助领导者全面提升其管理效能。通过这 10 种角色的深入理解和实践，领导者能够更好地运用 IQ、EQ 和 SQ 来适应管理的多样性和复杂性，从而提升组织的绩效和竞争力。

　　第一类 IQ 层面，包含三种角色。第一种为技术创新领航者（innovation navigator）。高 IQ，推动技术创新和流程改进，鼓励团队成员提出和实施新想法，引领组织走向技术前沿。第二种为数据洞察专家（data insight expert）。高 IQ，运用数据分析和逻辑推理来优化决策过程，提高组织的决策质量和效率。第三种为资源配置大师（resource allocation master）。高 IQ，负责合理分配和优化使用组织资源，提高资源的利用效率，确保组织目标的顺利实现。

　　第二类 EQ 层面，包含三种角色。第一种为情感引导师（emotional

guide)。高 EQ，专注于团队成员的情感健康和人际关系，通过建立信任和积极的团队氛围来提升整体绩效。第二种为企业文化倡导者（corporate culture advocate）。高 EQ，负责培养和维护企业的核心价值观和文化，确保所有团队成员的行为与组织的愿景和使命始终保持一致。第三种为沟通协调专家（communication & coordination specialist）。高 EQ，确保信息在组织内部有效流通，协调不同部门和团队之间的沟通，促进合作与协同工作。

第三类 SQ 层面，包含四种角色。第一种为战略布局师（strategic designer）。高 SQ，负责制定组织的长远目标和战略计划，确保企业能够在变化的市场中保持竞争力和道德标准。第二种为危机管理专家（crisis management expert）。高 SQ，擅长在紧急情况下迅速做出决策，引导组织渡过难关，同时确保企业坚守道德和伦理。第三种为变革推动者（change facilitator）。高 SQ，识别和推动必要的组织变革，帮助团队适应新的工作方式和市场趋势，同时维护道德和诚信。第四种为道德标杆（moral role model）。在 SQ 和 EQ 方面均有突出表现，通过自己的行为和决策树立道德标准，成为团队成员的榜样，引导他们遵循高标准的职业道德。

（五）领导力与成本

引入领导力的成本分析框架，就像经济学中的成本概念一样，领导者需要考虑的主要是沉没成本、边际成本和机会成本。这些成本对于制定决策和引导团队朝着共同目标迈进至关重要，毕竟做出任何决策都需要考虑成本。

沉没成本意识对于领导者而言是至关重要的，它深刻影响着领导者如何看待过去的投入以及规划未来的行动。一些领导者可能过于依赖过往经验，未能充分认识到成本控制的重要性。然而，明智的领导者会意识到，尽管过去的努力和资源已经不可挽回，但他们现在的决策和行动却能够对组织的未来发展产生深远的影响。因为领导的方向就是企业未来的发展方向，得未来者得天下，沉没成本就是学习成本，学习决定成长。这种洞察力促使领导者培养出底线思维和风险管理能力，他们深知只有持续前进、适应变化并不断创新，才能引领组织走向繁荣和成功。

在这一过程中，承诺升级偏差成了领导者需要警惕的心理陷阱。这种偏差使得领导者在面对未能达到预期目标的项目时，会因为已经投入了大量的资源，而不愿意轻易放弃，甚至倾向于增加更多的投入以试图改变局面。这种做法往往忽视了项目的实际可行性和市场的真实需求，会导致资源的无效配置和更大的损失风险。

因此，止损的概念在领导决策中占据了重要位置。止损策略要求领导者在面对不利情况时，能够及时识别并采取措施以减少损失，避免无谓的资源投入。通过设定清晰的评估标准和决策条件，领导者可以在项目或决策显示出不利于组织的信号时，果断采取放弃或调整的措施。这种决策的果断性和及时性是保护组织免受更大损害的关键，同时也体现了领导者对沉没成本的深刻理解和有效管理。通过这种理性的风险控制，领导者能够确保组织的资源得到最有效的利用，为实现长期目标和可持续发展奠定坚实的基础。

边际成本意识是领导者在面对决策时必须考虑的关键因素，它决定了我们对待现在的态度和守护时间的方式。这种意识促使领导者在价值观排序和决策制定上，不是简单地按照日程表进行，而是根据事情的重要性和价值进行排序。在这个过程中，领导者需要识别并权衡每个选择背后的额外成本和收益，即边际成本和边际收益，以确保团队能够朝着最有利于长期发展的方向前进。

边际成本代表为当前决策所付出的额外成本，不仅包括财务成本，还包括时间、精力和其他资源的投入。领导者必须评估这些额外成本是否能够带来相应的收益，以及这些收益是否超过了成本。这种权衡是确保资源有效利用和最大化团队产出的基础。连续投入的概念在这里也非常重要。领导者需要认识到，某些决策可能需要持续的资源投入，而这些投入的边际成本可能会随着时间的推移而变化。因此，领导者应当定期审视这些连续投入的项目，确保它们仍然符合组织的长期目标和战略。如果边际成本开始超过边际收益，领导者应当考虑调整或终止这些项目，以避免资源的浪费。

机会成本意识决定了人们面对未来的态度，有舍才有得，它决定了领导者对未来空间的想象力。佛教中的六度包括布施、持戒、忍辱、精进、禅定、般若（智慧），其中布施（包括财布施、法布施和无畏布施）的修为讲的就是识别把握机会成本的重要性。机会成本是领导决策过程中的一个重要概念，它涉及在多个选择中做出决策时所放弃的其他选择的潜在价值。在做出每一项决策时，领导者不仅要考虑直接的成本和收益，还要考虑因为选择了某一方案而失去的其他机会的价值。这种权衡需要领导者具备深刻的洞察力和前瞻性思维，以便在有限的资源下做出最优的选择。

领导者在分配资源时必须审慎行事，以确保每一分投入都能够为团队带来最大的回报。这不仅意味着要评估当前的收益，还要预见未来可能的收益和损失。通过这种方式，领导者可以确保团队不仅能够有效利用当前的机会，还能够为未来可能出现的机会做好准备。

在实践中，这意味着领导者需要对每个决策的机会成本有清晰的认识。他们应该问自己：如果我们选择这条路，我们将失去哪些其他的机会？这些机会的价值是多少？是否有其他方案能够在满足当前需求的同时，也为未来留下更多的发展空间？通过这种深思熟虑的决策过程，领导者可以引导团队避免资源的浪费，并确保团队能够在不断变化的环境中抓住最重要的机会。

这种理解成本的重要性也体现在经济学的理论中：沉没成本常常会影响人们如何看待过去的决策。因为人们可能会考虑到已经投入的沉没成本，而在无视边际成本和机会成本的情况下做出继续投入的决策。这样的做法可能会导致在实际效益不高的情况下，仍然坚持过去的方向。边际成本决定了人们如何对待当前的决策，因为人们在当前决策时，会考虑到增加一单位生产或消费所需要付出的额外成本。如果边际成本超过了边际收益，人们可能会停止当前的活动；相反，如果边际收益大于边际成本，他们可能会继续进行。机会成本决定了人们如何面对未来，因为它提醒人们在做决策时要考虑放弃的替代选择的最高价值。通过考虑机会成本，人们可以更清晰地认识到自己选择的代价，并在各种替代方案中做出最优的选择。总的来说，沉没成本影响人们对过去决策的看法，边际成本决定当前决策的方向，而机会成本则提醒人们在未来决策中应该考虑到的替代选择。这三者共同影响着人们在经济和决策中的行为和选择。在管理团队和制定战略计划时，领导者应该充分考虑这些成本概念，以确保团队朝着成功的方向前进，并在决策中综合考虑过去、现在和未来的各个方面。领导力与成本概念如图 1-14 所示。

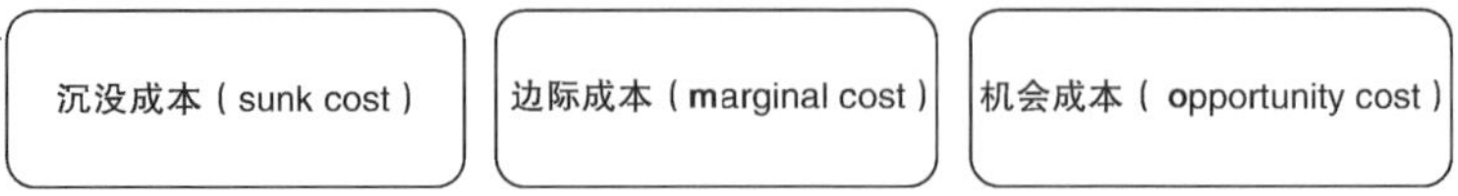

沉没成本（sunk cost） 边际成本（marginal cost） 机会成本（opportunity cost）

沉没成本决定了人们如何看待过去，

边际成本决定了人们如何对待现在，

机会成本则决定了人们如何面对未来。

图1-14 领导力与成本概念

三、领导的科学方法

（一）领导者的三个发展阶段

从劳动力到人力资源，再到人力资本的研究视角，为我们提供了领导者发展的三个阶段的分析框架，从而呈现出领导者对于组织的唯一性和独特性的认识与作用。领导者的三个发展阶段背景见表1-1。

表1-1 领导者的三个发展阶段背景

要素	生产型企业	营销型企业	人力资本型企业
存在时间	第一次工业革命至今	20世纪50年代至今	20世纪80年代至今
核心能力	生产能力	市场营销能力	学习能力，知识了解、掌握、运用、创造
核心部门	生产部门	营销部门	人力资源部门和研发部门
市场类型	匮乏型市场——满足需求	饱和型市场——发现新需求	成熟型市场——开拓需求
管理重点	提高生产效率	提高市场占有率	企业的知识资源积累和增值

续表 1-1

要素	生产型企业	营销型企业	人力资本型企业
培训重点	加强专业技能，提高生产效率	提高管理能力、营销能力	提高企业的整体学习能力，发掘学习潜力，提高投资回报率
核心财富	生产设备、产品	品牌、客户资源、知识资产、营销渠道	知识资产（人力资本）

第一个阶段是劳动力型领导者（图 1-15）。在这个阶段，领导者被视为一种资源，就像组织中的其他资源一样，如资金、设备等。这种观念认为领导者可以被招聘和使用，类似于其他资源的使用方式。在这个阶段，领导者的主要作用是通过管理和调配资源来实现组织的目标，强调的是领导者的功能性和可替代性。这种视角下，领导者并不被看作是组织独特性和竞争优势的源泉，而更像是一个执行者。

第二个阶段是人力资源型领导者（图 1-16）。在这个阶段，领导者开始被看作是一种特殊的人力资源，具有独特的能力和特质，对组织的发展具有重要的影响。人力资源管理的理念强调领导者的选拔、培养和激励，认为领导者的能力和素质可以通过培训和发展来提升，从而对组织产生积极的影响。这种视角下，领导者的作用不仅是管理资源，更重要的是塑造和发展组织的人力资本，成为组织竞争力的重要来源。

第三个阶段是人力资本型领导者（图 1-17）。在这个阶段，强调领导者作为人力资本的角色和价值。人力资本理论认为，领导者不仅具有独特的能力和特质，而且是组织最重要的资产之一，类似于知识、技术等无形资产。在这个阶段，领导者被视为组织独特性和竞争力的源泉，其独特的经验、智慧、领导风格等对组织的发展和成功至关重要。人力资本型领导者注重领导者个人的创造力、创新能力和领导力，认为这些是组织长期发展和竞争优势的核心。

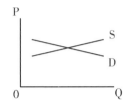
图1-15 领导者发展的第一个阶段

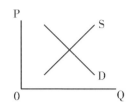
图1-16 领导者发展的第二个阶段

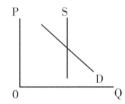
图1-17 领导者发展的第三个阶段

因此,从人力资源到人力资本的视角来看,领导者的发展经历了从被视为一种资源到被视为一种独特的人力资本的转变(图1-18)。在这个过程中,领导者对于组织的唯一性和独特性的作用逐渐凸显。他们不再仅仅是资源的管理者,更成为组织的塑造者和创新者,对于组织的长期发展和竞争优势起着至关重要的作用。因此,领导者需要具备领导力、创新力和战略眼光,不断地为组织带来新的价值和竞争优势,实现组织的长期繁荣和可持续发展(图1-19)。

在现代经济中,个人的角色已经远远超越了简单的劳动力提供者。相对地,每个人都被视为一种独特的人力资本,这种资本的价值并不只是由他们的劳动力决定的,而是由他们的技能、知识、经验及创新能力等多方面的因素共同构成。

对于人力资本,其供给曲线的斜率趋向于0,这意味着劳动者的价值在很大程度上取决于市场需求。换句话说,当市场上对某种技能或知识的需求增加时,具备这些技能或知识的劳动者的价值也会相应提高。这种现象在科技行业中尤为明显,例如,随着人工智能和大数据技术的快速发展,掌握这些技术的专业人才的需求和薪酬都呈现出快速增长的态势。

相比之下,人力资源的供给曲线斜率较小。这意味着当单位价格提升时,只会带来一小部分供给的变动。这是因为人力资源的供给受到多种因

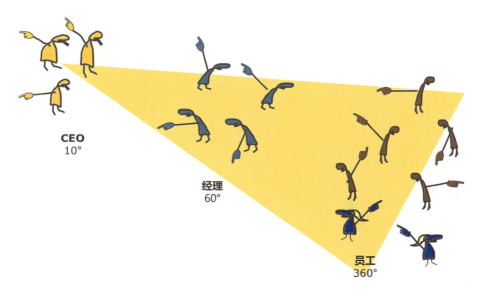

图1-18 领导的视角——隧道效应

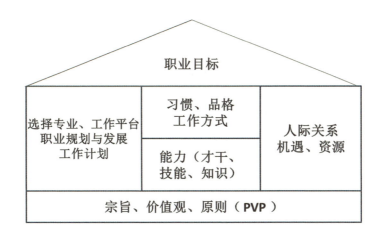

图1-19 领导职业胜任力模型

素的限制,如教育、培训、人口结构等。尽管价格上涨可能会吸引一些人才进入市场,但由于这些限制因素的存在,供给的增加并不会特别显著。

而对于普通劳动力,其供给曲线则完全取决于市场需求。在这种情况下,市场价格的微小变动都可能对劳动者的供给产生巨大的影响。例如,当市场上对某种普通劳动力的需求下降时,其价格(即工资)可能会迅速下降，并导致大量劳动者失去工作。

为了更好地理解这些概念，可以参考一些实证研究。例如，根据国际劳工组织的数据可以看出，近年来，随着自动化和数字化技术的广泛应用，许多传统行业的就业需求都在下降，而与之相反，那些需要高度专业技能和创新能力的行业，如科技、教育、医疗等，则呈现出强劲的就业增长。这充分说明了人力资本在现代经济中的重要性。

此外，还需要认识到，随着经济的发展和技术的进步，市场对劳动者的需求也在不断变化。因此，个人要想在劳动力市场中获得更好的地位和待遇，就必须不断地提升自己的技能和知识，将自己转化为人力资本。只有这样，才能在激烈的竞争中立于不败之地。

如今，个人在现代经济中的角色已经从简单的劳动力提供者转变为人力资本的所有者。而人力资本的价值则取决于市场需求、技能水平、创新能力等多种因素。因此，为了在劳动力市场中获得更好的地位和待遇，个人必须不断地提升自己的技能和知识，以适应市场的变化。同时，政府和社会也应该提供更多的教育和培训机会，帮助个人实现这种转变，从而促进整个社会的经济发展和创新。

（二）领导者与组织成员间关系的内涵研究

针对特质理论作为一种独特的理解领导力的方法的失败，研究人员试图确定杰出领导者要表现出超越领导者固有特质的行为（Adler and Reid, 2008），重点是领导者如何在实践中执行日常行动。领导行为理论的基础是领导者有效地利用某些风格来引导下属实现组织的目标（Mampilly, 2007）。在这方面，有两个流行的二维模型作为领导活动的基础。一个被称为任务人导向模型（Likert, 1961），它总结了旨在完成小组任务或照顾小组中的人的行为。另一个被称为专制民主模式，总结其领导风格，要么不让他人参与决策过程，要么与他人分享决策。这些理论中的杰出成果是由 Blake 和 Mouton（1982）制定的九个维度上的九个层次的管理网格，它定位了领导者任务一人取向的具体配置（Mampilly, 2007）。与特质理论相似，行为理论也集中在领导者的个人水平上，使领导者-追随者的二元领导和制度关系没有被调查。换句话说，这些理论既不能确定情境中的语境因素，也不能确定从属特征的性质，因而难以研究领导中的权威和权力关系（Mampilly，2007）。在现实世界中，没有这些行为维度之间的具体平衡或配置，导致未能预测社会和工作情况下的领导效能（Mendenhall et al.，2012）。

情境理论针对特质理论和行为理论的弱点，提出了领导的适当形式和有效性取决于语境，并考虑了追随者和社会影响，使领导研究得到了很大的发展。情境理论认为领导内部的影响是向上的和横向的，而不是向下的，正如特质理论和行为理论所建议的，与领导理论中的基本权力影响方法是一致的。领导的情境理论由多种理论组成：路径-目标理论（Evans，1970）断言，领导者采取行动说服下属相信通过一系列努力可以取得积极成果，从而激励下属取得更高的绩效；情境领导理论（Hersey and Blanchard，1969）表明，最优任务量取决于下属的成熟度；规范决策理论（Vroom and Yetton，1973）研究决策程序在特定情况下导致有效决策的可能性；权变理论（Fiedler，1967）基于领导者的特质与其有效性之间的关系研究职位权力、任务结构和领导者-成员关系的调节效应；领导者-成员交换（leader-member exchange，LMX）理论（Dansereau et al.，1975）确定了领导者如何随着时间的推移与不同下属发展不同的交换关系；认知资源理论（Fiedler，1986；Fiedler et al.，1987）表明了领导者的认知资源与团队绩效相关的条件；多元联系模型（Yukl et al.，2002）的发展表明领导者行为与成员能力、成员努力、团队合作、工作组织、关键资源的可用性，以及和组织中其他职能的外部合作等情境干预变量的相互影响；领导-环境-跟随者-互动理论（Wofford et al.，1982）表明，从属绩效取决于从事工作的能力的干预变量、对任务和角色的清晰认识、任务动机和环境约束的可能性。尽管不同的情境理论从研究情境领导力的不同视角各有优缺点，但它们都涉及各自理论中对领导力的三个层次的分析，即个人层次、二元领导和制度关系，丰富了领导力研究。通过在领导层中引入追随者和社会影响，可以为不同的领导方法发展提供非常坚实的理论基础。目前的领导力研究被认为停留在这一阶段。

四、领导与决策：物理与人性的结合

领导者是物理与人性的结合，说明领导者的魅力在于它是科学和艺术的完美结合,一方面既有科学的严谨,可重复、可验证,另一方面又有艺术体验,不可复制。人生活在社会中,既不是纯粹的物质自然界,也不是纯粹的精神世界,而是两者的混合。在人类社会只存在有限的理性,过分强调绝对的科学理性与过分强调人性的无底线的放大,都与疯子无异。总的来说,传统的中国社会人性有余、物理不足。例如,中国5G技术开发后,高楼多了,而在楼里进行人工智能等高科技产业的互联网应用场景太少。

在存在新问题、新技术、新资源、新市场环境、新机会以及新发展等因素综合影响的动态竞争环境中,领导者需要具备"物理人性"的创新驱动迭代思维能力(图1-20和图1-21)。这意味着领导者要有从现状到正确目标的深邃方向性洞察和演绎分析能力,即对清晰目标的坚定执着,此为领导力物理的一面;还要有对具体时间和空间历史维度的深刻体验,掌控情绪波动过程的归纳总结能力,即对复杂过程的精准把握,此为领导力人性的一面。卓越领导者需要有极高的物理素养和历史修养,相对应地,在我国的高考中,选考科目是物理和历史。

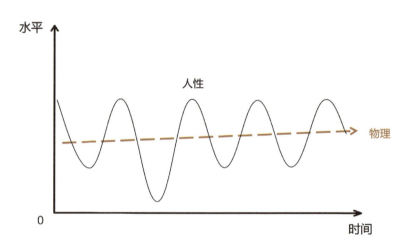

图1-20 传统的物理人性——物理与人性不同步,存量优化,分配驱动思维

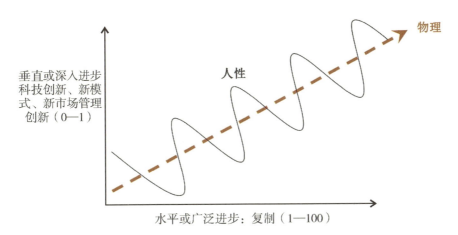

图1-21 迭代的物理人性——物理与人性同步，增量创新，创新驱动迭代思维

关于物理人性，古人在三个方面有相关论述。

（1）《大学》中："古之欲明明德于天下者，先治其国；欲治其国者，先齐其家；欲齐其家者，先修其身；欲修其身者，先正其心；欲正其心者，先诚其意；欲诚其意者，先致其知。致知在格物。物格而后知至，知至而后意诚，意诚而后心正，心正而后身修，身修而后家齐，家齐而后国治，国治而后天下平。"前一部分是讲致知在格物，后一部分进一步论述物格而后知至。《大学》对于天性与人性、物理与人性的理解，是从知物之性到知人之性。先知物之性，然后才能够格物，通达所有山川河流的物理形态，洞察世间万物的规律，最后我们才可能知人性。知人性之智，知人性之慧，即先讲格物而后致知的物理人性。

（2）《中庸》中："唯天下之至诚，为能尽其性，能尽其性，则能尽人之性；能尽人之性，则能尽物之性；能尽物之性，则可以赞天地之化育；可以赞天地之化育，则可以与天地参矣。"《中庸》强调人能达到至诚的境界，才能知人性。知人性，其后才能知物性，而后能达万物，甚至通达天地，可以与天地参。我们的人性丰满之至，洞察人性之至时，就能跟天地比高，才能参透天地的变化，这便是《中庸》所强调的先人性后物理。

（3）物理人性是有根之水，佛教的诸多经典无不折射出对物理人性的思考。佛教为什么能流传千年，因为它直击人性，直击灵魂，同样地，直击物质世界的无数检验。"菩萨"即是"觉而有情",因"觉悟"而修佛法,这便是"物理",因"有情"而"渡众生",这便是人性。观世音菩萨有七十二法相,恰恰也是物理与人性合一的显现。著名的佛教经典《楞严经》中所说的"心能转物,即是如来",也就是禅宗的"心物一元",心即是物,物即是元,心物就是一元,更是对物理人性融为一体的高度概括。综上,从《大学》到《中庸》,到觉而有情的佛菩萨,到《楞严经》,物理人性一体同源,心物一元,物即是心,心即是物,色即是空,空即是色,古今皆是。

《大学》讲到了格物致知,也就是说先物理后人性,物格而后知至,也是讲先物理而后人性。《中庸》中更多的是讲到,先有人性,后能通达,而后能通达万物,因此讲的是先知人后知物。为什么我们觉得科学那么令人相信,是因为在现代社会,我们崇尚科学,实际上是崇尚物理,人性是主观的,科学是客观的。现代科学体系之所以让人们信服,是因为它从物理学,从"格物"的角度,让大家看到具象的形,分子、原子,甚至夸克,然后再从微观到宏观。现代领导力就是物理人性的充分体现,物理为本,人性为魂,人是万物之灵。未来社会人际关系的领导与被领导,管理与被管理,已经引起学术界的极大兴趣,相关研究方兴未艾,甚至于带来伦理问题。人工智能(artificial intelligence,AI)的起点是物理,终点是人性,可能无限接近,但无法到达。

在物理方面,领导者需要了解自身所处的环境,不断加深对事物发展规律的敬畏和尊重。硬件设施、物质资源和人类特质、情绪特点等,这些因素都会影响领导者决策的效果。在人性方面,马斯洛的需求层次理论就充分说明这一点。古代酒色财气的诱惑,现代官员面临的"围猎"的不法商人、贪图小利的亲人、欲壑难填的情人、行走江湖的政治掮客等,都是对人性的考验。那么,如何在理性光芒和人性的丰满间取得平衡呢?物理洞察不足,客观规律认识不够,就无法构建未来的目标;人性关怀不够,时间空间换位思考不足,目标注定也无法实现,这对领导者来说是巨大的挑战。物理关注逻辑和客观规律,人性强调经验和感同身受;物理侧重逻辑推理的想到,人性侧重归纳总结的做到。

领导过程不仅需要应对垂直或深入进步、科技创新、新模式、新市场管理、创新(0—1)等多方面的挑战,还要在这些挑战中不断演进和成长。领导者必须拥抱变化，勇于尝试新方法，并持续学习和改进。这种迭代思维能力使他们能够灵活地应对不断变化的环境，引领团队和组织走向成功。领导者既要有理性思维和管控力（即对事物的分析理解与控制，实事求是，可以考虑事实就是能力与实事求是的意愿），又要有感性思维和想象力（对人情世故的处理，情商与自我调节，即调控自己与调控他人），即决策过程中需要对自然（物理）世界、人类世界和精神世界"三界"有充分的认知与理解。这三个领域相互交织，共同作用于领导者的决策过程。领导者需要具备自知、自处和他处的能力，以便在不同环境下做出明智的决策。六祖慧能在《坛经》中对三界也有描述：①风动幡动，仁者心动。②菩提本无树，明镜亦非台；本来无一物，何处惹尘埃。③下下人有上上智，上上人有没意智。若轻人，即有无量无边罪。

"物竞天择，适者生存"，《天演论》的译者严复针对当时中国"民力已苶，民智已卑，民德已薄"备受欺凌的悲惨社会现状，就如何拯救中国于水火中展开论述，他认为应该从教育着手，特别是科学精神，而不是简单的政体变更，以实现逐渐更新进步。他曾主政四校：主政北洋水师学堂29年，1905年应邀创立复旦公学、接任马相伯成为复旦公学第二任校长，1906年举办安徽高等学堂，1912年5月成为北京大学首任校长。针对洋务派的"西学中用"观点，严复认为"中学有中学之体用，西学有西学之体用，分之则并立，合之则两亡"。留学英国期间，他深刻体会到"西洋胜出，在事事有条理"，凸显出逻辑推理思维能力，这也是对中国传统总结归纳能力的有益补充。社会发展，即所谓物理人性使然，无一例外，物理是客观规律，人性是主观精神，一个易受线性硬约束的影响，另一个易受主观情绪波动的影响。

严复的译著《天演论》提出了物竞天择和适者生存的理念，提出了"鼓民力、开民智、新民德"的教育思想，并强调"此三者，自强之本也"。这一理论对本书提出的物理人性理论有所启示，特别是在知行合一、体用一致、创新思维、迭代发展等方面具有重要的指导意义。

首先，在自然世界方面，领导者需要关注自然环境的变化。全球气候变化、资源枯竭等问题对企业和组织的发展产生了严重影响。领导者应积极应对，采取可持续发展战略，保护生态环境，实现企业与自然的和谐共生。此外，领导者还应关注社会伦理和价值观的演变，使企业的决策符合社会的发展方向。其次，在人类社会方面，自然世界与精神世界的混合，即客观与主观的结合。作为领导者，需要理解客观与主观的融合。客观世界涵盖着客观事实、数据、规律等真实客观存在的要素，而主观世界则包括个人的信念、价值观、情感和思维模式等主观因素。领导者必须认识到这两者之间的相互作用：客观世界的规律影响着个人的主观选择和行为，而个人的主观看法和行为也反过来影响着客观世界的态势和发展。因此，领导者需要具备辨别能力，平衡这两者，并且注重塑造积极正面的主观世界。只有这样，才能更好地引领团队朝着成功的方向前进，并推动组织实现可持续发展。最后，在精神世界方面，领导者需要关注组织成员的心理和精神需求。企业文化是一种无形的资产，领导者的决策应注重激发组织成员的积极性和创造力。领导者应关注组织成员的心理健康，提供良好的工作环境和氛围，使组织成员在精神层面得到满足，从而提高工作效率和质量。

综合以上三个方面可知，领导者应当具备自知、自处和他处的能力。自知，即了解自身的优势和不足，以便在决策时做出客观的评价；自处，即在复杂环境中保持冷静，善于调整心态，适应各种挑战；他处，即站在他人的角度思考问题，关注团队协作，实现共同发展。

严复翻译的《天演论》一书中提倡物竞天择和适者生存，这一观念在领导力研究领域同样适用。领导者需要不断学习、进步，提高自身的适应能力，以应对不断变化的环境。只有这样，企业才能在激烈的市场竞争中立于不败之地，实现可持续发展。领导的决策受自然（物理）世界、人类世界和精神世界的影响，领导者需要具备自知、自处和他处的能力，且密切关注这三个领域的变化。此外，领导者还需要关注"人性有余，物理不足"的现实境况，这通常是由于领导者太过于关注人性，而忽略了事情的精细化造成的。当然也要防备"物理有余，人性不足"的情况。因此，好的领导力不仅要具备"物理人性"的综合能力，更要注重二者间的配比，不同的商业场景和管理情景需要不同的领导风格与之相匹配，权威型领导物理和人性八二开，变革型领导物理和人性五五开，服务型领导物理和人性二八开。借鉴《天演论》中物竞天择和适者生存的理念，领导者不仅要不断提升理性思维，寻找战略方向和环境变化的规律，又要修炼感性思维，感受人情冷暖和客户需求的变化。物理决定想到和做到，人性决定想好和做成，物理和人性共同促进组织的发展。高层领导者，面对着更多的风险和不确定性，理性保底线，感性创空间，因为面对的市场或许概率可以计算，但不确定性却无法度量，企业家的勇气和激情不可或缺。在现实生活中代表理性的科学家往往最先有好的主意，甚至能生产出来好的产品，但却无法替代更加洞察人性的企业家的价值。

物理人性的理论研究成果主要有领导力权变理论模型和情境领导理论。费德勒的权变模型（Fiedler's contingency model）是由心理学家弗雷德·费德勒（Fred Fiedler）在1960年代提出的，它是第一个综合性的领导力权变理论。该模型主要关注领导风格与领导效果之间的关系，并认为这种关系取决于情境的有利性，如图1-22所示。费德勒区分了两种基本的领导风格——任务导向（task-oriented）和关系导向（relationship-oriented）。任务导向的领导者强调任务的明确度、绩效标准和效率，而关系导向的领导者则更注重建立良好的工作关系和团队成员的满意度。他认为，领导效果受到情境因素的影响，这些因素包括领导者与下属的关系、任务结构和领导者的职位权力等。根据这些因素，情境可以被评估为对领导者有利或没利。费德勒还提出了一个称为"最小可接受领导有效性"（least preferred coworker，LPC）的量表来衡量领导者的风格。LPC高的领导者更倾向于关系导向，而LPC低的领导者更倾向于任务导向。费德勒认为，领导者的风格是固定的，不能轻易改变。根据情境的有利性，费德勒的权变模型预测任务导向的领导者在非常有利或非常不利的情境中最为有效，而关系导向的领导者在中等有利的情境中最为有效。

情境领导理论（situational leadership theory）是由保罗·赫塞（Paul Hersey）和肯尼斯·布兰查德（Kenneth Blanchard）在1969年提出的，它是一种领导力模型，强调领导者应根据员工的成熟度水平选择适当的领导风格，如图1-23所示。成熟度是指个体完成特定任务的能力和意愿。赫塞和布兰查德将成熟度分为四个阶段：R1（低能力，高意愿），员工对于完成任务既不自信也不熟练，但愿意尝试；R2（部分能力，部分意愿），员工具备一定的能力，但可能在信心或动机上有所欠缺；R3（高能力，低意愿），员工有能力完成任务，但可能因为各种原因缺乏动力；R4（高能力，高意愿），员工既有能力又有意愿完成任务。情境领导理论提出了四种领导风格，以匹配不同的成熟度水平：指导（S1），领导者提供具体

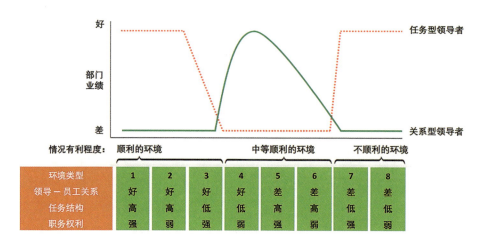

图 1-22 费德勒的权变模型

的指导，告诉员工如何完成任务；推销（S2），领导者在提供指导的同时，也鼓励员工参与决策过程；参与（S3），领导者与员工共同决策，领导者主要提供便利和支持；委托（S4），领导者提供最少的指导，让员工自主完成任务。情境领导理论的核心思想是，没有一种领导风格是普遍适用的，领导者应该根据员工的成熟度以及任务的性质和环境条件来调整自己的领导行为，这种理论强调了领导者的适应性和灵活性。

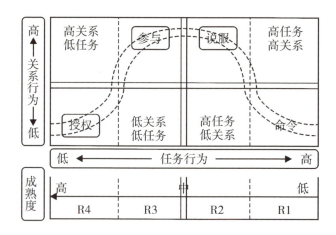

图 1-23 情境领导理论

基于领导力视角的优秀商业模式有三点特征，即：具有高垄断性专利，高单品利润率，市场份额仍在提升。斯坦福商业模式的设计创新模型（图1-24）就充分说明了这一点。微软的比尔·盖茨、特斯拉的马斯克以及比亚迪的王传福、小米的雷军，就是为数不多的科学家叠加企业家，是物理深刻且人性丰满的领导者。

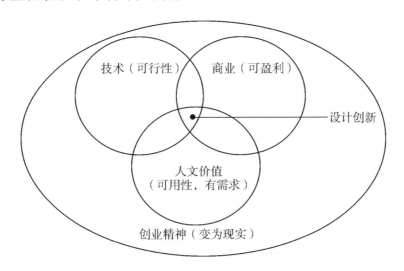

图1-24　斯坦福商业模式的设计创新模型

五、领导与信任：组织发展的基础

信任是领导者和追随者、领导者和组织间的黏合剂，是团队、组织得以成型的关键。信任是自处与他处的关系，是自己与团队、组织的维系纽带。信任管理在领导过程中具有举足轻重的地位，它是一种建立在相互尊重、诚实守信和责任承担基础上的管理方式。在组织中，领导者不仅要具备卓越的业务能力，更要懂得如何运用信任管理来激发团队的潜力，提高工作效率，实现组织目标。关于信任的发展过程研究，Kee和Knox（1970）发现个体的经历（信任的前因变量）、环境变量和个性倾向等因素共同导致了对被信任者动机和胜任力的知觉，这种知觉被看成是信任发展的基础。Lewicki和Bunker（1995）把信任按照发展的阶段分为谋算型信任（calculus-based trust）、知识型信任（knowledge-based trust）、认同型信任（identification-based trust）。伴随着一个长时间人际交往的结果，每一个层级的信任通过人际关系的发展使得信任得以到达更高的水平（邱伟年等，2011），信任发展的阶段如图 1-25 所示。

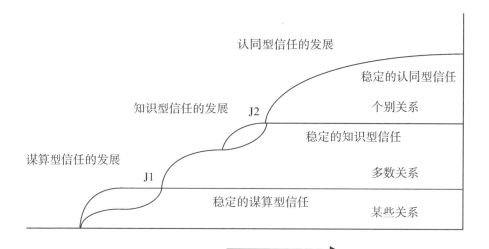

J1：在此点上，一些谋算型信任关系转变为知识型信任关系
J2：在此点上，呈现积极效果的为数不多的知识型信任发展为认同型信任关系

图 1-25　信任发展的阶段

谋算型信任（calculus-based trust）是建立在个体或组织之间的利益交换和合作共赢基础上的一种信任关系，其形成依靠理性计算和利益权衡。人们通过评估对方的可信度来决定是否建立这种信任关系，主要考虑预期收益和风险。在领导与追随者或组织成员间初次接触时，除非存在特殊情况（如创业团队）或个别成员之间有亲属或其他特殊关系，彼此之间通常处于初始阶段，并没有明确的信任或不信任。即使存在一些信任，也往往是不稳定的。谋算型信任阶段具有博弈特征，在这个阶段中，领导与追随者之间的信任水平主要以利益为核心，并且评判对方是否可靠主要依赖于信息获取能力。在这个阶段中，信息共享与否直接影响着彼此了解熟悉的程度，并且会影响到领导与追随者是否能够成功建立起谋算型信任关系。

知识型信任（knowledge-based trust）是建立在个体或组织的专业知识和技能上的一种信任关系。这种信任关系通常基于对对方的深入了解和专业知识的评估，包括个体或组织的专业能力、经验、技能和知识等方面。在知识型信任阶段中，个体或组织的知识水平和技能成为决定领导与追随者或组织成员间信任程度的重要因素。这种信任关系需要长时间的积累和建设，并且一旦形成，它通常是稳定和可靠的。这是因为知识和技能很难被模仿和复制，所以具备这些特质的个体或组织更容易获得他人的信赖。

认同型信任（identification-based trust）是一种建立在个体或组织之间相似的经历、价值观、信念和期望等因素上的信任关系。这种关系通常基于共享的经验和认知，通过寻找双方之间的共同点来评估对方的可靠性。为了建立这种信任关系，领导与追随者或组织成员间需要进行一定程度的社交互动，并逐渐了解彼此所持有的认同因素，从而形成一种情感联系。这样可以使得个体或组织更容易相信对方，并愿意在某些情况下提供支持和帮助。

企业作为人力资源投入者与物质资源投入者的合作平台，双方在法律地位上享有平等的权利。理论上，任意一方均有潜力掌握企业的控制权。然而，理论的平等并不总是转化为现实中的平等。在信任与交易成本的分析框架下，由于信任结构的多样性，不同的控制权配置方式所伴随的信任风险或成本也各不相同，进而影响各自的竞争力。在现实操作中，最低的信任风险或成本将推动某种控制权配置方式成为主流。具体而言，控制权的配置主要呈现两种形态：一种是人力资源投入者掌握控制权；另一种是物质资源投入者在投入物质资源的同时，也投入一定量的人力资源，从而获得控制权。设定每个经营周期中需要投入的人力资源为 L，物质资源为 K。物质资源投入者通过同时投入人力资源 L_k，从而持有企业控制权。在这种模式下，控制权的持有者通过既投入了物质资源 K，又投入了部分人力资源 L_k，实现了对投入资源的全面控制，将合作风险或信任风险 $R_{(K+LK)}$ 降至零。相对地，人力资源投入者仅需要投入剩余的人力资源 L_l（即 $L_l = L - L_k$），但这部分资源完全暴露于风险之中，即合作风险或信任风险 $R_{(Ll)}$ 与 L_l 成正比。因此，整体的合作风险或信任风险 $TR_{(K+LK)}$ 等于 $R_{(Ll)}$ 加上 $R_{(Ll)} \propto L_l$，即 $TR_{(K+LK)}$ 与 L_l 成正比。上述两种企业控制权配置的情况可以参考图 1-26 进行理解。

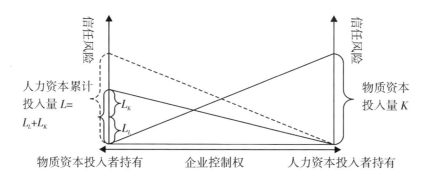

图1-26 无信任成本时企业控制权的配置

因此，在企业控制权的初始分配过程中，一方面，信任结构本身并不改变物质资源投入者与人力资源投入者之间的权力分配格局。从降低信任成本的角度考虑，通常认为将控制权赋予物质资源投入者是较为理想的选择，因为物质资源的投入往往伴随着对企业运营的主导权。然而，当企业运营高度依赖于具有专业技能的人力资源时，将控制权配置给这些具备专业能力的人力资源投入者则显得更为合理和有效。另一方面，信任水平的高低对企业控制权的初始配置具有显著影响。在存在高度完善的制度保障或双方建立了紧密的合作关系，即信任水平达到了较高程度的情况下，企业控制权无论是赋予物质资源投入者还是赋予人力资源投入者，其效果将不会有显著差异。在这种情况下，企业能够通过高效的协调机制和信任基础，确保控制权的分配能够更好地服务于企业的整体利益和发展目标。

从信任的角度来审视，领导与下属之间对于事项（资源）的控制权边界虽然可以通过制度进行规定，但这些规定往往难以做到完全明确，总会存在一些权力的模糊地带，即制度无法完全覆盖的区域。这些未被明确规定的控制权部分，被称作剩余控制权。当领导与下属之间的信任度较高时，这些灰色区域的边界会更加宽松，并且在实际运作中展现出更大的弹性；相反，当信任度较低时，这些边界会变得更加紧缩，弹性相应减小。进一步来说，当领导与下属之间的信任度较高时，双方的权力感知边界会更加灵活。这意味着，领导有时会越过下属的权力边界，同样，下属也可能在某些情况下侵入领导的权力范围，但双方都不会有强烈的权力被侵犯的感觉，反而认为这是正常的互动，即便权力在某种程度上发生了转移，双方的权力感知仍然保持一致。然而,当领导与下属之间的信任度较低时,权力边界会变得更加僵硬,缺乏必要的弹性。在这种情况下,任何一方稍微越过对方的权力边界,或者在灰色区域行使权力,都有可能导致权力感知的显著变化,使一方或双方感到受到了威胁,甚至可能引发冲突。

信任在组织内部的权力结构中扮演着至关重要的角色。它不仅决定了剩余控制权的边界,还影响了这些边界的弹性。高信任度可以促进更加灵活与和谐的权力互动,而低信任度则可能导致权力边界的紧张与冲突(图1-27)。因此,建立和维护高水平的信任对于组织内部的稳定和效率至关重要。

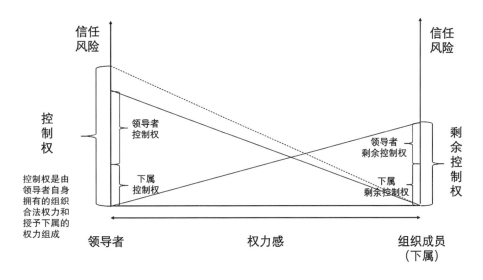

领导权力感由领导控制权与领导剩余控制权组成。

下属权力感由下属控制权与下属剩余控制权组成,两者需要动态平衡。

图1-27 信任风险与领导者权力感的配置

信任在人际关系中扮演着至关重要的角色,不仅在中国传统社会,哪怕在今天,在"三同"关系和与三种贵人的关系中,信任的建立和维护对于个人的成长、发展以及社会互动的赋能加持具有深远的影响,并存在递进关系。

"三同"关系中的信任主要包含同乡、同门、同亲,分别代表了三种不同的信任水平。一般来说,同乡属于谋算型信任,同门属于知识型信任，同亲属于认同型信任。同乡关系是基于共同的地理背景和文化传统建立的联系。信任在这里起到了加强乡情纽带、促进资源共享和互助合作的作用。在同乡之间，信任可以促进信息交流、增强归属感，并在相互支持中共同面对外部挑战。同门关系通常指师承关系或同属一个学术流派的关系。在这种关系中，信任是师生之间传授知识、技能和价值观的基础。学生对老师的信任可以促进学习，而老师对学生的信任可以激发学生的潜能和创造力。同亲关系是基于血缘纽带而建立的，在工作场所形成的专业关系。信任在这里有助于建立高效的团队合作，促进知识共享，提高工作满意度和组织承诺。同事之间的信任可以降低监督成本，增强团队的凝聚力和执行力。"三同"关系也存在信任三个阶段不同程度的影响，即同乡、同门、同亲也因受信任三个阶段不同程度的影响而表现出不同的信任水平。

类似的，还有三种贵人的说法，也体现出信任的不同水平。父母、兄弟、姐妹是第一种贵人，主要指父母。家庭是信任最初的摇篮。在家庭环境中，父母、兄弟、姐妹之间的信任建立在无条件的爱和支持之上，为个人提供了情感的安全感和成长的基础。这种信任是个体社会化过程中的重要资本，它不仅塑造了个体的价值观和行为模式，还为今后建立更广泛的社会信任关系奠定了基础。老师、同学是第二种贵人，主要指老师。在学校和教育机构中，信任有助于营造一个积极的学习环境，鼓励学生积极参与和探索。老师对学生的信任能够激发学生的学习动力，而同学间的信任则能促进合作学习和共同进步，这种信任关系对于个人的知识积累和技能提升至关重要。领导、同事是第三种贵人，主要指领导。在工作环境中，领导对下属的信任能够激发下属的潜力，提高其工作自主性和创新能力。反过来，下属对领导的信任有助于提高执行力和团队忠诚度，这对于组织效能和团队协作具有决定性的影响。三种贵人关系也存在信任三个阶段不同程度的影响，即家人、师生、领导同事也因受信任三个阶段不同程度的影响而表现出不同的信任水平。

在这三种信任关系中，每一种都可以进一步划分为三个不同的阶段，由浅至深，层层递进。在家庭中，信任从最初的依赖和亲情开始，逐渐发展为相互理解和支持，最终形成深厚的情感纽带。在学校，信任从尊重和认可开始，通过合作和交流，发展为深厚的师生情谊和同学友谊。在职场上，信任从专业能力和责任感开始，通过共同的目标和挑战，逐步发展为坚实的团队精神和组织忠诚。通过这样的信任建立过程，个人不仅能够在各个阶段获得成长和发展，还能够与他人形成利益共同体，共同面对挑战，实现共赢。

中国人的人际关系通常靠血缘关系来维系，而西方人的人际关系则通常靠契约关系来维系。在这个基础上，西方建立起一整套的社会观念和社会制度。中国人有一种文化冲动，就是常常要把非血缘关系泛化或者转化为血缘关系。中国文化的思想内核是群体意识。对于中华民族来说，最重要的是人与人的关系。人活在世界上，就个体而言，要处理两大关系：一个是人与自然的关系，一个是人与人的关系。西方文化更注重的是人与自然的关系。

弗朗西斯·福山在《信任：社会美德与创造经济繁荣》这本书里阐述了一个核心观点：一个低信任度的社会，因为信任成本高，人们就只好相信血缘关系。因此，凡是低信任度的社会，都是社会交易成本高、契约精神低的地方，这样的地方人们往往不相信政府，不相信书面的合同，而相信血缘关系，相信隐秘的权力。这样的地方，健康的市场经济很难发展起来。

除了北京、上海、广州具有传统的政治经济因素，深圳无疑是改革开放后经济发展最耀眼的城市，甚至超过了被称为"东方之珠"的香港。为什么深圳是中国市场经济发展最好的地方呢？一个很重要的原因在于，深圳大部分都是外来人口，没法惯性依赖传统的血缘关系。社会文明的进步无非就是从身份向契约的转变。当一个社会中人与人之间的关系完全是建立在固有身份的基础之上时，民主、自由和平等便成了摆设。唯有将基于身份的个体家庭血缘关系和群体组织纽带关系转变为基于契约的社会公民关系，才预示着文明社会的到来。我国的信任构建需要从血缘关系转变为契约关系，这条路任重而道远。

六、领导力三大定律：人性第一定律、经济第一定律与管理第一定律

综观管理学与经济学的观点，领导力三大定律包括人性第一定律、经

济第一定律和管理第一定律。"人性第一定律、经济第一定律和管理第一定律"共同构成了领导理论从底层到应用的梯度框架，它们分别从不同维度阐述了领导行为的本质、经济活动的基本规律以及管理活动的重要原则。

人性第一定律，即认同定律。美国哲学家及心理学家 John Dewey 指出"人性最深的渴望就是被肯定"。人性第一定律强调了领导者应当尊重和理解人性，关注组织成员的内心需求，从而激发他们的积极性和创造力。认同定律认为，领导者的首要任务是建立良好的信任关系，使组织成员感受到自己存在的价值和成长的意义。在此基础上，领导者需要关注组织成员的心理健康，为他们提供必要的支持和帮助，使他们在面对挑战和困难时能够保持积极的心态。即所谓人性是天，领导就是认同。这也是构建组织"同呼吸共命运"原点的前提。

经济第一定律，即产权定律，由科斯提出，强调了产权安排在资源配置和经济组织中的核心作用。在市场经济体系中，一个定义清晰的产权制度对于保护财产权益至关重要，它能够促进资源向更有效的用途流动。科斯定理进一步阐述，在不存在交易成本的理想状态下，资源会自动流向能够带来最大效用的地方。

然而，现实世界中交易成本无处不在，这可能导致资源分配的效率不如理想状态。因此，领导者在管理企业时必须关注企业边界问题，通过优化资源配置来降低交易成本，从而提升生产效率和整体经济效益。在领导力实践中，产权的明确界定是至关重要的第一步。领导者需要确保团队成员对于成果分配有一个清晰的预期，例如，采用"二八开"的协议，即一方拿八成，另一方拿二成，这样的分配方式是基于规则和贡献的。

分享与共享的概念在这里也起到了关键作用。分享意味着根据事先的协议分配成果，而共享则是一种更高层次的精神追求，它超越了基本的分配规则，体现了一种愿意为了集体利益而自愿减少个人收益的精神。只有当分享的原则被遵守时，才能实现共享的境界。如果一开始就实行平均分配，可能会导致无政府状态和"大锅饭"现象，从而滋生懒惰和效率低下。因此，产权的重要性在于它能够防止平均主义和"大锅饭"现象，激励团队成员为共同的目标而努力。在领导过程中，领导者必须特别注意产权界定和成果分配的问题，确保团队成员能够根据贡献得到应有的回报，同时鼓励共享精神，以促进团队和谐与长期发展。通过这种方式，领导者可以有效地激发团队的潜力，推动组织向着更高的目标前进。即所谓干活先定规矩，才能从分享到共享。这是组织发展制度边界的缘起。

管理第一定律，即激励定律。这一定律强调了激励在管理中的重要作用。领导者需要善于运用激励手段，激发组织成员的积极性和创造力。激励定律认为，有效的领导者不仅要关注组织成员的物质需求，还要关注他们的精神需求，从而实现组织目标和个人发展的双重契合。即所谓人无激励无以调度，要因材施教、量才使用，要按劳付酬、论功行赏。这是组织绩效结果的保障。

当前，我们常常误入监督替代管理、苛责替代激励、惩罚替代奖赏的误区。领导力三大定律为我们提供了一个全面的理论体系，能指导领导者如何在复杂多变的环境中应对挑战，实现组织目标。人性第一定律强调关注组织成员的需求，经济第一定律提醒我们要关注产权安排和资源配置，管理第一定律则强调激励的重要性。只有充分理解和运用这三大定律，领导者才能在实践中不断提高自己的领导能力，带领组织走向成功。

七、领导力与使命感、权力感

（一）领导力与使命感

领导力与使命感之间的联系是坚不可摧且相互促进的。使命感不仅是领导者内心深处的一股强大动力，更是其领导力的根基。它在塑造领导者的行为模式、决策过程以及激励和引导团队迈向成功方面发挥着重要的作用。领导者的使命感不仅推动着他们自身的成长，也鼓舞着整个组织追求卓越、创新和持续发展。随着组织的不断发展壮大，领导者的使命感亦得到加强和提升，从而形成了一个积极的正向循环。接下来，将深入探讨领导力与使命感之间的密切联系。

（1）使命感为领导者指明了方向和目标。具备强烈使命感的领导者对自己的事业有着深刻的理解和坚定的信仰。这种明确的方向感促使领导者在复杂多变的环境中保持专注和冷静，做出明智的决策，并引导团队稳步前进，朝着既定的目标不懈努力。例如，星巴克的前首席执行官霍华德·

舒尔茨，他的使命感是创造一个"第三空间"，即家和工作之外的舒适社交场所。舒尔茨不仅将咖啡店视为销售咖啡的地方，而且将其打造成一个社区中心，人们可以在这里交流、放松和享受美好时光。这种对品牌独特定位的坚持使得星巴克在全球范围内取得了巨大成功，并影响了咖啡文化的普及。

（2）使命感是领导者激励团队的核心力量。一个充满使命感的领导者能够通过自己的热情和信念去感染每一位团队成员，激发他们的工作激情和创新潜能。通过清晰传达组织的愿景和核心价值观，领导者能够激发团队成员的归属感和使命感，促使他们全身心投入，共同为实现企业的宏伟目标而努力奋斗。例如，丰田汽车公司以其精益求精的生产方式和高质量的汽车产品而闻名。丰田的领导者通过坚持"持续改进"和"尊重人"的核心价值观，激励团队成员追求卓越。他们通过清晰的愿景和使命感，即创造高品质的汽车并对社会做出贡献，激发了员工的创新潜能和工作热情。丰田的领导者还通过建立公正的事业和公平的进程，以及培养员工成为领导者，进一步强化了团队的使命感。这种以使命感为核心的领导方式，不仅推动了丰田的持续发展，也使丰田成了全球制造业的学习典范。

（3）使命感对于领导者塑造积极的组织文化和氛围至关重要。一个具有使命感的领导者会重视培养团队成员的责任感和集体荣誉感，倡导正直、协作和创新的工作理念。这样的文化氛围不仅增强了团队的凝聚力和向心力，也显著提升了组织的整体业绩和市场竞争力。众所周知，谷歌公司以其开放和创新的工作环境著称。谷歌的使命是"组织世界的信息，使其普遍可用且有用"。这种使命感推动了谷歌领导者和员工不断探索新技术和服务，鼓励员工在工作中追求创新和卓越。谷歌提供的一系列福利和资源，如员工20%的工作时间可以用于个人感兴趣的项目，不仅吸引了大量优秀人才，也激发了员工的创造力，带来了如Gmail、Google News等一系列创新产品。

（4）使命感在提升领导者的适应性和韧性方面发挥着关键作用。在面临困难和挑战时，拥有使命感的领导者会坚守信念，积极寻求解决方案，引导团队战胜逆境，达成目标。这种不屈不挠的精神是领导者在逆境中维持领导力的核心要素。正如华为公司当前在全球范围内面临着技术封锁和市场限制的挑战。在这种情况下，公司创始人任正非却展现出了坚定的使命感和韧性。他强调华为的使命是"致力于数字世界的普及,让所有人、家庭和组织享受平等的连接权利,构建一个智能世界"。这种长期的愿景和使命感使得华为在面对外部压力时,能够坚守信念,积极寻求解决方案,如加大研发投入,推动自主创新,并在全球范围内调整战略。任正非的领导力和华为的团队精神帮助公司在逆境中始终保持稳定和发展。

总的来说,领导力与使命感的相互促进关系是组织持续发展的动力。使命感赋予领导者强大的内在驱动力和明确的方向指引,而领导力则通过激励团队、塑造文化和应对挑战等手段,确保使命感得到充分的发挥和实现。因此,对于所有领导者而言,培养并保持一份坚定的使命感是提升领导效能、推动组织向前发展的关键所在。

(二)领导力与权力感

权力感是指个人对自己所拥有的影响或控制他人的能力的感知(Anderson et al., 2012)。领导与下属之间的权力感互动是复杂且重要的。它反映了组织内部权力分配和资源分配的现实,同时也影响着团队合作的效率和员工的幸福感。领导与下属之间的权力感互动关系,可以分为四种情况,如图1-28所示:①当领导和下属都拥有高度的权力感时,这种互动关系可以被看作是一种平衡。领导通过实施透明的决策过程,让下属更容易接受并执行他们的指示。同时,下属也能理解领导需要做出的决策,并且通过向领导提供建议和反馈来帮助他们做出最佳决策。②当领导没有足够的权力感,而下属却拥有高度的权力感时,这可能导致下属不尊重领导并难以执行领导的指示。在这种情况下,领导需要采取措施,建立更有效的沟通渠道并增加自己的权力感。同时,领导需要学会倾听下属的反馈,并对其意见进行考虑和回应,以便建立双向的信任和尊重。③当领导具有过高的权力感,而下属感觉缺乏权力时,这可能导致下属失去主动性和创造力。此时,领导需要更多地鼓励下属发言和表达意见,以便能够听到他们的声音并给予关注。同时,领导还应该给下属更多的自主权和责任,以使他们感觉到被信任和赋予权力。④当领导和下属都缺乏足够的权力感时,这可能导致组织内部混乱和缺乏积极性。在这种情况下,领导需要更多地与下属进行沟通,以确定组织目标和方向。同时,领导还应该建立一套规范的流程来确保组织运营顺畅,并为下属提供必要的支持和资源。信任对权力感有积极的影响,当上下级互信的时候,上级会让渡部分权力给下级,而下级在部分权力被侵占时也不会有太大的意见,能维持良好的上下级关系;当双方互不相信的时候,上级不会让渡权力给下级,而下级在部分权力被侵占时也会产生怨言和抵触行为。

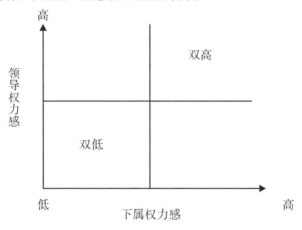

图1-28 领导与下属权力感的动态匹配

在现代组织中,领导者的作用远远超出了传统的指挥、决策和协调功能,他们还需要激励、引导和塑造团队成员的行为与态度。领导力,即影响他人实现共同目标的能力,与权力感,即个体对自己的社会地位和掌控力的主观感受,虽然相关,却是两个截然不同的概念。权力感在领导实践中扮演着双重角色,它既能增强领导力,也可能成为其障碍。

权力感的动态平衡,或称为"动感边界",是领导者与下属互动关系的核心。这就要求领导者在授权与保持控制之间找到恰当的平衡点。授权旨在赋予下属更多的自主权,激发其创造力和主动性,而控制则能确保组织目标的实现和风险的有效管理。这种平衡需要根据团队的具体情况和任务需求进行灵活调整。

领导者在团队遇到挑战时要勇于承担责任,即"领导背锅",这是建立团队信任和凝聚力的关键。这种行为不仅保护了下属,也展示了领导者对团队的坚定承诺,促进了团队成员之间的团结合作,并鼓励他们在面对困难时要敢于尝试和勇于创新。

授权是领导者赋能下属的重要方式,通过将决策权和执行任务的责任交给下属，可以提升团队成员的权力感和工作价值感。这不仅提升了团队的整体能力，还增强了团队的灵活性和适应性。然而，有效的授权还需要领导者提供必要的资源和支持，并设定明确的期望和目标，以确保团队成员在拥有自主权的同时，也能明确自己的方向和责任。

例如，企业的首席执行官（CEO）和政治领域的政治领袖，他们通过授权、资源分配和员工激励等手段来实现目标。领导者的权力感可以增强其自信和果断，帮助他们更好地引导团队。然而，如果领导者过于关注自己的地位和权力，可能会忽视团队成员的需求和反馈，导致沟通、合作和信任的缺失，从而降低团队绩效。因此，领导者在使用权力时必须谨慎，避免滥用权力追求个人目标，应以公正、透明和负责任的方式使用权力，以增强领导力，建立起积极和持久的组织文化。

领导力与权力感之间存在密切关系，成功的领导者应平衡好这两者的关系，始终注重整体利益，以实现团队和组织的成功。通过这样的领导实践，组织不仅能够实现短期目标，还能够培养出一支具有创新精神和强大执行力的团队，为长期的成功打下坚实的基础。

第 2 章　LEO 领导力之权威型领导与组织发展

一、权威型领导的起源

(一) 领导权力

1. 领导权力的定义

在现代管理的理论当中，领导者与权力一直紧密地联系在一起，并且通常将领导与权力画上等号，认为领导是权力的化身。凡是领导者，无论职位高低，都具有一定的权力，而且这种权力是法定的，是其所处的职位赋予的，一旦获得该职位，便同时具备这些权力。

具体来说，所谓的领导权力，就是领导者（即权力所有人）在遵守相关的法律法规，并运用多种手段和方法，实现组织某个目标的过程中，对被领导者（即权力相对人）做出特定行为并施加一定影响的能力。该定义大致包含以下四个方面的主要内容：①领导权力的主体。在这一层面，领导权力的主体涵盖了党政机构的领导者、企事业单位的领导者，以及广大社会组织中的领导者。②领导权力的目标。领导权力的根本目标是通过有效地执行国家法律法规和各类政策来实现国家意志。③领导权力的作用方式。领导权力主要通过强制性地推行政令来发挥作用。④领导权力的客体。总体而言，所有的居民以及由居民所组成的不同社会集团和社会组织都在领导权力的客体定义之内，可以说，领导权力的客体涵盖了整个社会，即领土范围内的所有成员。

领导权力，作为社会生活中的一种重要力量，是领导者在实现组织目标的过程中所具备的对被领导者施加影响的能力。为了更全面地理解这一概念，需要深入探讨其包含的四个主要方面。

(1) 领导权力的主体广泛多样。不仅包括党政机关的领导者，如政府部门的高级官员，也包括企事业单位的领导者，如公司的高层管理者，甚至还包括各类社会组织中的领导者。这些领导者在各自的领域中发挥着至关重要的作用，他们通过行使领导权力来推动组织目标的实现。

(2) 领导权力的目标在于实现国家意志。这意味着领导者必须遵守相关的法律法规，运用各种手段和方法，有效地执行国家法律法规和各类政策。在这个过程中，领导者的决策和行动将直接影响整个组织的发展方向和目标实现。

(3) 领导权力的作用方式主要是通过强制性地推行政令来实现的。领导者在行使权力时，往往需要制定明确的决策和行动计划，并通过各种手段来推动这些计划实施。在这个过程中，领导者必须具备权威性和决断力，以确保被领导者能够遵循其决策和行动计划。

(4) 领导权力的客体涵盖了整个社会，即领土范围内的所有成员。这意味着领导者的决策和行动将影响到每一个居民以及由居民所组成的不同社会集团和社会组织。在这个过程中，领导者必须考虑到不同利益相关者的需求和利益，以实现公平、公正和可持续的社会发展。

2. 领导权力的构成与特征

约翰·弗伦奇和伯特伦·雷文于1959年在《社会权力的基础》一文中提出了五大权力：①强制权，依赖于领导是否有控制和惩罚的力量；②奖励权，能够给服从领导意愿的人一定的奖酬和利益；③合法权，部属认定领导的权力一定来自合法的程序；④专家权，部属认定领导所拥有的知识、能力、专长、技能已经远远超过自身；⑤模范权（参照权），其基础是对拥有个人资历、个人特质的人产生的认同感。

领导特征有三大特性：①相对性。领导权力不能脱离人与人之间的相互关系而存在。举例来说，一个企业家对其下属拥有招聘、提拔、降级、辞退等权力，然而，当企业家脱离了社会而孤立存在时，他就无法行使任何权力。②片面性。领导者与被领导者双方之间存在着一定的不平等，领导权力对于掌握权力的一方而言，永远是一种权力和利益，但对于另一方来讲，则是义务。例如，领导者通过掌握权力，可以要求被领导者去执行一些他们原本可能不愿意或不想做的事情。③结果性。领导权力的行使必然会产生一定的结果，这种结果可能对受影响的个体或其他人产生积极的影响，也可能产生消极的影响。因此，我们可以将领导权力视为一种权利，领导者正是因为拥有这种权力，才能够直接或间接地影响他人的行为，以实现自己的目标。

（二）领导权威

1. 领导权威的定义

领导的核心要点就是通过引导和影响追随者，从而建立起追随关系。领导权威的本质是领导者所拥有的岗位权力以及个人威望的有机整合。领导权威的形成实质上是人类社会群体中的一种社会心理过程。因此，经验丰富的领导者常常致力于使他们的权力在社会成员的心中合法化，从而使他们在管理中的权力转变为领导权威。在现代管理实践中，领导者只有将个人威望和职位权力进行有机的整合，才能实现领导者由抽象性向现实性的转化，达到管理的高效、有序。

领导权威指一种非权力性的影响力，具体表现为领导者能够有效地影响并且改变追随者的心理活动和行为活动，使其能够顺利地朝着设定的目标发展。从定义中可知，领导权威并非由组织或团体直接授予，而是由领导者通过运用其领导权力而形成的，这是其对下属控制和影响的集中体现。简而言之，这种影响力与控制力是领导者权威最主要的构成部分。

权威对于领导者权力的运用至关重要。领导者在日常行使权力的过程中如何培育、维持以及运用领导者权威都十分重要。几千年的社会发展使得人们习惯性地将权威与职权片面地画上等号，这种认知从本质上来讲是错误的。因为职权往往代表着领导者能够无视他人反对，甚至强迫人们服从其指令的强制力，然而权威却与之不同。领导权威更多是通过领导者的影响力使得人们自愿接受并服从领导者的命令与安排。实际上，领导权威的基础是领导者是否具有影响力，权力只是构成领导权威的重要因素之一，而职位权力和个人权利则共同构成了领导权威及其综合影响力。

因此，仅仅拥有职位权力并不能完全代表领导权威的获得。领导权威的形成涉及诸多因素，包括气质、性格、判断力等多方面的内容，但更为关键的却是领导者个人独特的魅力。

2. 领导权威的类型

根据不同的划分标准，领导权威具有不同的类型。根据领导权威的来源，领导权威可以划分为职位权威和人格权威。

（1）职位权威。职位权威指依靠组织或团体赋予的职权所确立的权威，它为领导者提供了许多信息和权力资源的优先权。这种权威并不涉及培育问题，更多需要考虑的是如何维持和运用。

职位权威是一个组织中领导者所拥有的重要资源，可以分为积极职位权威和消极职位权威两种类型。

积极职位权威指当人们认可领导者的职权具有合法性时，领导者的行为可以产生积极的效果。这种权威实现了对领导者的内在化认可与外在化服从的统一。换句话说，当领导者在职位上所拥有的权威被人们认可时，他们的行为和决策会被视为是合法、合理的，从而产生积极的效果。这种权威类型中的领导者通常具有高度的专业知识和技能，能够为组织带来长期的发展和成功。而在消极职位权威中，领导者的职权并没有被人们自愿地认可。在这种情况下，领导者只能通过奖惩和强制手段来支配和命令下属。这种权威类型的结果通常是负面的，因为被领导者只是被动地服从领导者的命令和指示。这种类型的领导者通常缺乏有效的沟通技巧和人际关系能力，无法建立起与被领导者之间的信任和共识，因而无法激发被领导者的主动性和创造力。

因此，在组织中建立积极职位权威是至关重要的。领导者应该通过提高自己的专业知识和技能，建立起与被领导者之间的信任和共识，从而获得他们的认可和支持。同时，领导者还应该注重与被领导者之间的沟通，了解他们的需求和期望，并采取有效的措施来满足这些需求和期望。只有这样，才能建立起积极的职位权威，推动组织的长期发展和成功。

（2）人格权威。人格权威指建立在个人魅力、知识、才干、工作资历等因素基础上的领导魅力，它激发被领导者自愿服从并主动追随领导者的意愿。

人格权威是在职位权威的基础上产生的，一般来说二者交替上升、共同促进，正常情况下是先有人格权威、后有职位权威。但在某些情况下有的人是先被授予领导权力，然后再去学习如何做领导、如何行使领导权威，并逐步建立起一定的人格权威。这种现象大多发生在私人或家族公司中，抑或是传统的父子继承等情形中。

根据结构中是静态因素还是动态因素占主导，领导权威可以分为人格性影响力和榜样行为影响力。

人格性影响力指在领导工作中，领导者通过自己的心理素质、品德素质和知识素质，在下属的心理层面和行为层面产生的一种影响力。传统观点有时将领导权威与通常所说的人格性影响力（包括人格魅力、榜样行为等）画等号，这是有失偏颇的。

一方面，在人格性影响力的内部各要素中，品德素质是最基础的部分。而领导者的品德则主要涵盖了领导者的道德品质、工作作风和心理特征等，这些品德常常成为领导者被信赖和拥护的主要原因。总的来说，塑造人格性影响力的关键是领导者的心理素质，尤其是情感的能力。另一方面，领导的个性心理特征，即是否具备丰富的情感，是否对工作满腔热忱，直接关系到领导者是否能够具有强大的人格魅力。一个对员工关怀备至、照顾有加，对自我要求严格、精益求精的领导者自然会赢得下属的信任，从而能更好地领导和指挥下属开展工作。同样地，知识素质也是构成领导者人格性影响力的一种特殊力量。在实际工作中，知识渊博、业务素质高、在某些方面有专长的领导者，自然会形成一种凝聚力，并提升其在工作中的影响力。同时，领导者能否为组织发展做出正确的决策，能否有力地妥善处理群体内外的各种复杂关系，直接关系着下属是否会对其信服，从而提升其自身人格的影响力。

榜样行为影响力指领导者在领导活动中，通过展示自身行为，为下属提供可学习和效仿的模式，使其形成相似的心理和行为。在工作和生活中，领导者拥有比一般人更广泛的活动空间，因此更容易吸引他人注意，留下深刻印象。首先，通过听闻、亲眼见证以及模仿学习等方式，下属对领导者的行为进行内心感受和体验，并将获得的各种信息内化为个人的主观意识和态度。然后，个体的主观意识、态度以及情感会在实践行动中外化为受意志控制的行为，朝着领导者榜样所指向的目标发展。由此领导者产生了显著的心理感召力，促使领导工作得以顺利展开，使领导工作的目标成功实现。

构成领导权威的两个基本因素，即人格影响力和榜样行为影响力，在领导权威的实现中发挥着不同的作用。相比较之下，榜样行为影响力的影响程度和范围较有限，而人格性影响力的影响程度更深刻、影响范围更广泛。它不仅直接影响组织中个体成员的心态，以实现改变个体成员行为的目标，而且在组织的成员中发挥着整合的作用。

（三）领导权力与领导权威的联系与区别

领导权威与领导权力，这两个概念在实际应用中常常被混淆，但其实它们各自具有独特的特征和内涵。领导权威，顾名思义，指领导者在组织中拥有的权威地位，这种地位来自领导者的个人素质、管理水平以及为企业或组织做出的贡献。领导权力则指领导者在组织中实施领导、协调、管理和决策等方面的能力，这种能力体现在领导者对组织内部和外部环境的掌控力度。

简而言之，领导权威与领导权力既有联系，又有区别。作为领导者，只有全面认识和把握这两个概念的内涵和外延，正确处理二者之间的关系，才能在实际工作中发挥出权威和权力的最大合力，推动组织实现既定目标。同时，领导者也要时刻保持清醒的头脑，谨防陷入权威和权力的误区，以确保组织的长远发展和领导地位的稳固。

1. 领导权力与领导权威相互联系

如前所述，领导权力被视为硬性实力，而领导权威则被认为是软性实力。这两者虽然性质不同，但都代表了一种力量，这种力量主要是由领导主体指向领导客体。

（1）领导权威和领导权力经常相伴而生。它们都根植于领导活动之中，一位卓越的领导者通常同时具备这两种力量。领导权威往往以领导权力为基础，因为在涉足领导活动时，人们先是拥有领导权力，然后在正确行使领导权力的基础上逐渐积累领导权威。可以说，权力成就威望，但并非拥有权力就能够建立威望。若领导权力行使不当，不仅无法赢得领导权威，甚至也会使领导权力的效果大打折扣。正如《素书》所言："略己而责人者不治，自厚而薄人者弃废"。若在事务失败时只倾向于责备他人而不反思自身的原因，这样的领导者难以获得人心，也难以树立真正的领导权威。

（2）领导权威在领导权力主体与客体的互动中产生。这是正当性权力，也是领导主体从领导客体自愿接纳中得到的权力。当领导权力与领导权威良性配合时，领导权威会融入权力运行环节，增强领导权力的正当性支持，达到"圆融会通"的效果。在这种情况下，领导客体也会自愿接纳，形成领导主体与领导客体之间权力和权利相生互动的良性循环。这种互动关系不仅有助于提高领导工作的效率，也有助于增强领导客体对领导主体的信任和支持。

（3）领导权威还需要借助领导权力的强制力来保障。虽然领导权力具有强制性，但唯有在领导客体自愿接纳的基础上才能形成真正的领导权威。可以说，领导主体的强制性特征并不构成两者的本质区别，唯有领导客体的自愿性特征才是两者的本质性差异。这也意味着，只有在强制力和自愿性相互配合的基础上，才能形成真正有效的领导权威。

《孙子兵法》有言："厚而不能使，爱而不能令，乱而不能治，譬若骄子，不可用也。"可见，掌兵不是不能有仁爱之心，而是不宜仁慈过度。如果当严不严、心慈手软，姑息迁就、失之于宽，乃至"不能使""不能令"，当然就不能掌兵。这不仅适用于军事领导，同样也适用于其他领域的领导工作。因为无论在哪个领域，领导者都需要在拥有权力的基础上建立起与下属的良好关系，并在互动中形成真正的领导权威。只有这样，才能真正实现有效的领导和管理。

2. 领导权力与领导权威相互区别

领导权力是单方面施加要求强制领导客体服从，而领导权威则是领导客体自愿接纳，这是领导权力和领导权威之间的本质差异。此外，二者还存在以下两点不同。

（1）领导权力受限于岗位职责，而领导权威则无此限制条件，其空间范围更广。领导权力是一种制度性权力，领导者在职责范围内行使命令和指挥权，而领导权威是一种道德性影响力。岗位职责是领导权力的边界，然而领导权威不受此限制，一个人可能已经离开某个岗位，但凭借他人的信任，仍然具备领导权威。

（2）领导权威的影响力比领导权力的作用更持久。个体离开领导岗位意味着领导权力的解除，但不代表领导权威的消散。领导权威通常具有惯性，甚至伟大人物在去世后，其领导权威仍然存在。只要人们怀念伟大的领导者，他的权威会持续存在，并逐渐强化他所创立的制度和事业的合法性。

二、权威型领导的内涵

(一) 权威型领导的概念

通过上一节的内容,我们对领导权力和领导权威进行了概念性的探讨。从这些讨论中,可以得出对权威型领导的以下理解:权威型领导是通过在长期担任领导职务期间形成的品质、行为、职业等魅力特征,在人们心中产生一种威慑力和说服力,使下属自觉地按照领导者的意图行动。

因此,权威型领导在其基本领导内涵的基础上还具有独特的特性。与一般领导不同,权威型领导的关键之处不仅在于其法定职权,更在于其作为组织中的核心人物,承担着指挥、协调日常工作,并确保组织平稳运行和发展的责任。权威型领导是具有远见的领导者,他了解如何使员工清晰地认识到自己的工作是组织愿景目标的一部分,并以此激发员工的积极性。因此,在这种领导风格下,员工了解自己工作的重要性,明白工作的意义所在。

权威型领导还能够让员工全身心地投入到组织的目标和战略中。领导者将员工的个人任务设置在公司愿景目标的框架内,并根据这一愿景目标设定员工行动的标准。

(二) 权威型领导的特质与作用

权威型领导的显著特征在于为员工提供远大目标和愿景,号召员工为之努力。其行为特征包括:能够描绘发展的远景目标和愿景;采用引导而非强迫的方式使员工理解愿景及达成愿景的最佳途径;将传播远大目标和愿景看作领导者工作的重要组成部分;以组织和员工个人的长远利益为基础解释愿景;建立与愿景相关的绩效管理体系;明智地运用积极和消极的反馈来加强激励手段。

因此,权威型领导具有如下特质:①成就特质。主要指领导者个人的成就欲望、工作主动性以及他对工作秩序和质量的关注。②助人特质。他在人际交往中的洞察力以及在客户服务方面的敏感度,都是值得强调的,后面在有关技能问题里讲人际沟通时要给大家介绍这些问题。③影响特质。尽管领导者拥有领导权力，但在与下属互动时，如何使其心悦诚服地接受自己的影响，同时在组织结构设计阶段，如何有效地控制不同层次的人员，包括下属权力范围的规划以及培养一定的公关能力，都至关重要。④技能特质。就是我们通常讲的一些基本的管理技能，例如，怎么指挥人、怎样进行团队协作、怎样培养下属、怎样把一个团队调动起来等。⑤认知特质。这里主要涉及领导者的技术专长和概括性思维能力。例如，需要运用简洁的语言，使外行在短时间内大致了解企业的优势。这不仅需要领导者具备出色的概括性思维能力，还需要领导者对新事物保持高度的敏感性。⑥个人特质。领导者的素质差异造成了合格领导者和优秀领导者之间的巨大差距。这主要体现在领导者是否更自信，是否具备更出色的自我控制能力，尤其是在意外情况发生时是否能够沉着冷静，稳定应对市场竞争中的各种问题，并建立组织信任。

有研究表明，在不同领导风格中，权威型领导最有效，对工作氛围各方面会产生积极影响。权威型领导风格在任何商业环境中都能发挥积极作用，尤其适用于目标不明确的企业，因为它能够描绘新方向，为员工带来新愿景。然而，权威型领导并非在所有情境下都适用，当领导者面对比自己更有经验的专家或同事时，可能被视为自高自大或装腔作势。在下属不信任领导的情况下，采用这种风格也难以取得好的效果。此外，因过度追求权威而显得傲慢专横的领导者可能会破坏团队精神。因此，领导者需要在不同情境下灵活地运用不同的领导方式。

（三）权威型领导的类型

在相同或相似的客观条件下，企业领导者的个人素质和能力是其成功的关键因素。然而，客观条件会持续变化，权威型领导的领导方式也会随着时代和社会发展水平的变迁而调整，同时它又受组织状况、组织类型和组织发展阶段的限制。

1. 专制型和民主型权威领导

权威型领导者根据领导方式可以划分为专制型和民主型。

在传统或现代组织中，专制型领导和民主型领导并没有绝对的划分。在政治组织、军事组织或企业组织中存在着专制型领导者，他们往往独揽大权，一言决断，如王朝统治者或地方家族族长。专制型领导者倾向于独自决策组织事务。在中国的封建王朝，皇帝独揽大权，乾纲独断，总督巡抚和知州知县作为皇帝的代理人行使权力。他们提出问题，收集信息，分析资料，独断选择方案后宣布执行。虽然可能会考虑一下下属的反映，但是并不给予下属决策权；部分善于说服的专制型领导者往往会在自己做出决策后征求下属的反对意见，然后说服反对者服从，再宣布方案；有的在独断决策后允许下属提出看法，使下属理解目标，或提出"草案"允许局部补充，但最终决策权仍在自己手中。他们有的会听取下属意见，有的不听，但的确给予了下属一定的决策机会。就目前而言，专制型领导者在比例上越来越少，但绝对数量还是很多，而且这种领导方式在领导者中颇有市场。

与专制型领导相对，民主型权威领导者具备强烈的民主意识，他们致力于赋予下属更广泛的参与和更多决策的机会。第一类民主型领导者首先提出问题，然后鼓励下属根据个人常识和经验提供解决方案或构想，再通过集体商讨、分析、判断，最终确立一种广受认可或必要时认为最佳的方案并做出决策。第二类民主型领导者则规定问题和决策权限的范围，让下属自行分析问题、寻找解决办法并做出决策。第三类民主型领导者甚至采用一种充分放权的方式，不主动提出问题，而是鼓励下属在规定权限范围内自主地提出、分析和解决问题。

值得指出的是，这两类权威型领导者的分类并非绝对。同一个领导者在不同工作环境和面对不同问题时可能采取不同的方式。当然，由于民主型领导方式体现了社会和组织发展的必然要求，因此备受欢迎。

2. 专家学者型和经验管理型权威领导

专家学者型权威领导者是指那些由技术专家或管理专家逐步晋升为组织团体领导并最终成为权威型领导者的人。在现代组织中，从政府到军队、从科研领域到企事业单位，越来越多的技术专家或管理专家通过自己的专业能力和经验晋升为领导者，这种现象已经成为一种潮流。

经验管理型权威领导者是指那些虽然经受过一定的教育，但主要是在长期管理实践中逐步成长起来，并凭借其工作业绩和个人魅力获得权威地位的领导者。一种情况是，这些领导者通常在受过一定教育后立即投身于实际工作，通过不断积累和培养领导经验，逐渐形成了良好的领导素质。另一种情况是，一些领导者在一开始就独立主持一个组织的工作或开创一家公司，具备管理的要求、能力和个性，通过实践中的经验教训积累，最终成为成功的权威型领导者。

3. 创业型和守成型权威领导

将领导分为创业型和守成型，并据此划分出两种不同的权威型领导类型，这一分类具有重大意义。创业型领导通常更容易形成权威，因为他们具有开拓创新、勇于冒险的精神，能够带领团队不断向前发展。而守成型领导则可能在某方面具有独特的魅力，也会给下属以权威感，尽管其影响力可能不如创业型领导那么大。需要特别注意的是，创业和守成并不是截然对立的，它们只是时间序列不同。

创业型权威领导者通常具备坚定的信念和追求，他们执着地追求自己的人生目标，并展现出一种不屈不挠的韧劲。有的创业者凭借敏锐的头脑，逐步走向成功。例如，明太祖朱元璋、清太祖努尔哈赤等封建王朝的建立者，他们经历了无数次的战斗，在生死之间拼搏，一次的疏忽都可能导致全盘皆输。

而对于创业型权威领导者来说，他们的成功往往得益于他们善于进行风险决策和超常规思维，勇于并善于冒险，如汉朝刘邦、唐朝李世民、宋朝赵匡胤等。对于普通组织，尤其是公司企业的创业者来说，他们的成功更多地归功于他们的勤奋和坚韧不拔的拼搏精神。他们拥有坚强的意志，能够承受外部压力和挫折，不会被暂时的挫折和失败打败，反而会越挫越勇，逐步走向成功。还有一些创业者依赖于个人的才华，他们可能是某个领域的专家或发明家，然后成长为企业家。这些人在创业过程中充分展现了自己的专业技能和创新精神，为企业的发展带来了独特的价值和贡献。

创业型权威领导者一般是打破既有规则、大胆创新后取得成功。他们坚信只要持续进取、不断追求，奋斗终将带来成功。这种信念的力量使他们无坚不摧，即使面临屡战屡败的困境，他们也会屡败屡战，不断奋斗。然而，创业型领导者并非完美无缺。他们的优势与劣势紧密关联，有时优势甚至可能转化为劣势。部分创业者由于具有出色的风险意识和超常规的决策能力，而容易过度迷信自己的想法、观念、判断力甚至直觉。他们可能过于看重灵感和无科学论证的预见，而忽视合理的、必要的科学分析和评估。这种态度可能导致他们无法适应现代社会的要求，如果不能步入正轨，他们终将走向失败。

因此，创业型领导者需要时刻保持理性，避免过于迷信自己的直觉和想法。他们需要注重科学分析和评估，以便更好地适应现代社会的要求，避免走向失败。同时由于过去的成功经验，这些创业型权威领导者可能过于强调意志和精神的作用，并过分相信自己的力量。他们可能认为只需要依靠个人或少数人就能有效地管理组织，而忽视了管理层和其他领导者存在的必要性。当事业发展到一定规模时，这种领导者可能会面临越来越严峻的挑战。

另一些创业型领导者虽然才华出众，但可能缺乏严谨和稳重。他们可能喜欢超越程序，按照自己的思路甚至突发奇想进行领导；可能不善于及时让下属了解自己的想法，从而将自己的认知强加于下属。当下属无法实现其要求时，领导者可能会认为他们无能，导致相互不适应甚至产生冲突。

作为权威型领导者，保持形象和仪态至关重要。如果领导者不遵守最基本的程序，可能会对下属产生消极影响，甚至面临众叛亲离。守成型权威领导者的显著特点是行为稳重、实事求是、思路清晰、善于团结他人、尊重规则，并能够按正常程序进行决策或处理事务等。除非遇到特殊情况，否则守成型领导者更有利于组织内的稳定和稳步健康发展。

虽然守成型权威领导者可能不像创业型权威领导者那么个性鲜明，但他们也有自己的信念和追求。在领导过程中，他们会展现出自己的个性特点。因此，不能将守成视为消极地"看家"或不求进取的行为。他们身上的闪光点我们也要予以应有的关注，例如，守成型权威领导者在处理事务时，会保持一定的秩序，并具备善于处事的能力；同时，他们能够自我调整，以适应时势的要求。守成并不一定代表保守的特质，对于守成型权威领导者来说，其所守的是具有功效的精华。

三、权威型领导的测量

（一）权威型领导的研究演进过程

郑伯埙等提出，权威型领导能够被定义为领导者要求下属员工无条件服从自己，强调领导者自身拥有绝对控制权和选择权。如果组织中的领导者采用权威型领导方式，通常会导致下属产生顺从、敬畏，或者保持距离等明显反应。

权威型领导风格是家长式的管理方式的一个特征。长期以来，受儒家思想的影响，中华民族对家庭中的权力结构有着严格的规定，父亲作为家庭中的最高决策者拥有至高无上的权力，这种权力往往以独断、严苛、全面掌握的形式体现出来，子女需要无条件地遵从父母的命令。基于此，中国的公司受到传统文化理念的深刻影响，其领导者往往被视为公司的"家长"。华人企业的家长式领导概念最早由西方学者提出：在华人企业制度等级严明的情况下，领导在企业中充当了"家长"的角色，运用立威、施恩、德治控制下属。该研究指出，家长式领导其中一个维度——权威领导的特征是：权威领导具有绝对控制权，善于隐藏自己内心的真实想法，下属要花很长时间来揣摩权威领导的真实想法。权威领导不与下属沟通，以防止下属掌握过多的资源信息。

为了实现卓越的绩效，权威型领导者往往会采取一些特殊的领导方式。其中，激发员工或下属团队之间的竞争是一种常见的策略。这种策略认为，竞争能够激发员工的积极性和创造力，从而提高整个团队的绩效。然而，华人企业的领导行为却有别于西方企业。在华人企业中，家长式领导行为是一种常见的现象。这种领导行为源于中华传统文化的道德理念和家庭观念。家长式领导通常以"家长"的身份自居，对下属进行类似于家庭中的"人治"。他们认为自己是下属的家长，有责任教育和指导他们。

在华人企业中，阶层划分和上尊下卑的观念普遍存在。这种观念与西方的平等观念不同，它强调的是一种等级和权力的差异。家长式领导通常拥有绝对的权力，下属去留的支配权和企业的掌控权都掌握在他们的手里。这种权力结构使得家长式领导在决策和指导下属时具有更大的自主权和影响力。与西方企业的领导行为相比，华人企业的家长式领导更加注重单向的指令和权威。他们通常不会与下属分享决策权，而是隐藏自己的真实意图，不明确表达给下属。这种领导方式强调员工的绝对遵从和权力的不可分享性。华人企业家长式领导的形成源于中国传统的家庭观和儒家思想。这些传统观念强调家庭、亲情和忠诚，使得家长式领导在华人企业中具有一定的社会基础和文化认同。

权威领导以自己为楷模教导下属。该研究发现下属的私衷才是服从权威领导的前提，某些下属在心理层面依赖领导，这类下属更能接受权威领导。然而，这种领导模式并不适用于那些没有对领导产生心理依赖的员工。根据领导成员交换理论来看，这项研究揭示了权威型领导如何灵活地对待不同的员工，即采取不同程度的权威化策略，而不是一成不变的。通常，分人而治，使用权威的程度是有所选择的，并非千篇一律。通过研究发现，家长式领导对"圈内人"特别照顾，表现出德行仁慈的一面，既关心领导自身的利益，也关心"圈内人"的个人利益，但是对"圈外人"却仅仅表现权威的一面。

郑伯埙等在深入研究国外学者成果的基础上，结合中国特有的商业环境，提出了一个引人注目的观点：在华人企业中，家长式领导是最为常见的领导类型。这种领导风格的起源可以追溯到三千年的帝制历史和儒家三纲，同时，也受到了法家思想的影响。法家主张利用法、术、势政治手段来控制下属，从而巩固中央集权。

家长式领导这一概念被郑伯埙等定义为：管理者通过人治的方式来管理下属，这种领导方式兼具德行、仁慈及权威的特点。他们进一步将家长式领导划分为三个维度：德行领导、仁慈领导、权威领导。

首先，德行领导表现为公私分明、以身作则，公平、公正、公开地对待下属。这意味着领导者在处理事务时，能够保持客观和公正，不偏袒任何一方。他们以身作则，通过自身的行为为下属树立榜样。其次，仁慈领导更多地关注下属的福利和需要。领导者出于某种情况会特别关照某些下属，为他们提供帮助和辅导，维护下属的面子，避免使他们感到被羞辱，保障他们的工作需求得到满足。这种领导方式体现了领导者对下属的关心和照顾。最后，权威领导则强调领导者的权威和控制力。他们保守秘密而不愿意与下属分享，严密管控而不授权，漠视下属的建议，贬抑下属的贡献。领导者为了维护自己的形象，对下属有较高的绩效要求，并严厉斥责低绩效的表现。这种领导方式突出了领导者的权威和权力。

郑伯埙等的研究报告进一步指出，在家长式领导的三个维度中，权威领导行为是最突出的。这不仅反映了华人社会尊卑有序的阶级特征，而且最能体现华人企业的传统特征。这一发现对于理解华人企业的文化和领导风格具有重要意义。

家长式领导的权威维度之所以突出，部分原因在于华人社会的文化背景。在传统的华人文化中,尊重长辈和权威是被社会普遍接受的价值观。这种文化背景使得领导者在下属面前更容易树立威严,对下属有更高的期望和要求。同时,华人企业也往往更注重传统的家族观念和忠诚度,这也在一定程度上强化了权威领导的地位。然而,值得注意的是,随着现代商业环境的变迁和全球化的影响,华人企业的领导风格也在逐渐发生变化,越来越多的企业开始推崇更加开放、包容和创新的领导方式。尽管权威领导在华人企业中仍然存在,但越来越多的领导者开始注重与下属的沟通和合作,推动组织的持续发展。

为了在全球化背景下保持竞争力,华人企业需要不断适应变化的环境并调整领导风格。通过培养开放、包容和创新的领导力,企业将能够更好地吸引和留住人才,激发组织的创新活力,并在激烈的市场竞争中获得优势。同时,领导者也应该意识到,有效的领导并不仅仅是行使权力或控制下属,而是通过激励、指导和合作来促进团队的发展和成功。

(二)权威型领导的变量与测量

根据国际和国内学者关于权威型领导的研究成果,现阶段的主要方法是通过问卷调查法对其进行测量。因为权威型领导起初只是作为一个子类别出现在家长式领导之中,所以大部分关于权威型领导的评估都是以家长式领导为基础的。据此,对权威型领导的测量问卷来源于由郑伯埙等(2009)所开发的家长式领导测量问题,该问卷主要包括德行领导题项9个、仁慈领导题项11个、权威型领导题项13个。选取其中的有关权威型领导的13个题项作为本研究中权威型领导的测量量表。

综合国内外相关文献的研究综述,我们发现对于权威型领导的研究主要包括两个方面:第一个方面是探讨权威型领导的成因,第二个方面是研究权威型领导的影响结果。

1. 权威型领导的前因变量

在编写本书的过程中,我们对权威型领导的相关因素进行了系统性的梳理。通过深入研究和归纳总结,我们发现权威型领导通常作为家长式领导的核心组成部分被探讨和研究。权威型领导的前因变量主要集中在组织层面,特别是像组织支持感和组织公正感这样的关键要素。

组织支持感对权威型领导的影响是一个备受关注的研究领域。王丽等

（2012）进行了一项关于权威型领导与组织支持感关联关系的研究。研究结果表明，组织支持感对权威型领导产生了负面影响。这意味着当员工感受到组织的支持时，他们可能不太倾向于接受和认同权威型领导的领导方式。这可能与现代组织中强调平等、参与和合作的趋势有关。

除了组织支持感，组织公正感也对权威型领导产生了重要影响。组织公正感是指员工对组织中各种决策和行为的公平性和正义性的感知。当员工感受到组织公正时，他们更可能接受和认同权威型领导的决策和行为。这是因为组织公正感能够增强员工对组织的信任和忠诚度，从而提高他们对权威型领导的接受度。

此外，我们还发现权威型领导在组织变革和发展中扮演着重要的角色。权威型领导的独特之处在于他们能够通过自己的影响力和权威地位，推动组织的变革和发展。他们通常具备高度的决策能力和战略眼光，能够引领组织朝着更加高效、创新和可持续的方向发展。

2．权威型领导的结果变量

根据当前的研究，权威型领导的结果变量可以分为以下三个部分：①员工的工作态度，如他们对工作的满意程度、投入度和忠诚度等；②员工的工作行为和成果，如提出建言行为、沉默行为等；③员工的创新能力等。

对于员工工作态度的探讨集中于其工作的满足感和投入感等几个方面。魏蕾和时勘（2010）的研究成果指出权威型的领导方式与员工的投入水平存在反向的关系。另外，也有一些研究者对权威型领导和员工工作满意度之间的关联性进行了探索，发现这两者之间呈现负相关的态势。此外，张清霞（2007）的研究同样发现权威型领导和员工工作态度之间呈现负相关关系。

在员工的工作行为和工作绩效方面，宋崎（2011）通过其关于个体行动及权威式管理的研究揭示出两者之间存在关联性，这种关联主要是指通过员工的心理状态来影响他们的行为方式。此外，也有一些学者的研究关注了权威式管理如何影响员工的创造力问题，发现权威式管理与员工的创新能力之间存在反向关系，这将不利于提高员工的创新能力。

四、权威型领导印记

通用电气（GE）是一家在全球享有盛誉的美国跨国企业，曾经稳坐世界最大公司之一的宝座。在 GE 的发展历程中，杰克·韦尔奇（Jack Welch）的名字无疑是最为耀眼的篇章之一。作为 GE 的首席执行官，韦尔奇不仅推动了公司的转型与飞跃，更以其独特的领导风格，成为权威型领导的典范，有"中子弹杰克"之称。从韦尔奇在 GE 期间所表达的观点，能感受其权威型领导风格，如图 2-1 所示。

1. 竭力尊重有能力的人，而让没有能力的人滚蛋。
2. 换人不含糊，用人不皱眉。
3. 先于变化采取行动。
4. 让每个人、每个头脑都参加到公司事务中来。
5. 不要花太大的精力试图改变不符合公司文化和要求的人，直接解雇他们，然后重新寻找。

图 2-1 杰克·韦尔奇中子弹的领导风格

第3章 LEO领导力之变革型领导与组织发展

一、变革型领导的起源

变革型领导理论的起源可以追溯到学术界对领导风格的深入研究。这一研究聚焦于领导者的行为特征,通过对领导者行为的深度分析,探讨不同领导行为对绩效的具体影响。总体来看,领导风格理论的发展经历了特质论、行为论、权变论和新型魅力领导力理论四个主要阶段,其中变革型领导则显著地成为新型魅力领导力理论的代表之一。

变革型领导的研究可以追溯到特质学派理论,其独特之处在于通过综合行为理论和情境因素的全面分析,超越以往研究领导力的单一视角。这一理论视角不仅关注领导者的个体特质,还强调领导者在不同情境下的适应性行为,为我们提供了更综合和深刻的领导力认知。

在变革型领导的理论框架下,特别强调领导者的愿景,要激发团队的创新和激情,以推动组织的变革和发展。相较于传统领导风格理论,变革型领导更注重领导者的社交智能和情感智能,以更好地适应不断变化的工作环境,从而为团队和组织的成功打下坚实的基础。

唐顿(Downton)首次提出了变革型领导的概念,随后,Burns(1978)在其著作中区分了变革型领导和交易型领导,并基于马斯洛的需求层次理论指出,变革型领导者致力于满足员工更高层次的需求,通过相互激励和相互提高的过程实现目标。之后,巴斯(Bass)在已有研究的基础上于1985年正式提出了变革型领导理论。Bass强调,变革型领导者在促进员工自我实现方面具有显著作用,他们能够激发员工做出一种超越个人利益的承诺,并以此为基础激励员工采取有益于组织的行为。这种强调个体发展和组织利益相结合的领导理念,使得变革型领导理论逐渐崭露头角，成为领导力研究中的重要理论视角。

在这一理论框架下，变革型领导被视为一种能够激发员工内在动力，引导他们朝着共同愿景迈进的领导风格。其关注点不仅在于组织目标的达成，更强调员工个体的成长和实现。这种独特的领导理念建立在对员工的信任和激励的基础上，使员工在工作中能感受到更多的意义和成就感。变革型领导理论的逐渐崛起反映了对传统领导观念的超越，将领导力的核心从简单的指令和控制转变为激发团队成员潜力的引导。这一理论视角为研究者提供了一种更全面、更人性化的领导力认知，使领导者更加注重培养团队成员的个人发展，从而实现组织整体的繁荣和成功。在当今注重人才发展和团队协作的工作环境中，变革型领导理论为领导者提供了有力的指导原则和实践方法。

二、变革型领导的内涵

在 Burns（1978）的理论基础上，Bass（1985）深入探讨了变革型领导的概念，着重强调该领导风格通过使员工认识到工作的价值，激发其高层次需求，并倡导先公后私的原则，从而最终呈现超出公司期望的绩效成果。根据这一定义，变革型领导通常通过赋予下属更高的工作自主权，来唤起下属更高层次的需求，使其工作态度发生变化，从而建立更强烈的组织使命感，实现组织目标。进一步地，他将变革型领导划分为三个维度：魅力感召、智力激发、个性关怀。

（1）魅力感召。变革型领导通过个性魅力传递组织愿景。首先，魅力型领导者具备一系列特质，包括自尊和自信，以此增强下属对自身的信心，维护卓越的形象。其次，自主能力也是其魅力的一部分，表现为领导者对自己命运的强大掌控能力。再次，变革的能力是另一个重要特质，表现为领导者了解下属的愿望、需求和价值观，能够以言行激发下属积极满足领导者的期望。最后，减少冲突、解决内在矛盾的能力也是魅力型领导者的标志之一。

（2）智力激发。变革型领导鼓励员工对过时的工作方式进行质疑，促使其产生具有创新性的思维来处理工作中原有或新出现的各种问题。通过这种方式，领导者能引导员工改变对问题的认知，提升解决问题的创新能力,从而显著提升他们解决问题的技巧。这种智力启发的方法有助于激发员工的创造性思维和提高员工的工作效率,为组织带来更高水平的绩效。

(3) 个性关怀。这不仅指管理层对员工生活的支持和职业发展的助力,也包含了挖掘员工潜力的工作。本质上是构建一种有益于团队成员进步的环境,并在与部下的交流过程中推动他们的提升。改革型的领导方式主要是从三个方面关心下属(Bass,1985):一是对员工的发展给予重视,对其潜在能力和技能进行评价和培养,以此提高他们的工作效率;二是个人化的关照,通过维持良好的人际联系,深入理解每个部下的个性和需求,进而改善领导的效果;三是以指导者的身份出现,向下属提供必要的建议和引导,以便他们能够更好地执行任务。因此,作为领导人必须全面掌握并且尊重每个人的特性及需要,这样才有可能更加有效地引领员工。

同时,Bennis 和 Nanus (1985) 给出了关于变革型领导的新定义,他们的观点是:这种类型的领导能够充分发挥组织的优势资源,激发员工的积极性和工作能力,从而使得公司能更有效地应对外界的变化,实现更好的发展。

基于先前的研究基础,Bass 和 Avolio (1993) 对变革型领导进行了更为深入的分类,将其细分为四个关键维度,以更全面地理解和解释这一领导风格的多元特质:①理想化影响或领导魅力。指领导者通过个人魅力赢得下属的信任,以塑造积极的组织价值观。②鼓舞性激励。旨在为下属实现目标提供精神引导和激励,激发他们的内在动力。③智力启发。通过智慧的启示促使员工产生新的思路,采用创新的方式解决问题,推动组织的智力资本发展。④个性化关怀,着重于建立信任、适度放权,为员工创造更多学习成长的机会,以充分挖掘和发展其潜能。

这些维度的详细划分丰富了人们对变革型领导的认知,使大家更好地理解变革型领导如何在不同方面影响组织和员工。理想化影响突显了领导者的人格魅力和价值观的力量,鼓舞性激励关注情感激励和目标达成,智力启发强调了领导者智慧的启示对员工创新的推动作用,而个性化关怀则强调了建立人际关系、信任和员工发展的重要性。这一细致的分类为深入研究变革型领导提供了更具体和系统的框架,为领导者在实践中更精准地应用变革型领导理论提供了指导。

其他研究者以不同的方式阐述了"变革型领导"这一概念。Rouche

等（1989）指出，变革型领导可以通过与下属的互动，影响下属的价值观、信仰和行为，从而能够超越组织的预期目标实现更高的业绩表现。Sergiovanni（1991）在变革型领导中引入了诸如文化、情绪等方面的因素。Leithwood（1992）认为，企业愿景通过内部激励机制来实现对员工的激励。Pillai等（1999）提出变革型领导力的核心是激发员工的需要和增强员工间的信任。Waldman等（2006）提出变革型领导的变革型领导行为是领导与员工相互作用的过程，并在过程中产生积极影响。

虽然学者们对于变革型领导有着各自独特的解释，然而其间的差异仅在于强调的部分有所差别，而非实质上的区分。他们的共同之处包括：变革型领导重视向团队成员传递组织的理想目标，关注调动员工的高层次需求，并指导他们实现超越预期的行为表现。总而言之，变革型领导往往是通过个人的影响力来实现传播组织的愿景使命与价值观念，同时关心下属员工的感受，以此转变他们的思维方式及工作心态，使得员工更加深切地感受到组织的归属感，进而显著地提升了员工的工作满意度和工作绩效（崔遵康等，2022）。

三、变革型领导的维度

Burns（1978）最早把变革型领导划分为三个维度，分别是：个人魅力、智力激励和个性化关怀。后来，Bass的研究亦证实了这一观点，将其划分为三个维度：魅力感召、智力激发和个性关怀。之后，Bass等学者对这个理论进行了更深入的探讨，进一步把它划分为四个维度：理想化影响或领导魅力、鼓舞性激励、智力启发、个性化关怀。其中，领导魅力是指能够吸引追随者的敬仰和信赖行为；鼓舞性激励是以富有挑战性的任务来激发员工的热情和团队意识；智力启发是指用新颖的方法解决问题并启发员工思考的能力；个性化关怀是指真正理解并满足员工的需求。拥有这四种品质的领导往往有着强大的影响力，他们可以推动追随者转变观念，甚至愿意为了公司的利益而放弃自己的权益，从而充分发挥他们的潜力和超越组织的期望。基于此，Bass和Avolio（1994）创建了一个广受好评且被大量使用的测量领导风格的工具——"多因素领导（multifactor leadership questionnaire，MLQ）"问卷。它已经被世界各地的研究人员所接受和认同,成为衡量变革型领导的最常用且有效的方式之一(李超平、时勘,2005)。许多专家根据各种文化的背景环境,对 MLQ 量表进行了证实性的因素分析,大部分的结果都验证了该量表的可靠性和有效性。然而,也有一些学者对该量表提出了质疑(Bycio et al.,1995)。Den Hartog 等(1999)与 Carless 等(2000)的研究发现该变革型领导量表无法准确地区分不同的维度。Tejeda 等(2001)也发现了相似的问题,指出 MLQ 量表得到有效验证的前提是把每一个测量维度都减少一个测量项。李超平和时勘(2005)对 MLQ 量表的效度进行了检验,其研究结果虽然在一定程度上支持 MLQ 量表的构想效度,但总体结果不甚理想。

由于存在质疑和需求,部分专家根据自己的研究目标,独立研发出了其他类型的变革型领导量表。Kouzes 和 Posner(2008)编制的领导力实践行为量表(leadership practices inventory,LPI)用于测量评估团队中的变革型领导行为,并认定这种方式下的领导者通常会有五种关键行为:①挑战陈规;②达成共识;③调动员工积极性;④模范表率;⑤激发热情。

Podsakoff 等(1990)开发的变革型量表中,把变革型领导分为四个维度,分别是:①传达愿景,鼓励下属公司利益至上;②智力激发;③个性化关怀;④对绩效有比较高的预期。Leithwood 和 Jantzi(2005)对教育领域的变革型领导行为进行了研究,并将变革型领导区分为六个维度:①构建愿景;②培养集体承诺;③个别关怀;④智力激发;⑤榜样行为;⑥予以厚望。Carless 等(2000)制定了一份简洁版的变革型领导问卷,该问卷由七种不同类别的问题构成,包括组织愿景、典范到创新等七种不同的行为。Rafferty 和 Griffin(2004)开发了一种变革型领导力测评表,它包括 15 个主题,五个关键维度,即组织愿景、智力激励、沟通、领导支持及个人认同。他们认为以上这些维度比 MLQ 问卷更能准确地衡量变革型领导。

国内也有许多学者对变革型领导及其维度进行了深入的探讨。吴静吉与林合懋(1998)最早开发了中文的变革型领导量表,这标志着我国对于变革型领导结构开始了深入探究的第一步。他们的研究对 MLQ 量表的各个方面做了更细致的划分,其中包括:领导魅力被划分为三个子因素,即吸引力、亲近融合和承诺;鼓舞性激励被划分为两个子因素,即信任和共享目标;智力启发和个性化关怀则没有进一步细分。

孟慧（2004）采用实地调研法，对72家企业进行实地调研，考察了变革型领导与领导有效性的关系。其研究发现，变革型领导是由四个独立的二阶因子构成的，即由领导魅力、感召力、个性化关怀及智力激发构成，并可归为一个二阶因子。这一模型不但更适合中国的文化和价值观需求，而且也具有比较好的信度和效度。

李超平和时勘（2005）以249名管理人员为研究对象，深入探索了MLQ量表的各个维度并进行了实证检验，深入研究了变革型领导的结构和维度，并在此基础上，开发了中国情境下的变革型领导测量工具，即TLQ（transformational leadership questionnaire）量表。考虑到中国人独特的集体主义价值观，他们预测在中国环境下使用这个量表可能会有不同的结果。其理论模式将变革型领导分为四个维度：德行垂范、领导魅力、愿景激励和个性化关怀。德行垂范是中国特有的维度，表明领导者的自我榜样效应能够对个体产生正面的影响。在个性化关怀维度中，不仅包括员工的工作，还包括他们的家庭生活。同时，为了保证TLQ问卷的信度与效度，他们对TLQ量表进行了跟踪调查，结果表明该量表具有较高的可靠性和有效性。有学者对变革型领导力的架构与维度进行了分类，变革型领导的结构与维度见表3-1。

表3-1 变革型领导的结构与维度

学者	维度
Bass 和 Avolio	四个维度：理想化影响、鼓舞性激励、智能启发、个性化关怀
Kouzes 和 Posner	五个维度：挑战陈规、达成共识、调动员工积极性、模范表率、激发热情
Podsakoff 等	四个维度：传达愿景、智力激发、个性化关怀、对绩效有比较高的预期
Leithwood 和 Jantzi	六个维度：构建愿景、培养集体承诺、个别关怀、智力激发、榜样行为、予以厚望
Carless 等	七个维度：组织愿景、个人发展、组织支持、典范、领导魅力、授权、创新
Rafferty 和 Griffin	五个维度：组织愿景、沟通、智力激励、领导支持、个人认同

续表 3–1

学者	维度
吴静吉和林合懋	四个维度：领导魅力（吸引力、亲近融合、承诺）、鼓舞性激励（信任、共享目标）、智力启发、个性化关怀
孟慧	四个维度：领导魅力、感召力、个性化关怀、智力激发
李超平和时勘	四个维度：德行垂范、领导魅力、愿景激励、个性化关怀

来源：笔者根据相关资料编制而成。

总结来看，随着学者的深入探讨，关于变革型领导的研究内容逐渐深化，变得更加丰富。尽管 Bass 提出的四维变革型领导模型已经被广泛接受并在许多研究中被验证，但是，在中国的环境中，变革型领导表现出与西方完全不同的一面，同时也表现出一种灵活多元的特质。但在中西文化的背景下，变革型领导的共同特征是，他们都有能力运用自己出色的领导能力来推动组织改革的实现。

四、变革型领导的测量

自从 Bass 对变革型领导做了开拓性的研究以来，它已经成为领导力研究领域中最重要的概念，变革型领导发挥作用的内在机理也逐渐成为研究热点。从当前的研究来看，领导行为大多被划分为交易型和变革型两个维度。

近年来，变革型领导在国内也受到了越来越多的关注。最早对其进行研究的是中国台湾学者。其研究对象的范围既涵盖了企业与政府机关，也涵盖了学校，并且在 Bass 开发编制的变革型领导量表的基础上，考虑中国台湾的特殊情境，编制了首个中文的变革型领导量表。

虽然中国内地学者对变革型领导的探讨开始较晚，但也取得了一系列成果（张丽华，2002；孟慧，2004；李超平、时勘，2005）。张丽华（2002）对一些企业进行了跟踪调查，发现变革型领导与领导效能之间存在显著的正相关关系。孟慧（2004）对变革型领导的结构进行了研究，对变革型领导与领导效能之间的关系进行了分析，认为变革型领导是一种基于下属需求的动态行为，与下属的心理因素有关。李超平和时勘（2005）验证了变革型领导量表的结构效度，提出了中国社会环境下的变革型领导的构成维度，即德行垂范、愿景激励、领导魅力和个性化关怀。此外，他们还探讨了变革型领导对组织公民行为和员工态度等的影响。孟慧（2004）以85位经理为研究对象，考察了变革型领导与领导特质、员工工作满意度之间的关系，其研究发现，管理者的认真特质对员工工作满意度具有显著的正向影响。其中，变革型领导的领导魅力与智慧启发两个子维度起到了中介作用。

在对变革型领导的研究中，获得最广泛认同的是Bass的观点：与传统领导模式相比，变革型领导能够更深入地理解员工并为其提供更大的工作自主权，同时，通过刺激员工的高层次需求，形成个人目标与组织目标的一致性，促进组织目标的达成。根据Bass的定义，变革型领导被划分为四个维度，即领导魅力、鼓舞性激励、智力启发和个性化关怀。

当前被普遍采用的领导行为问卷是由Bass等学者所设计的多因素领导行为问卷——也就是常见的MLQ问卷。该项测量问卷作为现今最为流行的变革型领导评估工具之一，已经被众多专家以不同文化的视角对其有效性和可靠程度进行了验证（尹晓婧，2019）。这项测评包括四个维度，分别是理想化影响（或领导魅力）、鼓舞性激励、智力启发、个性化关怀，共计有20道题项。

五、变革型领导与工作重塑的响应

在当今复杂多变、充满竞争与不确定性的商业环境下，企业若想在竞争中生存并提升竞争力，需要进行持续的变革。然而，传统的自上而下的工作设计往往难以应对工作中的突发事件与发展机遇，需要企业内部员工进行积极主动的工作重塑和自下而上的变革。在当今这个快速变革的社会背景下，员工的工作自主权日益凸显，特别是00后逐渐走上工作岗位，相较于60后、70后，他们在虚拟空间的消费时长明显增加，线上线下的工作风格差异已经显现，工作重塑已经成为员工应对组织变革的重要策略。Wrzesniewski和Dutton（2001）关于工作重塑的定义在学术界具有深远影响（图3-1）。工作重塑实质上是员工基于主观能动性，从认知重塑、任务重塑和关系重塑三个层面主动对自己的工作任务进行再设计（图 3-2），改变工作特征和工作的社会环境，使得工作与自己的能力和偏好相匹配，从而带来更高的工作投入和热情，促进自身发展（图 3-3）。

工作重塑（job crafting）最早由耶鲁大学管理学院教授 Wrzesniewski 和 Dutton（2001）提出，主要是指员工充分抓住机遇，有效利用资源，积极主动地对工作中的任务、人际互动方式等进行重新建构，使工作能够更好地符合自己的特长、工作动机和爱好，从而带来更高的工作投入、工作热情。促进个人发展的方法主要包括：任务重塑（边界、范围、工作方式）、关系重塑（人际互动内容和方式）、认知重塑（重新定义工作）。

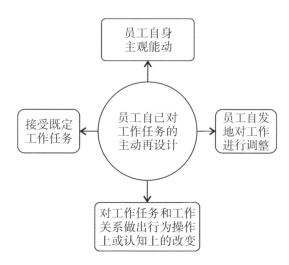

图 3-1　工作重塑的核心内涵

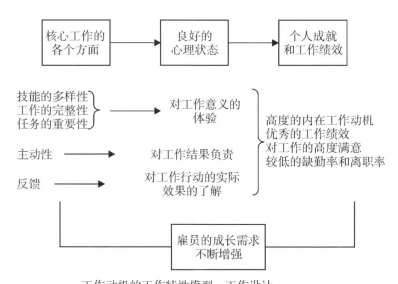

工作动机的工作特性模型：工作设计

图 3-2　工作设计与工作特征模型

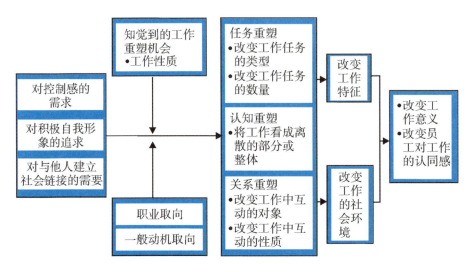

图 3-3 工作重塑模型

领导力理论指出，与组织变革最相关的因素是变革型领导。工作重塑理论认为，领导力对员工做出对工作个性化调整的程度具有重要影响，因为领导对下属的权力在很大程度上决定了员工是否具备工作重塑的资源和条件（Kim and Beehr，2020）。员工的工作重塑行为是一种主动适应自身能力和需求的改变和调整。对员工而言，这种行为需要得到领导的授权或鼓励，使员工拥有做出改变的自主权。而变革型领导本质上就是一种鼓励员工主动挑战现状，尊重员工自主性，并提供资源支持的领导风格。因此，变革型领导对员工的工作重塑有积极作用。一方面，变革型领导正向影响促进型工作重塑。变革型领导强调对现有程序和规范的挑战，鼓励员工在变革导向价值观和行为影响下表现出挑战现状的行为。变革型领导对组织变革中员工的积极态度和行为产生积极影响，通过激发员工的促进型工作重塑行为，使员工积极致力于对工作做出调整，使变革更具吸引力，从而促进员工支持变革。另一方面，变革型领导能够抑制员工的防御型工作重塑。工作重塑理论指出，防御型工作重塑是一种反生产行为。变革型领导作为高绩效的榜样，会通过高目标激励员工，鼓励员工为自我发展获取更多资源和机会，并增强员工对这种行为的必要性和正当性的信心。因此，变革型领导更有可能会唤起员工追求"理想自我"，削弱其防御型工作重塑的动机。

六、变革型领导印记

(一) 变革型领导研究的学者代表

詹姆斯·麦格雷戈·伯恩斯(James MacGregor Burns)和约翰·科特(John P. Kotter)是领导与变革领域的两位权威人物。Burns开创了从对伟人特质到领导者与追随者合作研究的新方向,提出了交易型领导和变革型领导理论,其代表作《领导学》被誉为领导学界的经典之作。Kotter以其卓越的学术背景和丰富的实践经验闻名于世,被公认为是大型企业改革策略领域的权威,他提出了改变组织成员行为的"目睹—感受—变革"模式,在全球范围内为企业变革提供指导。这两个学者的理论与实践在领导与变革领域产生了深远影响。

1. 詹姆斯·麦格雷戈·伯恩斯

Burns是美国领导学研究领域的权威专家,普利策奖和美国国家图书奖的双料得主,美国威廉姆斯学院伍德罗威尔逊荣誉退休教授,曾当选为美国政治学会和国际政治心理学会的主席。他使领导学研究从对伟人的特质和行为的研究,转向对领导者与其支持者的合作以实现双方共同利益的研究。他最重要的贡献在于提出了交易型领导和变革型领导的理论,并在他的代表作《领导学》一书中深入阐述了这一理论。除了在领导学研究领域取得卓越成就,Burns还是一位备受瞩目的历史学家、政治学家和总统传记作家,他撰有20多本作品,包括《领导学》《变革型领导》《总统领导力》《民治政府:美国政府与政治》和《罗斯福:自由的战士》等。

1978年,Burns首次提出了变革型领导的概念,并在Bass等学者的发展下逐渐成为重要的领导理论。Burns(1978)认为,变革型领导是一种领导者与其追随者的交互过程,它涉及对传统价值观、企业文化的转变,以提高员工的专业素养及工作热情,从而实现超越他们各自期望的目标结果。

2. 约翰·科特

Kotter是领导与变革领域的权威人物,拥有卓越的学术背景和丰富的实践经验。他担任了哈佛商学院松下幸之助领导学讲座教授、剑桥科特学院创办人兼校长,并且是哈佛商学院的终身教授。Kotter 于 1947 年出生在美国圣地亚哥市,在 1968 年获得了麻省理工学院的电力工程学士学位,并在两年后取得了管理学硕士学位。他于 1972 年获得哈佛商学院企业行为学博士学位,同年成为该学院的教授。令人瞩目的是,他于 1980 年年仅 33 岁时就成为哈佛大学校史上为数不多的拥有终身教授职位的年轻人之一。

Kotter 被公认为是大型企业改革策略领域的权威,曾担任德勤公司全球变革管理的负责人。他领导制定了德勤全球变革管理方法论,为《财富》前 100 名的公司提供咨询服务,其中包括埃克森石油、戴尔电脑和可口可乐等知名企业。根据 2001 年美国《商业周刊》的调查,Kotter 被评为领导大师第一名。他曾获得埃克森奖、强斯克奖、麦肯锡奖等多项荣誉。

Kotter 的著作涵盖广泛,包括《总经理》(1982 年)、《权利与影响》(1985 年)、《变革的力量:领导与管理的差异》(1990 年)、《企业文化与经营业绩》(1992 年)、《新规则》(1995 年)、《领导变革》(1996 年)、《松下领导学》(1997 年)以及《变革之心》(2002 年)。《变革之心》强调企业大规模变革的核心在于改变组织成员的行为,提出了"目睹—感受—变革"模式,认为这种方式比传统的"分析—思考—变革"更为有效。该书在美国上市后持续蝉联《商业周刊》畅销书榜 12 周,并被评为 2002 年亚马逊十大最佳商业图书之一,反响热烈。Kotter 表示,《变革之心》是对 1996 年的著作《领导变革》的延续,前者研究了八个步骤,后者深入探讨了在实施这些步骤时可能遇到的问题及成功处理的方法。

(二) 变革型领导风格的企业家

1. 大道无形,因势而变的任正非与华为

任正非作为华为公司的变革型领导者,其领导力的价值和意义体现在多个层面。他不仅推动技术创新,还倡导组织架构、管理模式和商业模式的创新,确保华为在激烈的科技竞争中始终保持领先。通过全球化战略,他将华为带向国际舞台,使其成为全球通信设备和智能手机的主要供应商之一。同时,任正非对研发的持续高投入和团队能力的不断提升,使得华为能够推出如 5G 技术和人工智能等领先的产品。他还重视品牌形象和企

业文化的建设，塑造了一个自信、坚韧、透明的企业形象，增强了市场竞争力。在推动数字化转型的过程中，他提高了公司的敏捷性和效率。此外，任正非还注重人才培养和勇于承担社会责任，吸引顶尖人才加入华为，并引导公司积极参与社会公益事业。他的领导风格通过激励、传递梦想、共担责任、启发智力和个性化关怀等方式，不断激发员工的创业热情和团队凝聚力，推动华为在通信领域的持续发展和创新。任正非的这些贡献不仅推动了华为的不断进步，也在国际舞台上为公司树立了良好的形象。从任正非表达的观点中，也可以体会其变革型领导风格，如图3-4所示。

1. 让听得见炮声的人来决策。
2. 维持现状就是落后，满足现状就是死。
3. 要敢想敢做，要勇于走向孤独。不流俗、不平庸，做世界一流企业，这是生命充实激越起来的根本途径。
4. 领先一步是先驱，领先三步是先烈。不要做先烈，要做先驱。
5. 唯有靠全体员工勤奋努力与持续艰苦奋斗，不断清除影响我们内部保持活力和创新机制的东西，才能在激烈的国际化竞争中存活下去。

图3-4 任正非大道无形，因势而变的领导风格

2. 人性丰满，行随心动的乔布斯与苹果

乔布斯作为一位变革型领导者，展现了多方面的领导特质和行为。他在创新思维、完美主义、用户至上、团队激励和沟通能力等方面的表现，不仅推动了苹果公司的成功，也在全球范围内产生了深远影响。乔布斯的变革型领导力不仅体现在产品设计和市场竞争上，更体现在打造独特企业文化、激励团队追求卓越、鼓励创新和接受失败、重视团队合作和沟通，以及对未来的预见和规划等方面。这些特质和行为共同构成了乔布斯作为变革型领导者的独特风格，成了苹果公司成功的关键因素之一，也影响着全球科技行业的发展和创新。乔布斯的故事告诉我们，作为一位领导者，要想取得成功，需要具备前瞻卓越和变革型领导力，不断挑战自我，推动团队超越传统，引领行业的变革和创新。从乔布斯所阐述的观点，也可以看出其敢于突破传统、追求卓越的变革型领导风格，如图3-5所示。

1. 求知若渴，大智若愚。
2. 创新决定了你是领袖还是追随者。
3. 你若能绕过经验，便会有创新之举。
4. 伟大的艺术品不必追随潮流，它本身就能引领潮流。
5. 活着就是为了改变世界，难道还有其他原因吗？
6. 很多公司选择缩减，那可能对于他们来说是对的，我们选择了另外一条道路，我们的信仰是：如果我们继续把伟大的产品推广到他们眼前，他们会继续打开他们的钱包。

图 3-5　乔布斯人性丰满，行随心动的领导风格

3. 追随第一性原理价值的马斯克与特斯拉

埃隆·马斯克（Elon Musk），让变革回到原点。马斯克是一位拥有多重国籍的企业家、工程师及慈善家，他目前兼任着多重职务：太空探索技术公司（SpaceX）的首席执行官和技术官，特斯拉的掌门人，以及太阳城公司（SolarCity）的董事长。对于生命的奥秘和人类存在的意义，马斯克始终保持着困惑与探求，他深信推动全球知识进步、拓宽人类认知的边界至关重要，因为这将引导我们提出更多深刻的问题，获得更广阔的启示。雷军曾由衷地赞叹："与特斯拉的掌门人埃隆·马斯克相比，我们的工作似乎都在他人可及的范围内徘徊，而他，却在探寻那些连他人都不敢想象的领域。"被誉为硅谷"钢铁侠"的他，以其独特的激情与创新领导风格，对整个行业产生了深远的影响。从马斯克所阐述的观点，我们可以看出其敢于创新突破、敢于冒险、善于激励人心的领导特征，如图 3-6 所示。

1. 如果常规思维无法完成一项任务，那么就有必要使用非常规的思维手段。
2. 我希望我做的事，能对人的生活起着深远的影响。要么不做，要做就做历史性的。
3. 失败必须成为一个选项，如果害怕失败，你将做出保守的决定。
4. 对任何公司来说，必须时时刻刻思考，人们花费精力所做的事，是否使产品或者服务变得更好，如果不能，立刻停止这些尝试。
5. 第一步是确认某事是可能的；然后概率就会出现。

图 3-6　马斯克追随第一性原理价值的领导风格

第4章　LEO领导力之服务型领导与组织发展

一、服务型领导的起源

在遥远的东方，古代印度的智者考底利耶在公元前4世纪所著的《政事论》(Arthashastra) 中，已经深刻阐述了领导者应以民众福祉为重的理念。他强调，贤明的君王不应将权力和地位视为谋个人私利的工具，而应将其作为增进国家和社会福祉的媒介。这种以民为本的领导智慧，在古代印度文化中犹如一盏明灯，指引着统治者们以民众的利益为行动准则。

与此同时，在遥远的西方，耶稣基督的教导也为领导理念注入了活力。耶稣强调领导者应具备谦逊的品质，将服务他人作为自己的使命。他告诫信徒，真正的领袖不应追求个人的荣耀和地位，而应致力于关心他人、为他人着想。这种以服务为核心的领导理念，在西方文化中产生了深远的影响，成为众多信徒和追随者尊崇的价值观。

虽然东西方的文化背景和哲学体系有所不同，但在这两种领导理念中，我们不难发现它们的共同之处：都强调了领导者应以他人的福祉为己任，将服务和关怀作为领导的核心价值。这种以民为本、以服务为魂的领导智慧，不仅在古代具有重要的指导意义，而且在当今社会依然具有深远的影响。

在当今世界，随着社会的快速发展和变革，领导者们面临着前所未有的挑战和机遇。然而，无论时代如何变迁，以人民为中心、以服务为主导的领导理念始终是我们应该坚守的准则。这种领导方式不仅有助于建立一个团结和谐、繁荣发展的社会，更能激发人们的积极性和创造力，推动社会的进步和发展。

因此，我们应该深刻理解和传承东西方这些优秀的领导理念，将其融入我们的工作和生活中。作为领导者，应该时刻关注民众和下属的需求和利益，用心倾听他们的声音，积极为他们提供服务和支持。只有这样，才能成为真正受人尊敬的领导者，引领团队和组织走向更加美好的未来。

二、服务型领导的内涵与特征

（一）服务型领导的内涵

服务型领导（servant leadership）又被称作仆人式领导。20世纪70年代，罗伯特·K.格林利夫在担任美国电报公司的首席执行官时，受描写了一群到东方去的人的旅途经历即《通往东方的旅程》（1956年）一书的启发，出版了《领导即服务》（The Servant）著作。他们雇用了一位名叫利奥（Leo）的仆人来打理他们的生活，利奥那高昂的斗志和歌声也一直激励着他们。某一天利奥突然不见了，所有人都陷入了恐慌之中，这次的旅行行程也被迫中断了。在这个故事中，利奥扮演了两个在文化中似乎截然相反的人物：一位是以诚实为本，博得他人信赖、激励他人、帮助他人成长的仆人；另外一位是领导者，被大家所信赖，引领他人并影响别人的命运。格林利夫把利奥看作是一位领导者，但事实上他只是一名仆人及服务者。虽然一开始并不打算当领导，但由于为他人提供服务，被看作领导，因此领导首先需要成为仆人或者服务者（stewardship）。要想获得追随者的信赖，并建立对追随者的领导能力，就必须积极主动地为别人服务，满足别人的需要。

正如格林利夫所说："如果一个人是以提供服务的初衷出发，那么他的服务型领导之路就开始了，虽然起初仅仅是单纯地为了服务别人。但随着这个有意的选择不断发展，会激发他对于领导者的热情和渴望。"格林利夫创作《服务即领导》的目的是传播他主张的理念：创造一个更美好、更人性化、更有人情味的组织和社会。他倡导一种新型的领导方式，该方式把满足他人的需求放在首位，尤其是员工、客户及社会的需求，并强调长期的服务精神，全面考虑组织的经济活动，并在决策过程中的权力和分享原则上达成共识。格林利夫用新颖的方式来看待权力与权威，他认为人们在与他人的交往互动中，要慢慢学会少一些威慑感，多一些情感上的支持与联系。由此,一种新的道德标准应运而生:只有那些真心服务他人的领导者才能获得真正意义上的追随,追随者也会响应像服务型领导这样的普遍接受的理论框架及其建模研究仆人式的管理方法。

根据赫尔曼·黑塞的《东方之旅》,罗伯特·K.格林利夫将"仆人"和"领导"这两个原本对立的概念合二为一,提出了一种新颖的领导理论概念。格林利夫指出,服务型领导首要的身份是提供服务的人,而这一身份使他能够担任"领导者"。他从企业伦理的角度出发,超越了单个的微观经济主体和非经济组织,而把企业的所有者、经营者、雇员、客户,社区等各个方面的利益相关者纳入其中。他主张不仅要着眼于单个的微观经济组织,还要着眼于"企业社会责任行为"这一微观层面,使企业的自由成为推动社会和谐发展的一股力量。虽然这一研究视角在初期并未受到足够重视,但其背后有着深刻的宗教神学与思想根基,与当今知识经济情境下组织与员工"精神性"需求的转变相匹配。

除了对服务型领导这一全新的领导概念进行一般性定义,格林利夫还提出了如何检验该领导风格。他认为判断一个人是否为服务型领导者,最有效的方式是:员工在他的带领下,是否收获真正的成长、进步?员工的身心状况是否有改善?员工是否变得更独立自主、更有创造力、更具主动性和自我驱动力?员工是否在未来也可能成为服务型领导者?

格林利夫的文章的读者主要是普通群众,所以没有明确定义服务型领导者,也没有对比服务型领导者与其他领导概念的差异(Reinke,2004)。但是,他指出,服务型领导者在考虑自身利益前,会优先关注他人的需求、利益和愿望;同时,他们的主要动机是服务他人,而非控制和支配别人。这样做的目的是让追随者更健康、更聪慧、更独立、更好地自我管理,并激励追随者也成为服务者。领导者需要将"领导"和"服务"两个责任并重,实现二者统一,以便从真正意义上诠释什么是"服务型领导",也就是所谓的"领导即公仆"与"以服务为宗旨的领导"等。

服务型领导理论虽然起源于西方,但其深厚的民主精神却源自中国的传统文化。这一理念在我国最早的一首诗歌——《夏书·五子之歌》中有所体现,是我们国家以民为本思想的开端。

《夏书·五子之歌》中有这样的记载:"皇祖有训,民可近,不可下,民惟邦本,本固邦宁。予视天下,愚夫愚妇,一能胜予,一人三失,怨岂在明，不见是图。予临兆民，懔乎若朽索之驭六马，为人上者，奈何不敬？""民可近，不可下，民惟邦本，本固邦宁"一句是指"对人民，只可亲近，不可疏远，不可轻视。民者，国之根本，治之则安"，充分展示了服务型领导理念中"以民为本"的思想。服务型领导会积极主动地接触并听取群众的态度与想法，愿意有原则地让步妥协，接受群众的性格及需求的多样性，了解他们的期望，帮助群众心理复原，说服和引领群众，以及建立共同体的能力。

服务型领导以其特有的"宗教神学"为基础，满足了当代企业组织对"精神层面"的需求。它的演进过程不仅反映了理论与实际需求之间的互动关系，是生产力发展的必然要求，还顺应了日益关注"跟随者"的领导研究趋势。因此，服务型领导存在于现实中，并且科学合理。

（二）服务型领导的特征

服务型领导有以下优势：①服务型领导是一种长期持久的工作和生活变革策略，更有助于激发社群内部的积极转变。②服务型领导和变革型领导常常被作对比，两者都强调团队合作的重要性。然而，当两种领导风格都能表现出对下属深切的关注时，服务型领导会更加凸显它的服务性质，而变革型领导则期望员工为实现公司目标做出贡献。区分两者的关键在于领导力的焦点是在企业组织上还是在员工上。服务型领导也存在部分局限：①它并非速效药，不会产生立竿见影的效果。②容易被人看成"懦弱"的象征，如果过于关注他人的感受并表现出过多的同情，那么就容易变得犹豫不决、缺乏独立思考的能力。

通过文献整理，我们可以将服务型领导的特征归结为以下10个。

（1）聆听（listening）。服务型领导将对方放在优先位置，着眼于通过用心倾听、感知他人的内心世界，去了解对方的想法和需求。聆听对于服务型领导来说非常重要，并且需要经常性地反思自己的聆听方式。

（2）共情（empathy）。作为服务型领导，需要努力地去了解和关心他人，不再以个人的荣誉和利益为中心，而是去接纳、肯定团队内其他人员所付出的努力，并对此加以赏识。

（3）治愈（healing）。治愈是服务型领导的强大武器，能够帮助他们在企业转型、重组和其他困难时期跨越难关。作为服务型领导的一项强大力量,治愈能够帮助他人和自己进行修复、疗伤,因为人们渴望一位经历过挫折并已经痊愈的领导来带领他们。

(4)觉醒(awareness)。服务型领导的一个显著特征是觉醒,特别是自我觉醒。他们不会沉迷于过去或现在的成功,他们清楚时常挑战和搅动自己,才能不安于现状。

(5)说服(persuasion)。服务型领导不是通过职权或威信来控制他人,而是采用"晓之以理,动之以情,析之佐据"的方式,劝说他人认可自己的计划或工作,使他人真正心悦诚服,而不是被迫接受。

(6)概念化(conceptualization)。服务型领导敢于追逐梦想,因为他们相信即使最大胆、最夸张的梦想也可能实现。虽然他们富有想象力,但在解决问题时却很务实,能在"概念化"愿望与现实生活中日常事务的实际情况上保持巧妙的平衡,兼顾二者。

(7)先见(foresight)。没有人是完美无缺的,服务型领导也会犯错。但他们能够不断从实践中吸取教训,在行动中反思,获得对未来决策的先见之明。

(8)管家精神(stewardship)。人们希望领导者有真诚的心。服务型领导有着类似管家的心态,他们致力于为组织内成员和所处社区提供服务。

(9)对人的成长负责(commitment to the growth of people)。服务型领导致力于帮助组织内的每一个成员成长,使成员变得更加强大、聪明、自由和自主。

(10)构建社群(building community)。服务型领导致力于构建一个生机勃勃、基业长青的社群,并在其中工作,为社群及相关成员服务。

然而,Spears(1998)也注意到,这10项特质还不足以对服务型领导做出一个完整的总结。于是,后续的其他学者基于格林利夫的研究,对服务型领导的特质做了更细致、更具体的划分。最具有代表性的当数Robert F. Roussel和A. Gregory Stone的研究,他们在分析自20世纪以来的众多学者的研究后,提炼出了服务型领导的关键特点,并划分为"功能性特征"(functional attributes)和"派生性特征"(accompanying attributes)两大类特征。"功能性特征"包括愿景(vision)、真诚(honesty)、诚实(integrity)、信任(trust)、服务(service)、垂范(modeling)、充当先锋(pioneering)、对他人的赏识（appreciation of others）、授权（empowerment）等。"派生性特征"是对功能性特征的补充，包括沟通（communication）、信赖（credibility）、胜任力（competence）、管家精神（stewardship）、预见性（visibility）、影响力（influence）、劝导（persuasion）、倾听（listening）、激励（encouragement）、教导（teaching）、谈判（delegation）等。

三、服务型领导的内容结构维度划分

（一）国外关于服务型领导特征和维度划分的研究

迄今为止，西方学者关于如何界定服务型领导还没有形成统一的共识。因此，学术界对服务型领导的内涵及结构有不同的看法和认识。欧美学者自 20 世纪 70 年代起就对服务型领导的内涵结构进行了探讨。

Greenleaf（1977）提出服务型领导包含 12 个维度：主动性、倾听和理解、想象力、妥协能力、接纳和共情、直觉、预见未来、明智和理解、说服他人、概念化能力、复原和服务以及建立共同体的能力。然而，Spears（1998）认为服务型领导力的内涵并不局限于这 12 个维度，有待于进一步的研究。因此，其他学者在此基础上对服务型领导的内涵与结构做了深入的研究。

Russell 和 Stone（2002）研究认为，服务型领导具有功能性属性和伴随性属性两类特征。其中，功能性属性包括远见、诚实、正直、信任、服务、榜样、先驱者、对他人表示感谢及赞赏、授予权力等；伴随性属性则包括沟通、可靠性、胜任力、服务意识、可见性、影响力和说服力、倾听、鼓励、激励、教导和引导、委托等。

Laub（1999）经实证研究发现，服务型领导包括六个维度，每个维度又可以细分为三个子维度，分别是：①关注员工包括信任他人、以他人的需求为先、接纳性倾听；②培养和发展员工包括提供学习成长的机会、建立行为规范、激励和肯定他人；③组建团队包括建立稳定长久的人际关系、协作、重视个人的差异性；④表现真诚包括坦率负责、保持正直和信赖、乐意向他人学习；⑤提供领导包括预见未来、创新并明确目标；⑥分享领导包括促进共同愿景、分担权力以减少控制、分享地位并提升他人。

此项研究结果在评估服务型领导风格方面被普遍应用。

Wong和Page（2003）将服务型领导的结构维度分为特征、关系、任务和过程四大维度，共12个细分子维度。具体维度如下：①特征维度为正直、谦卑和服务；②关系维度为关怀他人、授权他人和发展他人；③任务维度为远景、目标设定和领导；④过程维度为榜样、团队建设和分享决策权。

Dennis和Winston（2003）则对Page和Wong（2000）划分的维度再次进行了因子分析，建立了一个包含20项条目的服务型领导量表，提出服务型领导包含三个维度：授权维度、服务维度和远景维度。

2003年，Patterson和Winston提出了由领导者-追随者模型以及追随者-领导者模型构成的服务型领导整体模型，构成部分如下：①领导者-追随者模型由Patterson提出，包括领导关怀、谦虚、利他主义、远见、信任、授权和服务等。②Winston构建的追随者-领导者模型，其核心观点认为关心下属会提高下属对领导的忠诚度，而追随者的自我效能感会进一步增强领导对下属的信任，并赋予员工一定的自主权。在追随者对领导者的忠诚和追随者的自我效能感的交互作用下，追随者将会和领导者拥有一致的目标，从而对领导者做出利他行为（如帮助领导解决问题、提供支持等），并服务于领导者。

Dennis和Bocarnea（2005）通过三种数据源，设计了用于测量Patterson提出的服务型领导模型的量表。该研究通过问卷调查，指出服务型领导由授权、领导关怀、谦虚、信任和提出愿景五个有效因子构成。

Barbuto和Wheeler（2006）在进行文献梳理后，搜集整理出了11个服务型领导结构维度。他们通过内在一致性分析、验证性因子分析、会聚效度分析、区分效度分析和预测效度分析等方法，指出服务型领导可以划分为利他使命感、情绪抚慰、智慧、以理服人和组织关怀五个维度。

Ebener（2007）通过使用焦点访谈、一对一访谈、观察技术和文献分析法，揭示了服务型领导具有认知、服务、授权这三个显著重要的特征。

Liden等（2008）基于以往学者的研究，概括出服务型领导包括九个维度，并对298名学生展开了问卷调查。随后进行因子分析，初步确定了七个维度。通过对182份不同的样本数据进行验证性因子分析后，确定了最终的七个维度：情绪恢复、为社区创造价值、具备概念化技能、善于授权、帮助员工成长和获得成功、将员工置于首位、道德的领导行为。

近年来，Mittal 和 Dorfman（2012）对服务型领导研究进行了梳理，将服务型领导分为六个维度：①构思愿景。突破传统的领导者优越于他人的固有观念，强调领导者应当共享领导权，重视利益相关者。②道德诚信。格林利夫指出，对个人、组织和社会来说道德是重要的，道德诚信是一个服务型领导的核心，同时也是维护合法性的关键要素。③授权和推动员工发展。授权的目的是创造一种能激励员工的积极性与自信的环境，有利于领导者与雇员的共同成长。实证研究发现，服务型领导通过对员工的尊敬与重视，展示出领导风格。④共情。这一特性注重倾听雇员的需要与情绪，有利于营造一种像兄弟一样的关怀氛围。⑤谦逊。这个原则需要服务型领导者对自己的能力和成就有一个清晰的认知，肯定他人的贡献，不仅要完成组织的目标，还要为员工的发展而努力，永远把别人的利益放在第一位。⑥为社会创造价值。服务型领导的另一个特征是社区建设，无论是组织内部还是外部的建设。外部社区建设是组织道义上的责任，不仅要考虑组织内部的行为，更要考虑这些行为对社区的影响，而且还要建设性地改善这些社区。

（二）国内关于服务型领导特征和维度划分的研究

国内近年来才开始关注并探讨服务型领导的内涵及其构成维度。中山大学的汪纯孝等（2009）运用文献资料法与质性分析法，开发出了一套用于测量服务型领导的量表，共 11 个测量维度，包括领导者的构思愿景、开拓进取、承担社会责任、指导员工工作、尊重员工、关心员工、帮助员工发展、授权、平易近人、乐于奉献和清正廉洁。孙健敏和王碧英（2010）通过探索性因子分析和验证性因子分析，对中国文化情境下的服务型领导维度进行了修正完善，指出服务型领导由遵守道德规范、为社区创造价值、授权、具备概念化技能、将下属放在首位以及情绪抚慰六个维度构成。

中国台湾学者关于服务型领导的研究处于初级阶段。蔡进雄（2003）提出了服务型领导的四大特征：超越物质追求、指导而不是监督、推动个体成长而非阻碍其发展、价值信念胜过管理技能。黄登木（2004）从领导的人格特征、与员工的关系、领导方法、领导风格、组织特点五个方面，对服务型领导的热情工作、爱与奉献、服务精神、倾听、治愈、回应力、品格七大特征进行了详细的论述。张美瑶的研究表明服务型领导具有回应、奉献、施予和热忱这些特征。蒋君仪（2005）通过对学校的服务型领导与校园文化关系的研究，指出服务型领导的六个维度：倾听同理、自我觉察与反思、服务与发展、以理服人、发展愿景与前瞻性、建立社群。陈美君（2007）认为服务型领导具备重视员工个人价值、推动员工个人发展、建立社群、展示信任、提供领导和分享领导这六个特征。

四、服务型领导的测量

在国内外学者对服务型领导的研究进行梳理的基础上，我们认为当前存在的一个重要问题是：服务型领导的核心特征和划分维度的边界不明确。这一基本概念的不明确，不利于更深层次、更有效地研究服务型领导。为此，本书对1991年至2009年10多年来几十位学者提出的服务型领导的特征、因素、行为、属性、变量、构念、维度等进行综合搜集，有28个维度的出现次数不少于三次（意义相近的被看作同个维度），如Spears将"帮助下属发展"与Laub的"培养人才"都统一划分为"培养员工"维度。以下是按频率由高到低的排序：服务员工、共谋愿景、授权员工、信任员工、发展员工、建立团队、以理服人、领导关爱、谦卑、倾听、自我认知、情绪抚慰、重视员工、角色模范、正直清廉、利他精神、开拓性、提供领导、关照、分享领导、思考能力、同理心、导师式指导、积极影响、信誉、重视道德、真诚自我、欣赏他人。服务型领导的内涵十分丰富，具有多维特征，因此在实践中具有较大的弹性和广泛的应用情境。然而，尽管众多学者的研究都涉及了服务型领导的特质，被提及超过10次的服务型领导特征只有以下五个：服务员工、共谋愿景、授权员工、信任员工、发展员工，这些特征体现了它们作为服务型领导核心的重要性和独特性。首先，服务型领导强调的是以人为本，而非仅仅关注自身利益。他们会尊重每个员工，不对任何人产生歧视或者偏见；同时，领导也会向员工表达关心，建立起彼此间的信任关系。其次，服务型领导在服务员工时，不是摆出一副居高临下、自以为是的姿态，而是尽可能地站在员工的角度去考虑问题，并且尽最大可能帮助员工战胜挫折、治愈员工的创伤。共谋愿景，就是共同设想有关未来的理想、宏伟蓝图。最后，服务型领导总是积极促进员工的成长，他们在接纳性听取员工的想法与需求的基础上，给予员工必要的指导，同时对员工进行主动的授权，给予其足够的信任，为他们的职业发展和个人成长提供适当的机会，并积极将员工也培养塑造为未来的领导者。

总的来说，国内外学者对服务型领导的特性和维度构成的探讨，不同学者的观点和方法有所不同，他们从各种角度如文献研究、理论解析、理论演绎或者理论构建来探索其特征与维度。特别是 Liden 等（2008）提出的 28 题项量表，在国外得到了广泛的应用。国内也有不少学者采用该量表，但鉴于中国的特殊国情，笔者结合自己对本领域的研究以及国内的领导现状，还有实际调研结果，拟采用汪纯孝等（2009）开发的企业服务型领导量表，对其 11 个维度进行精简整合，归纳为构思愿景、道德诚信、授权并发展下属、共情、谦逊、为社会创造价值六个维度。

通过梳理以往文献发现，部分关于服务型领导特性和维度划分的研究已经被后来的研究所证实，而另一些仍需验证。基于理论分析基础上的实证研究方法和深入细致的扎根理论研究方式，使得这些研究获得了较高的可信度和有效性。在研究服务型领导如何影响组织的运作时，Graham（1991）强调了两点：一是要重视激励士气，二是要重视道德。Buchen（1998）则在研究未来组织和人力资源管理问题时，提出四个服务型领导的特征：自我认同、互动能力、建立关系和专注未来。现担任 Greenleaf 服务型领导研究所主席的 Spears（1998）提出的 10 个服务型领导特征被广泛认可，包括倾听、同理心、抚慰、感知、以理服人、思考能力、远见、关照、帮助下属的成长和发展，以及建立团队。Spears 指出，这 10 个特征并不能覆盖服务型领导的所有特性。因此，服务型领导维度仍然有许多可以进一步研究的地方。领导学专家 Daft 提出了服务型领导的四个关键特性，包括把服务他人置于个人利益之上，通过倾听来肯定他人，通过信任来激发信任，培养下属以帮助他们健全发展。

五、服务型领导印记

(一) 服务型领导研究学者代表

服务型领导研究领域中具有重要贡献的两位学者分别是罗伯特·K.格林利夫 (Robert K. Greenleaf) 和拉里·C.斯皮尔斯 (Larry C. Spears)。罗伯特·K.格林利夫,"服务型领导"之父,毕生致力于倡导一种新型的领导方式——将为他人服务放在决策的首位。他的关于"服务型领导"的著作和文章激励了许多学者和实践者进一步探索"服务型领导"这一概念,并使其成为管理学的焦点。服务型领导中心现任总裁兼首席执行官拉里·C.斯皮尔斯是"服务型领导"领域研究的权威之一,他致力于增进全球对服务型领导的理解和实践,通过写作和在全球各地开展主题演讲,在服务型领导领域具有重大贡献。

1. 罗伯特·K.格林利夫

格林利夫出生于美国印第安纳州,并在美国电话电报公司 (American Telephone & Telegraph Company, AT&T) 工作了40年。1964年,退休后的他成立了"应用伦理学中心"(Center for Applied Ethics),并从那时起一直从事写作、教学和咨询工作。之后,他发表了许多关于服务型领导的著作与论文,因此被誉为"服务型领导之父"。他提出的服务型领导理论强调领导者的首要责任是为他人服务,并通过关注下属的需求和发展来实现组织的目标。这一理论突出了领导者的谦逊、关怀和服务精神,与传统的权威型领导相比更注重员工的发展和满足。格林利夫认为,优秀的领导者应该致力于为员工创造良好的工作环境和发展机会,激发他们的潜力和创造力。他的理论影响了许多领导力实践和组织发展模式,在企业界和非营利组织中得到广泛应用。

格林利夫已经出版了多部与"服务型领导"相关的书籍,目前搜集到的包括:《服务型领导的内心世界》(*The Servant-Leader Within*)(2003年)、《服务型领导》(*Servant Leadership*)(2002年、1977年)、《服务型领导的力量》(*The Power of Servant Leadership*)(1998年)、《论成为服务型领导者》(*On Becoming a Servant Leader*)(1996年),以及《追寻者和

服务者》(*Seeker and Servant*)(1996 年)。

此外，他还单独撰写了许多文章，并通过学校等机构传播"服务型领导"的管理理念，成功地让该理念得到了更广泛的认可和理解。自从提出服务型领导的概念以来，许多学者对其进行了深入的探索，他们普遍持有质疑的看法，坚信领导与服务者两种角色无法融为一体。然而，在 20 世纪初，这种理念开始被广泛接受，并逐步转变为学术界的关注焦点。

2. 拉里·C. 斯皮尔斯

拉里·C. 斯皮尔斯（Larry C. Spears）是服务型领导理论的倡导者和传播者之一，他致力于推广和发展罗伯特·K. 格林利夫的理念。他通过撰写文章、演讲和组织培训等方式，将服务型领导的理念传播到了更广泛的领导者和组织中。他深入探讨了服务型领导的核心原则和实践方法，并指导许多组织如何应用这些理念来建立更健康、更具有人文关怀的领导文化。通过他的努力，服务型领导理论得到了更广泛的认可和应用，成了现代领导力研究和实践中不可或缺的部分。Spears 是现任服务型领导中心的总裁兼首席执行官。服务型领导中心致力于增进全球对服务型领导的理解和实践。Spears 被认为是当今在服务型领导和格林利夫著作方面最重要的权威之一。他是 15 本关于服务型领导的书的创作者，也是服务型领导系列文章的编辑。自 1990 年以来，Spears 已经在四大洲、10 多个国家和 40 个州发表了 250 次主题演讲。

他撰写的有关"服务型领导"的著作包括：《服务型领导的内心世界》(*The Servant-Leader Within*)(2003 年)、《服务型领导》(*Servant Leadership*)(2002 年，1977 年)、《服务型领导的力量》(*The Power of Servant Leadership*)(1998 年)、《洞悉领导力剖析》(*Insights on Leadership*)(2015 年)、《论成为服务型领导者》(*On Becoming a Servant-Leader*)(1996 年)、《追寻者和服务者》(*Seeker and Servant*)(1996 年)、《领导力思考》(*A Servant-Leader Meditation*)(2014 年)、《聚焦领导力》(*Focus on Leadership*)(2013 年)。

（二）服务型领导风格的企业家

1. 员工为本，服务立命的刘强东与京东集团

京东集团，作为中国电子商务领域的领军企业，其成功的背后离不开

创始人刘强东的卓越领导力。刘强东以其独特的服务型领导风格和以人为本的管理理念,不仅塑造了京东的企业文化,更推动了公司的持续发展和创新。从刘强东的话语中,可以感受其重视员工、顾客至上的服务型领导风格,如图4-1所示。

1. 最优的管理系统,恶人到这里也变好人。
2. 只有真正关注员工幸福感的企业,才能变得伟大。
3. 当一家企业的利益选择和消费者利益选择发生矛盾的时候,那结局注定是失败的。
4. 创业公司在团队优秀的基础之上,在用户体验、成本或者效率三者之中,至少做到一点,同时另外两点又没有减损,基本上就能成功。
5. 我不能容忍任何一位京东兄弟在有体力的时候能够生存,有一天不能干的时候,却过着痛苦的日子。京东的每位员工、每位快递人员、每位打包的兄弟,都跟京东签署了合同,我们为全员全额缴纳五险一金。

图4-1 刘强东员工为本,服务立命的领导风格

2. 客户为天,服务为云的贝佐斯与亚马逊

亚马逊(Amazon)作为全球最大的电子商务和云计算公司之一,其创始人杰夫·贝佐斯(Jeff Bezos)以其独特的领导风格和以客户为中心的经营理念闻名于世。贝佐斯强调以客户为天,并在董事会始终留着一把空椅子给最重要的人——客户。他将客户需求置于企业决策和发展的核心位置,形成了一种标志性的服务型领导风格。从贝佐斯的语录,可以感受其以客户为天的服务型领导风格,如图4-2所示。

1. 我们最应该关注的不是竞争对手,而是顾客。
2. 你的利润就是我的机会。
3. 我们很清楚,亚马逊能否成功很大程度上取决于我们能否吸引和留住员工,每一名员工都希望成为主人,因此就应该让他们成为主人。
4. 即使在公司的经营陷入困境时,我们也要坚持为客户提供和现在同等水平的服务。
5. 如果我们让事情变得简单,我们就会赢得客户的信任和忠诚。
6. 搞清楚客户需要什么,再进行逆向操作。

图4-2 贝佐斯客户为天,服务为云的领导风格

第5章　LEO领导力之魅力型领导力、数字领导力与组织发展

一、领导力的气场：魅力型领导

（一）魅力型领导的互构协同

从四海之内到四海之外，魅力型领导作为一种独特的领导风格，对于权威型领导、变革型领导和服务型领导在推动组织发展方面起到了重要的协同作用。

（1）魅力型领导对权威型领导的协同作用。权威型领导强调规则、等级和秩序，其有效性依赖于领导者的职位和权力。魅力型领导则侧重于领导者个人的魅力和影响力，通过激发追随者的情感和价值观来增强领导效果。在权威型领导中，魅力型领导的元素可以帮助领导者打破僵化的等级制度，建立更加人性化和灵活的领导方式。魅力型领导者通过展现自信、坚定信念和对目标的执着追求，能够激发团队成员的积极性和忠诚度，从而提高组织的整体执行力和效率。

（2）魅力型领导对变革型领导的协同作用。变革型领导注重领导者如何激励和引导团队成员进行创新和变革。魅力型领导在这一过程中发挥着至关重要的作用，因为其个人魅力和影响力能够有效地传播变革的理念和愿景。魅力型领导者通常具有强烈的个人特质，如高度自信和对自己信念的坚定不移，这些特质使得他们能够在面对困难和挑战时展现出非凡的领导力，从而推动组织顺利进行必要的变革和创新。

（3）魅力型领导对服务型领导的协同作用。服务型领导的核心在于领导者将服务他人作为首要任务，通过支持和培养团队成员来实现组织目标。魅力型领导在服务型领导中的作用体现在能够加强领导者与追随者之

间的情感联系和信任。魅力型领导者通过对下属的尊重和关怀，能够激发团队成员的内在动机和参与感，进而提升团队的凝聚力和协作精神。同时，魅力型领导者还能够通过个人榜样的力量，鼓励团队成员追求卓越和自我超越，从而推动组织的发展和进步。

综上所述，魅力型领导作为权威型领导、变革型领导和服务型领导的有效补充，能够在不同层面上提升组织的领导效能。通过魅力型领导的协同作用，组织不仅能够更好地维持秩序和执行标准，还能够在变革和创新中展现出更大的活力和适应性。同时，魅力型领导还能够促进服务型领导的实施，通过关怀和支持团队成员，提升组织的整体表现和满意度。领导者应当认识到各种领导风格的互补性，并根据组织的具体情况和需求，灵活运用和结合这些领导风格，以实现组织的有效领导和持续发展。

（二）魅力型领导的内涵研究

自20世纪80年代末以来，学界对魅力型领导理论的关注度不断上升。有魅力的领导者具有独特的品质，提高了追随者的奉献精神，在情感上激发和激励他们追求领导者的愿景（Burns，1978）。其后，对组织环境的扩展产生了许多新的魅力理论，在概念上将魅力与杰出的组织和个人成果联系了起来，特别是在危机发生期间或不确定性时期（Bass，1985）。根据这些模型，在实验室和实地环境中进行的相关研究表明，领导者的魅力与组织成功的主观和客观标准有关（Lowe et al.，1996）。个人研究和元分析研究将领导魅力与诸如信任（Podsakoff et al.，1990）、合作（De Cremer and Van Vugt，2002）、满意度（Conger et al.，2000；Lowe et al.，1996）、股东价值（Tosi et al.，2004）和业绩（Howell and Frost，1989；Kirkpatrick and Locke，1996）等结果联系了起来。尽管取得了这些进展，但我们对魅力的理解仍然存在一些差异。

为了消除魅力的神秘性，Conger 和 Kanungo（1987）提出，魅力型领导体现了追随者基于领导者行为的归因。可观察行为是领导者魅力品质的体现，这些品质被认为是源于他（她）的内在性格或个人风格。从概念上讲，Conger 和 Kanungo 确定的魅力行为是以他们的主张为前提的，即组织领导反映了个人从现有状态到未来状态的过程，分别包含环境评估、愿景制定和实施三个阶段。值得注意的是，Conger 和 Kanungo 确定的阶段只是作为一种启发，这些阶段的进展不一定是线性展开的。相反，领导者被理论化，随着环境的变化，在各个阶段来回移动，甚至可能同时参与全部三个阶段。在环境评估阶段，领导者对现状，以及追随者的倾向、能力、需求和满意度进行了批判性的评估。在这一阶段，相较于没有魅力的领导者，有魅力的领导者更有能力积极寻找现状中存在的或潜在的缺陷，并充当改革的推动者。在愿景制定阶段，领导者为自己的组织制定并传达战略方向和目标。与其他领导者相比，具备魅力的领导者在制定战略性、面向未来的愿景以及向追随者传递这些愿景的激励方式方面具备独特优势。在实施阶段，领导者将参与旨在建立追随者对所选战略方向的信任和承诺的活动。相较于非慈善领袖，有魅力的领导者被理论化为从事示范性的行为，其特征是极大的个人风险和牺牲，并表现出以创新和非常规的方式行事的意愿，以实现他们的愿景（Conger，1998）。

Conger 和 Kanungo（1994）根据魅力型领导的概念框架，制定了 20 题项的行为问卷，即 C-K 量表。基于三阶段模型，他们确定了五个关键的与对魅力的感知相关联的行为维度：①显示对环境的敏感性；②显示对成员需求的敏感性；③阐明创新的战略愿景；④展现非常规行为；⑤承担个人风险。

（三）中国背景下的魅力型领导

回顾已有研究可知，目前鲜有研究在中国情境下验证 Conger 和 Kanungo 的量表。改革开放使中国市场向海外，主要是西方公司开放。外商投资企业的外派高管，以及日益增加的在西方接受培训的个人，给中国企业带来了西方的管理哲学和实践。在外资企业任职期间，与国外侨民或接受海外培训的个人互动，接受西方管理及高管教育课程，以及频繁出国出差，使得国内的商业领袖能够接触到西方的领导风格（Tsui et al.，2006）。

据调查，中国 CEO 的领导行为包括六个维度，其中阐明愿景、创造性和冒险性这两个维度与 Conger 和 Kanungo 提出的维度不谋而合。另外，一些学者将领导维度的多样性而不是简单的普遍性理论化（Bass，1997；Dickson et al.，2001；Lonner，1981）。这一立场的主旨是，虽然关键的领导维度应该是在跨越文化层面时依旧是一致的，但它们的具体行为制定可能因文化而异。

（四）魅力型领导，追随者的任务绩效和追随者的工作满意度

除了魅力的归属，魅力行为也会影响下属的行为和态度（Conger，1998）。魅力型领导在追随者中引发集体使命感，促使员工做出重大的个人牺牲，并在极高的程度上履行职责（Conger，1999；Shamir et al.，1993）。魅力型领导还使组织的目标和使命与追随者的价值观相一致（Lord et al.，2001），从而提高了工作的内在价值和意义，并进一步提高了追随者对其工作和组织的满意度和忠诚度。已有研究表明，魅力型领导与员工的工作绩效和工作满意度呈正相关（De Groot et al.，2000；Howell and Frost，1989；Judge and Piccolo，2004；Kirkpatrick and Locke，1996；Lowe et al.，1996）。

在集体主义感较强的中国，个体更倾向于遵循组织价值观和组织规范。魅力型领导致力于使追随者的个人价值观与组织愿景相一致，这在中国情境下能够发挥作用。根据文化差异和领导风格的不同，追随者的集体主义价值观与魅力型领导对于集体行动的取向之间的匹配，有可能会对追随者的表现和态度结果产生明显的影响。中国文化存在高权力距离性质，这进一步加强了这种影响的作用（Hofstede，1983；Triandis，1996）。

（五）魅力型领导和追随者的自我概念

目前的理论认为追随者的自我概念是领导者行为对相关结果变量影响的重要中介机制（Howell and Shamir，2005；Kark and Shamir，2002；Lord et al.，1999；Shamir et al.，1993）。虽然自我概念是多方面的和动态的（Lord et al.，1999），但 Kark 和 Shamir（2002）认为，关系和集体这两个组成部分对理解魅力的影响十分重要。

根据 Brewer 和 Gardner（1996）提出的概念，关系身份或个人身份反映了员工个体在多大程度上根据其领导来定义自己，并试图成为领导者，而集体身份则反映了员工个体在多大程度上根据组织来定义自己。Shamir 等（1993）注意到，第一，有魅力的领导者将增强追随者对领导的认同感，因为有魅力的领导者往往表现出自我牺牲的行为，以追求愿景；这些

个人牺牲为他们赢得了信誉，并反映出了追随者希望效仿和获得的理想价值观和特征。第二，有魅力的领导者将增强追随者的集体认同，因为他们可能通过阐明意识形态愿景，来建立一种理想的组织；这种理想的愿景与更美好的未来相关联，使追随者更愿意将自己视为组织的一员，并为领导者所阐述的集体使命做出个人牺牲（Shamir et al.，1993）。

通过将魅力型领导理论与不同层次的自我概念相结合，Howell 和 Shamir（2005）进一步假设有两种类型的魅力关系：一种是领导者对追随者的需求表示关注并给予福利，从而提高追随者对领导者的认同，激活追随者的关系自我；另一种是领导者阐明令人信服的愿景，并表现出追求共同愿景的非凡决心，从而提高追随者对组织的社会认同，激活他们的集体自我。根据这一思路，Conger 和 Kanungo 认为，一方面，在愿景制定和表达过程中反映的理想化方面使魅力型领导令人敬佩，值得追随者认同；另一方面，通过强调集体利益和将员工个体与更大的集体联系起来，魅力型领导也可能提高追随者集体身份的突出性（Conger，1998）。

与上述理论路径相一致，一些实证研究表明，魅力型领导在追随者对领导者的个人认同以及追随者对组织的社会认同中具有影响。例如，在一项关于变革型领导的研究中，Kark 等（2003）通过研究某国家的银行雇员发现，变革型领导与追随者对领导者的个人认同和对组织的社会认同相关。Shamir（1999）在某国家的军事单位情境下研究了魅力型领导行为对追随者的自我概念的影响程度，结果表明三种魅力行为中只有一种与追随者对领导的认同和对组织的认同有关。Shamir（1999）所得出的这一结论可能是因为没有包括更广泛的魅力型领导行为（如愿景的表达）。在唯一一项使用 C-K 量表所包含的行为维度的研究中，Conger 等（2000）发现魅力型领导与追随者对集体的认同感有关。

魅力型领导能够影响追随者对领导者的认同和对组织的认同，这可以解释为什么魅力型领导最终会提高任务绩效和工作满意度。追随者在强调对其领导者以及对组织的自我概念的情况下，还将对组织有积极的态度和行为反应，以保持自我一致性和提高自我价值（Shamir et al.，1993）。具体而言，随着追随者对领导者的个人认同增加，他们更有可能致力于实现领导者的使命，从而为他们的工作付出更多的努力；同时，组织认同的增加也可能导致追随者高度愿意提高任务绩效，以追求集体利益，并为组织目标做出个人牺牲。此外，较高的个人认同感和组织认同感为追随者在工作中提供了乐趣和意义，因为追随者可能通过实现领导者的使命和组织利益而获得自我价值感，并使他们达成自我概念和工作中的行动之间的一致性（Shamir et al.，1993）。

尽管先前的建议强调追随者对群体的社会认同是主要的魅力影响机制（Kark and Shamir，2002；Howell and Shamir，2005），但可以推测的是在中国背景下，员工的性质可能突出关系机制。中国社会的组织通常是家长式，组织被视为大家庭，员工被视为子女，组织的领导者被视为父母（El-Farh et al.，1999）。追随者对领导者的个人认同的力量和重要性与在中国社会占主导地位的家长式领导风格相符。

（六）魅力型领导力印记

1. 魅力感召，激励人心的稻盛和夫

稻盛和夫作为日本京瓷集团的创始人和魅力型领导者，他的领导力在多个方面展现出深远的价值和意义。他不仅在产品开发上不断创新，还积极推动企业文化、市场战略和管理模式的革新，以确保京瓷在高科技行业中保持领先地位。凭借其敏锐的市场洞察力和前瞻性的战略布局，稻盛和夫将京瓷从一个小型陶瓷制造商发展成为全球知名的高科技企业，成为材料科学和电子领域的重要参与者。他对技术创新的持续追求和对团队潜力的深度挖掘，使得京瓷能够推出一系列创新产品，满足市场的多样化需求。稻盛和夫还非常重视企业的社会责任和可持续发展理念，为京瓷塑造了积极进取、不断创新、对社会负责的企业形象，从而显著地提升了品牌的价值和市场竞争力。在引领企业不断转型升级的过程中，稻盛和夫强化了公司的适应性和创新能力，同时，也非常注重人才的培养和发展，吸引和激励了行业内的优秀人才，共同为实现公司的长远目标而努力。稻盛和夫的领导风格通过激发员工的激情、共享企业的愿景、共担发展的责任、启发创新的思维和提供个性化的关怀等，有效地提升了团队的凝聚力和员工的积极性，推动了京瓷在高科技领域持续成长和创新。稻盛和夫的这些贡献不仅推动了京瓷的持续发展，也在国际舞台上为公司赢得了广泛的尊重和认可。通过稻盛和夫的行动和言论，我们可以深切地感受到其作为魅力型领导者的风格，如图5-1所示。

1. 人生不是一场物质的盛宴,而是一场灵魂的修炼。
2. 工作最重要的目的在于通过工作来磨练自己的心志、提高自己的人格。
3. 越是错综复杂的问题,就越要根据简单的原理和朴素的思想进行判断和行动。
4. 同情之心、谦虚之心、感激之心、实事求是之心,抱着这样美好的心,又坚持踏实努力的人,他们必将时来运转,幸运一定会关照他们。
5. 所谓今生,是一个为了提高身心修养而得到的期限,是为了修炼灵魂而得到的场所。

图 5-1　稻盛和夫魅力感召,激励人心的领导风格

2. 音乐引领,文化风向的泰勒·斯威夫特

泰勒·斯威夫特作为音乐界的关键意见领袖(key opinion leader, KOL)型领导者,她的领导力在多个层面上都展现出显著的价值和意义。她不仅在音乐创作上持续创新,还积极推动文化潮流、粉丝互动和品牌合作的革新,确保自己在竞争激烈的娱乐行业中保持领先地位。凭借其对市场趋势的敏锐洞察和战略性布局,泰勒·斯威夫特将自己从一位乡村音乐新星发展成为全球知名的流行音乐巨星,成为音乐市场的领军人物。她对艺术表达的持续探索和对团队合作的高度重视,使得她能够推出一系列深受粉丝喜爱的音乐作品。泰勒·斯威夫特还非常重视社会责任和个人品牌的建设,塑造了自己真实、坚韧、有影响力的公众形象,从而显著地提升了自己的品牌价值和文化影响力。在引领音乐和流行文化发展的过程中,她增强了自己的创造力和公众影响力。此外,泰勒·斯威夫特注重与粉丝的沟通和互动,通过社交媒体和其他平台与粉丝建立紧密联系,并激励他们追求自己的梦想。她的领导风格是通过分享个人故事、传递积极信息、承担责任和启发灵感等方式,有效地提升了粉丝的忠诚度和参与度,推动了音乐和文化领域的持续成长和创新。泰勒·斯威夫特的这些贡献不仅推动了其个人事业的快速发展,也在年轻一代中树立了积极的榜样和影响力。通过她的行动和言论,我们可以深切地感受到她作为 KOL 型领导者的风格,如图 5-2 所示。

1. 有时候人生不在于完美,而在于坚持自我。
2. 我们都需要学会与"尴尬"共存。
3. 你的美丽和价值,你自己说了才算。这才是真正的你。
4. 你在过去曾有过失误,但这些经历却使你变得更加冷静与理智。你并未因此崩溃,反而是在挫折中锤炼出了更加坚定的理性之心。
5. 你犯过错误,但这使你更加理性。你没有被推毁,而是变得更加理性。

图 5-2 泰勒·斯威夫特音乐引领,文化风向的领导风格

二、全球进入数字化时代

"未来走到我们中间,为了能在它发生之前很久就先行改变我们。"这是奥地利神秘主义诗人赖内·马利亚·里尔克(Rainer Maria Rilke)的诗句。

在西安交通大学校友协同创新高质量发展论坛上,新晋福耀科技大学校长王树国发表了关于人工智能的演讲。他指出,人工智能的发展不仅突破了人的感知智能,而且还突破了人的认知智能。人的大脑容量是有限的,但是随着认知智能的出现,机器人由于拥有了海量的数据库和超级的运算能力,而在某些领域比人类表现得更出色,比人类具有更强大的认知能力。王树国还分享了一个故事:他的一个朋友对 ChatGPT 训练了三次后,ChatGPT 就能够几乎取得 2023 年外语高考试卷满分。这引发了认知智能和传统精英领导这样一个社会运行规律之间的矛盾,人们的认知出现了一个前所未有的渴望。在第四次工业革命的背景下,数字经济已经逐渐成为全球经济的核心增长引擎。据《中国数字经济发展研究报告(2024年)》的数据显示,2023 年,中国数字经济占国内生产总值(gross domestic product,GDP)比重达到 42.8%。这一趋势不仅意味着经济结构的深度变革,标志着全球已全面进入数字经济时代,更突显了发展数字经济对推动各国经济发展具有重要作用。

数字经济的高速发展为中国构建新发展格局提供了战略选择和关键支撑。在《中华人民共和国国民经济和社会发展第十四个五年规划和 2035 年远景目标纲要》(简称《十四五规划》)中,"加快数字化发展,建设数字中国"被确立为中国未来发展的核心战略,这表明中国正致力于通过数

字化转型，推动经济的高质量发展。

产业数字化作为驱动数字经济发展的主导力量，其规模在2020年已经达到31.7万亿元，占据了数字经济总量的80.9%，并占国内生产总值的31.2%。这一数据充分展示了产业数字化在中国经济发展中的关键地位。《十四五规划》进一步强调了数字化转型对生产方式、生活方式和治理方式的深远影响，为企业的创新发展提供了新的方向和路径。

企业作为产业转型升级的主体，其数字化转型是数字经济发展的基石。在后疫情时代，企业面临着经营环境的高度不确定性和复杂性，因此迫切需要加速数字化转型以应对这些挑战。人工智能、大数据、云计算等数字技术的应用为企业提供了转型的路线图和突破点。然而，数字化转型并非易事。尽管许多企业已经认识到其必要性，但由于成本高、周期长和难度大等因素，仍有许多企业尚未开始转型。

传统企业在此过程中面临的挑战尤为突出。许多传统企业，特别是制造类企业，由于其数字化基础和能力较弱，对数字技术的应用仍处于初级阶段。与此同时，数字原生企业凭借其先进的数字技术和商业模式获得了显著的市场优势，对传统企业的生存和发展构成了威胁，使传统企业在数字化转型的道路上步履维艰，陷入了"不转则亡，转型则困"的困境。

为了应对这些挑战，政府、企业和研究机构需要加强合作，共同加快企业数字化转型的进程。政府应制定更为明确的政策指引和支持措施，以鼓励企业加大数字化转型的投资。企业则需要积极探索适合自己的数字化转型路径，提升自身的数字化能力和水平。同时，研究机构和高校也应加强对数字化转型的研究和人才培养，为企业提供智力支持和专业指导。

（一）领导力与人工智能

随着人工智能（AI）的快速发展，领导力的概念和实践在不断演变。研究者也在不断探索AI对人类行为的影响，Qin等（2022）的研究为我们提供了新的视角，揭示了社交机器人对成年人规范行为的引导作用。社交机器人能够引导成年人遵守规范行为。这种影响不仅体现在特定情境下的行为表现，更深层次地反映了社交机器人对人类行为的影响力。社交机器人通过情感表达、语言交流等方式，潜移默化地影响着人们的决策和行为，促使人们符合社会规范和期望。领导力与人工智能之间的关系是一个复杂且丰富的话题。

人工智能技术的普及和应用已经改变了组织内外的工作方式和决策过程。AI 可以分析海量数据、发现模式、预测趋势，并为决策提供支持和建议。这使得领导者能够更准确、更快速地做出决策，并优化资源配置，从而提高组织的效率和竞争力。但领导力本身的特质，如情商、人际沟通能力和战略思维，在人工智能时代仍然至关重要。AI 虽然可以提供数据支持，但真正的领导者需要更多地关注人的情感、动机和创新能力，引领团队应对复杂、多变的挑战，并在关键节点做出正确的决策。一方面，不管是领导者还是追随者，AI 都将为其赋能，从而拓展其能力边界和深度，但如果还需要将事情分派给具体人去负责，本质上领导力还是在影响、激励、管理人的范畴内；另一方面，一些事务交给 AI 系统或机器来做，可能会带来更多质变因素，因为领导者还需要管理、指挥 AI 机器参与协作来完成任务，对 AI 的理解和运用将是领导力能力要素中的重要组成部分。

对于前者，人际的传统领导力范畴，领导力的理论研究非常丰富，模型众多。严正（2007）从价值取向、趋势把握、组织运营和人才发展四个维度，展现了领导力的核心内涵：确定和描绘目标和价值，具备把握过程的能力和决策能力，建立好高效且执行力强的组织，对团队做好激励培养。技术的不断进步对领导力的这些方面都会在一定程度上产生迭代改进影响，AI 应用则可能在广度和深度上带来更大的影响。首先，在价值取向方面，AI 对于领导者赋能的想象空间更大，容易主观上诱导其构建更加宏大的愿景和范围目标。其次，在趋势把握上，AI 能更高效地提供有数据基础的结论性判断，对决策效率和决策水平有正向影响。内部不同层次的决策加快的同时，博弈的频次和力度会增强；外部则因为决策执行的加快，与合作方和竞争方博弈的节奏会加快。决策成效仍为合成后的效果。再次，在组织运营方面，AI 高效赋予每个细分部门更多能力、资讯、认知和决策参考，将会对组织结构优化带来新的影响。组织的动态能力会明显增强，对领导力统筹规划及执行过程中监督调整的能力有较大提升的要求。最后，在人才发展方面，有望应用 AI 建立更公正的绩效评估方式，从而使领导艺术的策略和表达会有所调整。AI 可以帮助领导者更及时地了解下属的工作状况，甚至可能的心理状况评估，但人际之间的混合情感的交流方式还需要领导者具备相应的沟通能力。

对于后者，可以称为"AI 领导力"，它增加了对于机器的管理和领导。人类领导者的领导力亟待补充对于 AI 技术原理的理解，进而增强对 AI 能力的理解，这有助于更好地使用 AI 辅助、代理或赋能。在价值取向、趋势把握方面，存在类似的影响且进一步加强。在组织运营方面，对领导者的规划和运作机制构建的能力提出了高很多的要求，必要时需要智囊或专家团队的支持。而在人才发展方面，人类领导者需要增加对于机器的专用或通用能力的规划设计及落实实现的能力，并根据运行情况不断迭代改进。

领导力与人工智能之间的关系是一个复杂丰富且不断演进发展的话题。一方面，人工智能技术的普及和应用已经改变了组织内外的工作方式和决策过程。AI 可以分析海量数据、发现模式、预测趋势，并为决策提供支持和建议。这使得领导者能够更准确、更快速地做出决策，并优化资源配置，从而提高组织的效率和竞争力，但同时竞争对手也会有类似的提升。另一方面，领导力本身的特质，如情商、人际沟通能力、文化认知感悟和战略思维等，在人工智能时代仍然至关重要。人类领导者需要更多地关注人的情感、动机和创新能力，引领团队应对复杂、多变的挑战，这些是机器难以替代的。

在充满挑战和变革的时代，领导者需要善于运用人工智能技术，将其作为领导团队和组织的工具，引领团队适应数字化时代的挑战，激发团队成员的潜能和创造力，推动组织实现创新和发展。社交机器人等智能化技术不仅可以为领导者提供数据支持和决策建议，还可以作为领导团队的合作伙伴，共同推动团队实现共同目标。但是，领导力与人工智能的融合并非简单的技术应用，更需要领导者具备战略思维和情感智慧。领导者应当在运用人工智能技术的同时，注重人的情感和创造力，保持人与人之间的关系和沟通，促进团队的凝聚力和创新力。AI 领导力不仅是指领导者如何运用人工智能技术，更重要的是如何在人与机器之间建立有效的合作关系，实现协同创新和价值共创。未来的领导者需要具备跨界合作和团队管理的能力，要能够整合各方资源，促进跨部门、跨地域的协同工作，推动组织创新和发展。同时，领导者还需要关注 AI 技术的伦理和社会责任，确保其应用符合道德和法律的规范，避免产生负面影响。领导力与 AI 的融合正在开启一个全新的时代，在这个时代里，领导者不再是简单的决策者和执行者,更要成为组织的愿景塑造者和文化引领者。他们需要为组织设定明确的发展目标和价值取向,营造开放、包容的创新文化,从而推动组织实现可持续的发展和成长。领导者只有在善于运用 AI 技术的同时,注重人的情感和创造力,并关注伦理和社会责任,才能引领团队和组织走向成功的道路。

(二)领导力与电子竞技

电子竞技是领导力的虚拟平台。在电子竞技(eSports)的激烈竞技场中,领导力的作用不可或缺,它贯穿于团队协作、战略规划、心理素质培养以及个人榜样的树立等多个方面。电子竞技作为一种团队运动,要求每位队员不仅要有高超的游戏技能,还要能够在团队中发挥协同作用。在这样的环境下,领导者的作用不仅是在战术层面上做出决策,更重要的是在高压的比赛环境中协调团队内部的关系,确保每个成员都能在最佳状态下发挥自己的能力。这就要求领导者具备出色的沟通技巧和心理调节能力,以便在紧张的比赛氛围中有效地传达信息和指令,同时帮助团队成员管理情绪,应对比赛中的挫折和压力。一个具备良好心理素质的领导者要能够有效地稳定团队的军心,提升整体表现,甚至在关键时刻扭转局势。显而易见地,电子竞技的快速发展需要领导者具备较强的适应性和创新能力。游戏规则、策略乃至游戏本身都在不断演变,这就需要领导者能够迅速接受新信息,调整团队的战术和训练方法,以应对不断变化的竞技环境。同时,领导者还需要具备创新思维,能够在激烈的竞争中寻找新的机会和优势,不断推动团队向前发展。这种适应性和创新能力的发挥,不仅能够帮助团队在当前的比赛中取得成功,还能够为团队的长期发展奠定坚实的基础。此外,领导者在培养后备力量方面的作用也不容忽视。他们需要有远见地选拔和培养年轻有潜力的选手,并为他们提供必要的指导和支持,确保团队能够持续注入新鲜血液,保持竞争力。

在电子竞技团队中,领导者的行为和态度会对其他成员产生示范效应。领导者的专业精神、团队精神和对胜利的渴望都能激励团队成员,提高他们的士气和动力。一个优秀的领导者通过自己的行为树立榜样,引导团队成员向着共同的目标努力。此外,领导者还需要与外部环境进行有效的互动,包括与赞助商、赛事组织者、媒体和其他相关方建立良好的关系。这不仅有助于为团队创造一个有利的外部环境，还能够提升团队的知名度和影响力。随着电子竞技行业的不断成熟和发展，领导力的重要性将会更加凸显。团队领导者需要不断提升自己的各项能力，以适应这个充满挑战和机遇的新兴领域。总之，领导力在电子竞技中的作用是全方位的。它不仅体现在战术层面的指导和团队内部的协调，还体现在心理素质的培养、创新思维的应用以及后备力量的培育等。一个优秀的领导者能够提升团队的整体实力，帮助团队在激烈的竞争中脱颖而出。随着电子竞技行业的日益成熟，领导力的重要性将更加凸显，领导力将成为团队在激烈竞争中保持领先的关键因素。优秀的领导者将成为团队不可或缺的核心竞争力，他们的领导力将直接影响团队的表现和成就。

在电子竞技这十多年的发展历程中，《英雄联盟》绝对是其中不可或缺的一环。作为EDG（EDward Gaming）电子竞技俱乐部的总经理兼总教练，阿布带领追梦青年们夺得了5届德玛西亚杯冠军，5届英雄联盟职业联赛冠军，并在2021年带领EDG获得了英雄联盟全球总决赛（S11）冠军，这是全球英雄联盟竞技赛事的最高荣誉，他也成了全球首位大满贯教练。

每一份荣誉的背后都凝聚着队员无数的汗水，这也是阿布的全身心投入。"我在队员眼中，既是教练，又是军师，也是朋友，有时也是大家长。"阿布笑着说道。

在EDG电子竞技俱乐部，一边是引人注目的奖杯展示墙，一边是电脑屏幕的亮光，映照着正在训练的队员，过往与现实在此交错相融。对方的招牌英雄是什么？打法是什么？怎么能克敌制胜？这些战术的制定、状态的调整往往取决于电竞教练的把控能力。作为除了选手，离赛场最近的那个人，阿布在承受诸多关注的同时，也承受了前所未有的压力。

2018年，阿布被任命为英雄联盟项目国家队总教练，第一次代表国家去参加亚运会。举国瞩目之下，中国代表队的亚运之旅并非一帆风顺。"这是临时组建的一支参赛队伍，选手状态、训练状况、前期磨合效果都不好。"阿布回忆道。

当时他的身体也出现了问题，因为神经性胃痉挛，基本上两天才能睡一次觉，压力非常大。但冠军只有一个，"团队大脑"必须发挥作用。阿布迅速进行人员调配、梳理选手心态、调整训练赛战术，营造出合适的训练氛围,加强团队训练,促使团队不断磨合,帮助选手快速恢复个人竞技状态。

在赛场上面对劲敌时,他大胆制定作战策略。最后的比赛非常顺利,最终以3:1战胜了韩国队,为中国电竞国家队拿下了第一枚金牌(图5-3)。雅加达为这群青年升起了中国国旗、奏起了中国国歌。当回忆那天的场景时,阿布的神情依旧有些激动,"当自己参与其中,为国家贡献一份力量的时候,民族自豪感会更加强烈"。

图5-3 EDG获得英雄联盟全球总决赛(S11)冠军

(三)领导力与关键意见领袖(KOL)

在当今数字化和社交化的时代,领导力不再局限于传统的组织结构和管理方式。其中,KOL(关键意见领袖)是一种新兴的领导力形式,指在特定领域或领域内拥有较高影响力和专业知识的个人或组织。他们通过社交媒体、网络平台、专栏文章等渠道,向大众传递信息和观点,引领公众的消费选择和行为变革。KOL通常具有以下四个特征:①在特定领域拥有深厚的专业知识和经验,能够向粉丝传递专业见解和观点;②在社交媒体平台上拥有大量的粉丝和追随者,能够通过互动和沟通影响他人的态度和行为;③KOL的言论和行为往往能够引起公众的关注和讨论,影响市场需求和消费决策;④优秀的KOL能意识到自己的社会责任和影响力,通过传递积极向上的价值观念,为社会和公众做出积极的贡献。KOL与传统领导力之间存在着密切的联系和互动。首先,KOL能够对粉丝和追随者产生深远的影响,引导他们的消费选择和行为决策。在商业领域,KOL的推荐和评价往往能够对品牌形象和销售业绩产生直接的影响,成为企业营销的重要力量。其次,KOL在特定领域具有丰富的专业知识和经验,能够为行业的发展提供重要的思路和建议。他们的见解和观点往往能够引领行业的发展方向和趋势，推动行业标准和规范的制定和执行。因此，KOL不仅在社交领域具有领导力，也在商业和行业领域发挥着重要作用。

领导力与KOL在当今社会中都扮演着重要角色，并能影响商业、社会和文化领域的发展。领导力通常涉及组织、团队或社会的引导和激励，而KOL则通过其在特定领域的专业知识和影响力，影响着大众的消费行为、观念和价值取向。领导者通过其领导风格、价值观念和战略决策，影响着KOL在社会和商业领域的活动和表现。同时，KOL的言论、行为和推广活动也会对领导者的声誉和品牌形象产生影响。在商业领域，领导者与KOL之间的合作往往能够实现共赢。对于领导者来说，一方面，可以借助KOL的影响力和资源，实现品牌的曝光，推动品牌推广和营销活动，从而提升品牌的市场份额和竞争力；另一方面，可以通过品牌的战略规划和市场定位，为KOL提供清晰的品牌形象和传播策略，使其更好地传播品牌的核心价值和理念。KOL依靠敏锐的市场洞察和消费者反馈能力，可以获取宝贵的市场动态信息和消费趋势，能为企业的决策和战略提供参考和支持。对于KOL而言，可以通过合作获得更多的曝光和收益，进一步扩大自身的影响力和粉丝群体，更好地发挥自身潜力，发展自身的品牌并实现个人和职业的成长。领导者应当认识到KOL的重要作用和影响，并善于与其合作，共同推动组织和社会的发展。同时，KOL也应当充分发挥自身的影响力和责任感，为社会的进步和发展贡献自己的力量。因此，需要深入研究和探讨KOL与领导力之间的关系，不断完善领导力理论和实践，为组织和社会的可持续发展提供更加有效的指导和支持。

以泰勒·斯威夫特（Taylor Swift）给我们带来的"霉霉经济学"（Swiftonomics）为例，Swiftonomics是由泰勒的姓氏"Swift + economics"衍生出来的，用来表达霉霉（霉霉是泰勒·斯威夫特的昵称）对经济的影响力，已经到了一种"现象级"的程度。2023年，仅计算她在美国本土的巡演，就拉动了46亿美元的消费，经济影响超过了35个国家的GDP。"霉霉经济学"是对泰勒·斯威夫特的商业决策、市场影响力及其与粉丝互动的经济学分析，这一概念源于社交媒体，富有幽默感和创意。她不仅是全球认可的流行音乐巨星，音乐横跨多个流派，更以其独到的商业头脑、音乐才能和对粉丝的深度关注而闻名。霉霉的影响力远超其音乐本身,她被《时代周刊》评为2023年"年度人物",这是她第二次获得这一荣誉,这在历史上是前所未有的,足以证明她在全球文化、娱乐乃至政治话题中的重要地位。

霉霉之所以能够成为如此独具特色的意见领袖,并具备强大的经济号召力,主要有以下三方面原因。首先,她的亲民形象和深度互动策略让她与粉丝建立了紧密的联系。通过在社交媒体上真诚交流和分享个人生活,她塑造了一个易于接近、真实可信的公众形象,这不仅增强了粉丝的忠诚度,也使她的个人品牌深入人心。同时,她的音乐作品以真挚的情感和个人故事打动人心,进一步巩固了她与听众之间的情感共鸣。其次,泰勒·斯威夫特在维护个人权益方面具有坚定立场和创新精神。面对唱片公司的版权控制,她勇敢地重新录制并发行了自己的歌曲,这一行为不仅展现了她的独立精神,也为其他艺术家树立了榜样。她在音乐风格上的不断探索和创新,以及在概念专辑和音乐视频方面的创意尝试,使她的作品始终保持着新鲜感和吸引力。最后,泰勒·斯威夫特通过跨界合作和品牌延伸,以及持续的创新和适应性变化,进一步扩大了她的经济影响力。她的个人品牌不仅在音乐领域取得了巨大成功,还通过与不同领域的品牌合作,推出了多样化的商品和服务,为粉丝提供了更多支持偶像的方式。同时,她对市场变化的敏感度和快速适应能力,使她能够在娱乐行业中保持领先地位,也为其他行业提供了宝贵的启示。这些因素的共同作用,使泰勒·斯威夫特成了数字领导力的典范,以及"霉霉经济学"的实践者。

(四)领导力与"网红"兴起

在当前的数字化时代,短视频平台的"网红"(网络红人,即线上贸易公司)之所以能够广受欢迎,与他们在数字领域展现的领导才能密切相关。在数字化时代的浪潮中,"网红"现象的兴起不仅改变了传统的媒体传播方式,更重塑了商业模式和领导力的表现形式。"网红",作为社交媒体上的明星,他们的影响力和商业价值正在被重新定义。他们不仅是内容的创造者,更是领导者和贸易的推动者,他们的成功故事体现了领导力在现代社会中的新内涵。

首先,"网红"的领导力体现在他们对技术的熟练掌握和对数据的敏锐洞察。他们了解如何运用社交媒体平台的各种工具和算法,以最有效的方式传播自己的信息和价值观。他们对粉丝行为的数据分析能力，使得他们能够精准地把握市场趋势和粉丝需求，从而制定相应的内容策略和商业计划。这种技术与数据的结合，是他们在数字领域展现领导才能的基础。

其次，"网红"在塑造个人品牌方面的能力，也是他们领导力的重要体现。他们通过独特的个人风格和价值观，建立起强大的个人品牌，吸引并维系了一大批忠实的粉丝。他们通过与粉丝互动，建立起信任和认同感，这种信任和认同感是他们影响力的源泉。在管理社群方面，"网红"通过有效的沟通和互动，维护了社群的活跃度和凝聚力，这种社群管理能力是领导力的重要组成部分。最后，"网红"的创新精神和适应性也是他们领导力的关键。他们不断尝试新的内容形式和传播策略，以适应不断变化的市场和粉丝需求。他们敢于冒险，勇于尝试，这种创新精神和适应性是他们在竞争激烈的社交媒体环境中脱颖而出的关键。

"网红就是贸易公司"这一说法，揭示了"网红"在商业模式中的多重角色。他们通过与品牌合作，成为商品的代言人或分销渠道，他们的推荐能够直接影响商品的销售。他们通过内容营销，将产品植入到自己的内容中，吸引粉丝的注意力，并转化为购买行为。一些"网红"甚至拥有自己的电商平台，他们不仅是商品的销售者，也是供应链的一部分，负责商品的采购、销售和物流等环节。他们的品牌合作不仅限于广告宣传，还可能涉及产品开发、市场调研等多个方面，他们的意见和建议能够影响产品的设计和市场策略。因此，"网红"不仅在社交领域具有领导力，在商业领域也发挥着贸易公司的作用，成为连接品牌和消费者的重要桥梁。他们的成功不仅在于其个人魅力和内容创造能力，更在于他们如何运用领导力在数字经济中创造价值和影响。

随着互联网技术的不断发展和社交媒体平台的日益成熟，"网红"现象将继续影响着我们的社会和经济。他们的领导力和商业模式将不断演变，为品牌营销和电子商务带来新的机遇和挑战。在这个过程中，"网红"作为新型的领导者和贸易公司的代表，将继续在数字经济的舞台上发挥着越来越重要的作用。

三、数字领导力的内涵

（一）数字领导力的互构协同

从四海之外到四海之内，数字领导力作为一种新兴的领导风格，对于权威型领导、变革型领导和服务型领导在推动组织发展方面具有重要的协同作用。对这三种传统领导风格与数字领导力之间的协同作用的阐述如下。

（1）数字领导力与权威型领导的协同作用。权威型领导侧重于对领导者的职位、权力和组织规则的维护。这种领导风格在维持组织秩序和执行标准方面发挥着重要作用。数字领导力的介入可以为权威型领导带来新的视角和工具。数字领导力强调运用数字技术和数据分析来优化决策过程和提高组织效率。结合权威型领导，数字领导力可以帮助组织在保持稳定的同时，通过数据驱动的决策来提升执行力和适应性。此外，数字领导力还可以增强组织的透明度和公正性，从而增强权威型领导的合法性和有效性。

（2）数字领导力与变革型领导的协同作用。变革型领导注重领导者如何通过激励和启发团队成员，推动组织创新和变革。数字领导力与变革型领导的结合能够产生强大的协同效应。数字领导力为变革提供了所需的技术和工具，使领导者能够更有效地推动组织适应数字化时代的变化。通过利用大数据、人工智能等先进技术，变革型领导者可以更好地识别市场趋势、预测未来变化，并制定相应的战略。这种协同作用有助于组织在快速变化的市场环境中保持竞争力和创新能力。

（3）数字领导力与服务型领导的协同作用。服务型领导的核心在于领导者通过服务他人来实现组织目标，强调领导者对团队成员的关怀和支持。数字领导力的加入可以增强服务型领导的效果。数字领导力可以帮助领导者更好地理解和满足团队成员在数字化方面的需求，为其提供更加个性化和高效的服务。例如，通过数据分析，服务型领导者可以更精准地识别团队成员的需求和挑战，从而提供更有针对性的支持和资源。这种协同作用有助于创建一个以服务为导向的组织文化，同时利用数字技术提升服务质量和效率。

综上所述，数字领导力作为一种新兴的领导风格，对于权威型领导、变革型领导和服务型领导在推动组织发展方面具有重要的协同作用。结合数字领导力，组织不仅能够更好地维持秩序和执行标准，还能够在变革和创新中展现出更多的活力和适应性。同时，数字领导力还能够促进服务型领导的实施，通过关怀和支持团队成员，提升组织的整体表现和满意度。领导者应当认识到各种领导风格的互补性，并根据组织的具体情况和需求，灵活运用和结合这些领导风格，以实现组织的有效领导和持续发展。

（二）数字领导力的起源

自 21 世纪初以来，数字化技术持续创新，大数据量迅猛增长，我们的社会正在经历从信息科技时期（internet technology，IT）走向数字科技时期（digital technology，DT）的巨大转变。这一变革不仅对全球经济发展产生了深远影响，而且对社会生活的各个领域产生了广泛影响。在这一转型过程中，信息通信技术（information communications technology，ICT）处于核心地位，它改变了我们工作和价值创造的方式。

美国研究者 Avolio 等（2000）在研究中指出，随着信息技术的飞速发展，组织的管理流程也需要不断调整以适应这种变革。信息技术不仅改变了企业的工作方式，还对领导者的特质提出了新的要求。在与信息技术相互作用的过程中，领导者的技能和知识将直接影响他们如何使用和实施信息技术。为了更好地描述这些新的领导领域的变化，Avolio 等首次引入了"电子领导力"（E-leadership）的概念。

电子领导力是指领导者在数字化时代运用信息技术来引领团队、推动组织变革和提升组织绩效的能力。在这个背景下，领导者需要具备一些新的特质和技能。首先，领导者需要掌握一定的信息技术知识，了解如何使用各种信息系统、软件和工具来提高工作效率。然后，领导者还需要具备数据驱动的决策能力，要能够从海量数据中提取出有价值的信息，为组织的发展提供支持。

除了技能要求，电子领导力还强调领导者的创新思维和变革管理能力。在数字化时代，组织面临着日新月异的市场环境和技术变革，领导者需要具备快速适应变化、勇于创新和引领变革的能力。同时，领导者还需要关注员工的数字化素养培养，推动组织的数字化转型和升级。

对于"E-leadership"的中文释义，国内学者们的观点并不统一。在霍国庆等（2008）的综述中，他将"E-leadership"解释为信息化领导能力，这一观点在后续的研究中得到了广泛认可。然而，刘追等（2015）在实证研究中将"E-leadership"定义为电子领导能力。无论是信息化领导能力还是电子化领导能力，都表明目前学界对于"E-leadership"的释义尚未形成统一的观点。

随着数字技术的快速发展，全球已经迈入全新的数字时代。在这一背景下，国内学者门理想（2020）在其综述中进一步将"E-leadership"定义为数字领导能力。这一概念不仅涵盖了信息化和电子化的内涵，而且更加强调运用数字技术进行组织和领导的实践。数字领导能力不仅要求领导者具备技术知识和技能，还需要他们具备创新思维、快速适应变化的能力以及与团队成员建立有效沟通的能力。

为了应对数字时代的挑战和机遇，领导者需要不断提升自身的数字领导能力。他们需要学习新的技能和知识，了解如何利用数字技术来提高组织的效率和创新能力。此外，领导者还需要培养良好的人际关系和团队合作精神，以便更好地引领团队在数字时代取得成功。

（三）数字领导力的定义

在英语里，"leadership"既可以表示领导能力或技能，也能够表示领导的具体流程以及行动方案。然而，自 Avolio 提出"E-leadership"的概念以来，学界对于"E-leadership"的定义从来没有达成过共识。

早期阶段，Avolio 等（2000）把数字领导力界定为"一种社会影响力过程，它是在信息技术（ICT）的中介作用下，促进个人、团队和组织的思想观念、情绪反应、思考方式、行动模式以及业绩表现产生转变"。尽管这个观点被众多学者所采纳，但其在实际应用上的有效性却不高。因此，Avolio 也指出，当时的条件并不适合提出现实的证据、系统的理论或者更为深刻的结论。之后，Avolio 等（2000）也不断更新他们对于数字领导力的定义。

Avolio 在 2014 年将数字领导力定义为"在信息技术（ICT）中介下，内嵌于近端和远端情境中的促使个体、团体及组织在态度、情感、思维、行为及绩效方面发生变化的社会影响过程"。与过去的定义相比，Avolio 在 Lord 等（2001）和 Avolio（2007）的研究基础上继续发展，他认为远端情境（企业组织、各种民族文化等）和近端情境（团队小组、工作项目等）对于数字领导力极其重要。通过这些文献可以看出，Avolio 对于数字领导力的界定不仅保留着其关注的核心元素，而且还不断地参考学界的相关研究成果进行丰富和发展。另外，Avolio 在其文章中关于数字领导力的讨论并未局限于领导过程，领导力（如善于沟通、学习等特质）也被视作与 ICT 互动的关键变量而纳入研究。

Van Wart 等（2017）在 Avolio 的研究基础上，提出了更为具体且有可操作性的定义。这一定义强调了领导在推动组织接受和使用 ICT 中的核心作用。数字领导力不仅涉及为组织选择 ICT 的领导过程，还包括领导者自身使用 ICT 的能力。这表明，数字领导力不仅是技术层面的掌握，更是一种全面的领导力素质。

Van Wart 等（2019）通过实证研究，对数字领导力进行了深入探讨，并提出了数字领导力的 SEC 模型（six e-competency model）。他们认为数字领导力是一种新兴的领导能力，涉及通过技术媒介进行一系列的社会影响过程。这一过程的目标是改变人们的态度、情绪、思想、行为和绩效。为了实现这一目标，领导者需要具备一系列关键技能和素质：①数字领导者必须具备清晰、适当的沟通能力。在虚拟环境中，领导者需要能够有效地传达信息、愿景和目标，同时与团队成员建立有效的互动。这需要领导者具备出色的写作和演讲技巧，以便在不同的沟通渠道中有效地传达信息。②数字领导者需要提供充分的社交互动。在虚拟环境中，领导者需要创造一种积极的社交氛围，以促进团队成员之间的互动和合作。这需要领导者具备较强的社交技巧和组织能力，以确保团队成员能够有效地协作。③数字领导者需要激励和管理变革。随着技术的不断发展和变革的加速，领导者需要能够适应新的挑战和机遇，并推动团队成员接受和适应变革。这需要领导者具备创新思维、灵活性和适应性，以便在不断变化的环境中保持领先地位。④数字领导者需要建立和维持负责任的团队。在虚拟环境中，领导者需要确保团队成员能够履行他们的职责，同时保持良好的工作关系和团队文化。这需要领导者具备高度的责任心和领导能力，以便在远程工作中保持团队的凝聚力和高效性。⑤数字领导者需要具备与信息通信

第 5 章　LEO 领导力之魅力型领导力、数字领导力与组织发展

技术相关的知识。随着技术的不断发展，领导者需要了解和应用最新的数字工具和技术，以提高团队的工作效率和创新能力。这需要领导者具备技术素养和学习能力，以便不断地更新自己的知识和技能。⑥数字领导者还需要培养对虚拟环境的信任感。在虚拟环境中，领导者需要建立信任关系，以便团队成员能够相互协作和支持。这需要领导者具备诚实、透明和可靠等品质，同时能够通过积极的行为和沟通来建立和维护信任关系。

基于这一理解，Van Wart 等（2019）将数字领导力划分为六项核心能力：数字化沟通（E-communication）、数字化社交（E-social）、数字化变革（E-change）、数字化团队（E-team）、数字化技术（E-tech）和数字化信任（E-trust）。这六项能力为数字领导力的具体实施提供了清晰的指导。例如，领导者需要具备良好的数字化沟通能力，通过有效的在线交流来传递信息、建立联系和解决问题。在数字化社交方面，领导者需要利用社交媒体等平台建立和维护广泛的社交网络，以促进团队的合作与信息的共享。此外，领导者还需要具备引领数字化变革的能力，包括识别和抓住数字化带来的机遇，制定和实施数字化战略，以及应对变革过程中的挑战等。在数字化团队方面，领导者需要构建高效的虚拟团队，激发团队成员的潜力，并促进跨地域、跨时区的协作。值得注意的是，数字领导力还强调领导者应具备与信息通信技术相关的专业知识。随着技术的不断更新换代，领导者需要持续学习新技术、新知识和新技能，以便更好地指导团队和推动组织的发展。最后，数字领导力还要求领导者建立和维护团队成员对虚拟环境的信任感。这涉及提供安全可靠的技术环境，保护个人隐私和数据安全，以及建立透明的沟通渠道和公正的管理制度。

在探讨数字领导力时，国内学者们普遍认为数字领导力是领导能力的一个分支。霍国庆等（2008）在其研究中明确指出："信息化领导力是领导者在信息化时代吸引、影响追随者及利益相关者并持续实现群体或组织目标的能力，它是对传统的领导能力的延伸，涵盖了所有传统领导力的含义，但是它的内容却又更加广泛。"这一观点强调了数字领导力在信息化时代的重要性，并强调了其与传统领导力的联系与区别。同样地，刘追等（2015）也对数字领导力进行了深入研究，他认为："电子领导力是指在一个知识经济环境下，领导者所具备的以信息技术为媒介，整合资源，激励、引导员工去不断完成个人目标和组织目标的能力。"这一观点突出了

数字领导力的技术性特征，并强调了领导者在知识经济环境下利用信息技术整合资源的能力。门理想（2020）则从另一个角度对数字领导力进行了阐释，他认为，不能将数字领导力孤立地看作领导力或领导过程，而应该是领导力与领导力作用过程的有机结合。因此，关于数字领导力门理想提出了一个更为全面的定义："在数字化背景下，领导者利用数字工具推动个体的思想观念、情绪反应、思考方式、行动模式以及工作效率等方面转变的能力和过程。"这一观点不仅强调了数字工具在推动个体和组织变革中的作用，而且突出了数字领导力的动态性和交互性。尽管这些学者对"E-leadership"的解释各有侧重，但都强调了数字领导力在数字化时代的核心作用。门理想（2020）的解释虽然并没有深入探讨数字领导力的组成元素，但对于实证研究来说仍具有一定的指导意义。学者们应该对数字时代孕育的新型领导力及其作用过程进行系统地研究，以更好地理解这一领域的发展和变化。

通过进一步的深入研究，我们不难发现，数字领导力的概念与实践之间存在紧密的联系。随着数字化技术的不断发展，领导者需要不断更新自己的知识和技能，以适应数字化环境下的新挑战。同时，领导者也需要更加注重与团队成员的沟通与协作，以共同推动组织的数字化转型。在这个过程中，数字领导力不仅是一种能力，更是一种思维方式和工作方式。

四、数字领导力的类型

数字领导力概念在提出后的两年内，引发了学术界的广泛关注。为了深入探讨这一主题，2003 年第 4 期的 *Organizational Dynamics* 期刊特别策划了一组专题文章，共计七篇。这七篇文章的作者分别从不同的角度对数字领导力进行了深入研究，展现了早期学者们对于这一领域的探索趋势。

在这七篇文章的作者中，每篇文章的作者都选取了一个独特的"小切口"，以此为切入点，深入剖析数字领导力在个体和组织两个层面所面临的"大问题"。他们通过实证研究、案例分析、文献综述等多种方法，对数字领导力的内涵、特征、影响及其实践应用进行了全面且细致的探讨。这些文章不仅为我们揭示了数字领导力在不同情境下的具体表现，还进一步阐释了其在组织变革、团队协同、个人发展等方面的作用机制。此外，

第 5 章 LEO 领导力之魅力型领导力、数字领导力与组织发展

学者们还就数字领导力面临的挑战与困境提出了独到的见解,并针对如何提升数字领导力给出了切实可行的建议。

随着时间的推移,关于数字领导力的研究逐渐深入,越来越多的学者加入这一领域的研究中。这组专题文章作为早期研究的重要成果,为后续的研究提供了宝贵的参考和启示。通过对这些文章的梳理和总结,我们可以更好地理解数字领导力的本质和价值,为未来的研究与实践提供有益的借鉴。

(1)在个体层面。数字化环境对传统领导能力产生了深远的影响,Antonakis 等(2003)在研究中深入探讨了该课题。随着信息技术的迅猛发展,传统组织和社区的边界逐渐模糊,领导者和下属之间的信息传递和沟通变得更加频繁和复杂。这种互动方式和活动内容的不断变化,使领导力逐渐向下转移,下属在决策过程中的作用更加突出。然而,这也带来了新的问题。如果下属能够通过信息技术与领导者同步获取关键信息,这对领导者的权威性和影响力无疑是一个挑战。下属可能不再盲目地接受领导者的决策,而是根据自己获取的信息质疑领导者或者为领导者提供建议。这种转变可能导致领导者和下属之间的关系变得更加平等和有互动性,但同时也需要领导者具备更强的沟通技巧和决策能力。

Zaccaro 和 Horn(2003)强调了有效沟通在团队中的重要性。在数字化环境中,团队成员之间的沟通方式发生了变化,更多地依赖于数字技术进行交流。然而,这种沟通方式可能会对团队发展、成员信任及领导过程造成阻碍。相较传统的面对面交流,在数字化交流过程中信息失真的风险更高。为了确保团队的高效运作,领导者有责任在成员之间建立畅通的沟通机制,并确保所有团队成员都能够准确地了解自身所需要完成的任务。此外,当前研究还探讨了数字化导师制这一新兴制度。这种新型导师制度可以克服传统导师制度所面临的沟通技巧、组织架构、工作灵活性、性别、种族等各个方面的限制。通过数字手段,导师和学员可以更方便地进行交流,打破地域和时间的限制,增加工作灵活性。同时,数字化导师制还可以扩大导师的选择范围,增加"导师池",这有助于避免社会偏见对师生关系产生负面影响。

(2)在组织层面。Zigurs(2003)在文章中提出了一个引人深思的问题:对于组织来说,数字领导力究竟是机遇还是挑战?他深入探讨了这一

问题的四个关键要素。首先，数字软件在组织中可能扮演重要的角色，甚至可能替代领导者的一部分职责。这意味着领导者需要重新思考和定位自己在组织中的角色。其次，随着数字化沟通的普及，领导者需要学习和掌握更多有关营造积极的数字沟通环境的技巧。这不仅要求领导者具备良好的技术素养，还需要他们具备管理和引导数字沟通的能力。此外，Zigurs 强调，数字型领导者需要在灵活性和执行力之间寻求最佳平衡。在快速变化的数字环境中，领导者需要具备高度的灵活性和适应性，以便应对各种挑战和变化。同时，领导者还需要保持足够的执行力，以确保组织的稳定和发展。为了实现这一平衡，领导者需要进行持续的学习和自我提升。最后，Zigurs 指出，领导者及其下属成员都需要深入理解技术的背后机制，以便能够最大化地发挥技术的作用。这要求领导者不仅关注技术的使用，还要关注技术背后的原理和逻辑，从而更好地利用技术推动组织的发展。

五、数字领导力的测量

随着数字领导力这一理念深入人心，学者们对于如何测量这一概念的研究也在不断地发展和完善。在众多研究中，Yudha 通过文本分析的方法，提炼出了印度尼西亚数字政府建设中有关数字领导力的五个核心要素，为该领域的研究提供了有价值的参考。同时，Rolando 通过访谈法和问卷调查法，发现目前美国海军指挥官使用 WhatsApp 作为发布和跟进部署的工具，并总结了使用过程中面临的问题，为数字领导力在实际应用中的问题提供了实证支持。

这些研究案例虽然具有启发性，但其理论框架和测量方法存在缺乏系统性和科学性的问题。为了解决这一问题，Van Wart 等学者开始致力于实证测量数字领导力的研究。他们认为，实证测量的关键在于将概念具体化，明确其维度和内容，进而构建一套科学的研究框架。在 Van Wart 等（2017）的研究中指出，传统领导力研究没有充分考虑 ICT 的中介作用。领导者在提升个人领导能力和优化组织运行效率的过程中，需要充分利用 ICT。因此，他们整合了技术采纳和变革型领导两个领域的最新研究成果，构建了一个专注于个人或组织技术发展过程中领导者个人特质的理论框架。这一研究虽然还有待完善，但它为数字领导力的发展提供了有力的推动。

Liu 等（2018）将数字领导力的研究领域划分为四个象限，并着重探讨了第一象限中的内容，即领导者的个体技术采纳。在 Van Wart 等（2017）的研究基础上，他们提出了数字领导力中的个体信息技术采纳模型（E-leadership communication adoption model，ECAMi），如图 5-4 所示。该模型为数字领导力的研究提供了新的视角和工具。为了检验 ECAMi 的适用性和有效性，Liu 等进行了一系列实证研究。他们利用结构方程模型对 ECAMi 进行了适用性检验，结果显示 ECAMi 具有较高的适用性。在稳健性检验中，他们发现领导者特质、技巧和对 ICT 的关注程度、评估质量、付诸努力的意愿等存在显著的正相关。同时，对 ICT 较高的关注程度、较强的付出努力意愿会进一步推动领导者使用 ICT。此外，他们还通过回归分析探究了 STS（science，technology，society）的可能层级，发现在精力、分析能力和责任心方面表现优秀的领导者最有可能采取信息化手段。

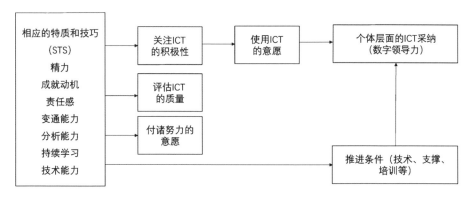

图 5-4　ECAMi

在当今的数字化时代，人们需要具备一系列的数字化能力以适应快速变化的环境。根据 Roman（2019）的研究，数字化能力可以归纳为六种，即数字化沟通、数字化社交、数字化变革、数字化团队、数字化技术及数字化信任。这六种能力被进一步命名为 SEC 模型，每种能力都有其独特的定义和要求：①数字化沟通是指利用数字工具进行有效的信息传递和交流。这需要人们掌握各种在线通信工具，如电子邮件、即时通信软件和视频会议等，并能够运用这些工具进行有效的远程交流。此外，为了更好地适应数字化时代的沟通方式，人们还需要掌握一些新的沟通技巧，如在线演讲技巧、数字礼仪和在线冲突解决等。②数字化社交是指通过数字平台建立和维护人际关系的能力。这需要人们熟悉各种社交媒体平台，如Facebook、Twitter和LinkedIn等，并能够有效地在这些平台上建立和维护个人品牌形象。此外，为了更好地适应数字化时代的社交方式，人们还需要掌握一些新的社交技巧，如数字隐私保护、在线声誉管理和数字社交礼仪等。③数字化变革是指通过数字技术和工具推动组织变革和发展的能力。这需要人们了解数字化转型的原理和方法，掌握一些创新思维和敏捷方法，如敏捷开发和DevOps等。同时，为了更好地推动数字化变革，人们还需要具备一些变革管理的能力，如变革领导力和跨部门协调能力等。④数字化团队是指通过数字技术和工具进行团队协作和管理的能力。这需要人们了解数字化团队的原理和方法，掌握一些团队协作和管理的工具，如在线项目管理工具和虚拟团队管理等。同时，为了更好地管理数字化团队，人们还需要具备一些团队管理的能力，如团队建设、沟通和协调等。⑤数字化技术是指掌握和应用数字技术的能力。这需要人们了解各种数字技术的原理和应用，如人工智能、大数据、云计算和物联网等。同时，为了更好地应用数字技术，人们还需要具备一些技术素养和能力，如数据分析、数据安全和网络安全等。⑥数字化信任是指通过数字技术和工具建立和维护信任关系的能力。这需要人们了解数字化信任的原理和方法，掌握一些建立和维护信任关系的技巧和能力，如在线信用管理、数据隐私保护和数字身份认证等。同时，为了更好地建立和维护数字化信任关系，人们还需要具备一些信任管理的能力，如信任修复和信任建立等。基于SEC模型，Roman等设计出了一套测量工具，每种能力分别由三个指标进行测量。这套测量工具的适用性已通过验证性因子分析得到证实。此外，他们还用逐步回归的方法探究了数字领导力与传统领导力的区别，结果表明尽管数字领导力与传统领导力存在一定的重叠，但前者依然具有一定的独特性。

六、数字领导力的特征

随着数字化技术的飞速发展,数字领导力已经成为领导者必备的核心能力之一。下面从四个方面深入探讨数字领导力的特征,以帮助读者更好地理解这一概念。

(1) 数字领导力是指领导者在数字化技术变革的环境下,有效利用以数字为特征的劳动资料的能力。与传统领导力不同,数字领导力更强调领导者对数字资源的利用能力。领导者需要借助技术、设备等数字资源来建立组织成员关系,并指导团队实现共同目标。例如,领导者可以通过社交媒体平台与员工进行实时互动,了解员工需求,增强团队凝聚力。

(2) 领导者应具备数字素养。在数字化转型过程中,领导者需要不断提升自身的数字化技能和素养。这包括对数字技术的理解、掌握和应用,以及对虚拟环境的信任感和组织敏捷性的提升。领导者需要了解数字技术的优势和局限性,以及如何运用数字技术做出科学决策。此外,领导者还需要具备强烈的学习意愿,能够通过角色学习和角色感悟,提升自身的数字化技能和素养。

(3) 数字领导力还强调领导者的共情能力。在数字化时代,领导者需要更好地理解员工的情感和需求。领导者需要感知员工的情绪,站在员工的角度来解读数字情境,并以同理、同感的方式实现情感互动。这有助于增强员工的归属感和忠诚度,提高团队的工作效率。

(4) 数字领导力的目标是影响跟随者的工作表现。领导者通过运用信息技术促使组织行为主体在态度、情感、思维、行为以及绩效等方面产生变化。例如,领导者可以通过制定数字化战略来推动组织变革,提升员工的数字化思维和技能水平。同时,领导者还需要关注员工的成长和发展,提供数字化培训和支持,激发员工的创新精神和创造力。

七、数字领导力印记

(一)"一带多"的马化腾与腾讯

马化腾,这位中国科技产业的领军人物,以其卓越的战略眼光和领导力,带领腾讯成了全球领先的互联网科技公司之一。自 1998 年成立以来,腾讯不仅在即时通信领域取得了巨大成功,更在游戏、社交媒体、金融科技等多个领域展现出强大的竞争力和创新能力。

马化腾的领导风格可以概括为"一带多",即通过一个核心产品或服务,带动和孵化多个相关业务的发展。这种模式在腾讯的发展历程中得到了充分的体现。以 QQ 为例,这款即时通信软件不仅成了中国最受欢迎的社交平台之一,还催生了在线游戏、音乐、视频、支付服务等一系列的互联网服务,形成了一个庞大的生态系统。在马化腾的领导下,腾讯始终坚持以用户为中心,不断优化产品体验,推动技术创新。他深知人才的重要性,通过积极培养和引进高端人才,打造了一个充满活力和创造力的团队。同时,马化腾也非常注重企业社会责任,推动腾讯在公益、教育、环保等领域做出了积极的贡献。

马化腾的"一带多"战略不仅使腾讯在国内市场取得了领先地位,更使其在全球范围内展现了强大的影响力。现在,腾讯的产品和服务已经深入到亿万用户的日常生活中,成为连接人与人、人与信息、人与服务的重要桥梁。在马化腾的引领下,腾讯正朝着"通过互联网服务提升人类生活品质"的愿景稳步前进。通过马化腾的行动和言论,我们可以深切地感受到其领导风格,如图 5-5 所示。

1. 有的时候你什么也没做错,就是错在你太老。
2. 要取得事业成功,必须花心思预测未来几个月甚至几年的事情。
3. 在这个行业里(互联网),不管一家公司的赢利状况有多么喜人,也随时面临被甩出发展潮流的风险。
4. 坚持每天发现、修正一两个小问题,不到一年就能把产品打磨出来了。
5. (创业)初期运气占得比较重,至少70%。但是2001年之后主要还是靠自己。我也没有什么特别幸运的事,不幸的东西也挺多的,就是自己要去扛、自己想办法,后期要靠自己。

图 5-5 马化腾"一带多"的领导风格

第5章　LEO领导力之魅力型领导力、数字领导力与组织发展

(二)"二枚腰"的比尔·盖茨与微软

比尔·盖茨是美国著名的企业家和慈善家，他是微软公司的联合创始人之一。微软是一家全球知名的科技公司，成立于1975年，由比尔·盖茨和保罗·艾伦共同创立。微软最初专注于开发软件产品，如操作系统和办公软件，其中最著名的是Windows操作系统和Office办公软件套件。

微软在计算机行业取得了巨大的成功，其Windows操作系统成为全球最流行的桌面操作系统之一，Office办公软件也被广泛应用于商业和个人用途。微软的成功使比尔·盖茨成为世界首富，并且他在全球范围内受到了广泛尊敬。

除了创办微软，比尔·盖茨还积极投身于慈善事业。他与梅琳达·盖茨共同创立了比尔和梅琳达·盖茨基金会，该基金会致力于全球性的公益事业，如改善全球卫生、教育和减贫等。比尔·盖茨以其在科技和慈善领域的杰出贡献而备受赞誉。通过比尔·盖茨的行动和言论，我们可以深切地感受到其领导风格，如图5-6所示。

1. 我应为王。
2. 公平不是总存在的，在生活学习的各个方面总有一些不能如意的地方。但只要适应它，并坚持到底，总能收到意想不到的成效。
3. 在这个世界上，没有人能使你倒下。如果你自己的信念还站立的话。
4. 切实执行你的梦想，以便发挥它的价值，不管梦想有多好，除非真正身体力行，否则，永远没有收获。
5. 这个世界并不在乎你的自尊，只在乎你做出来的成绩，然后再去强调你的感受。

图5-6　比尔·盖茨"二枚腰"的领导风格

(三) 链接世界、引领未来的袁征与Zoom的数字革新之旅

袁征（Eric Yuan），这位Zoom视频通信公司的创始人，以其卓越的远见和创新精神，引领了一场改变现代工作和交流方式的数字革新。出生于中国、成长于美国的袁征，不仅是一位杰出的华裔工程师，更是一位成功的企业家。在2011年创立Zoom之前，袁征已经在硅谷的WebEx公司工作多年，积累了丰富的技术和管理经验。他敏锐地洞察到云计算和移动通信的发展趋势，决心创立一家能够提供高质量、易于使用的视频会议解

决方案的公司。Zoom 的诞生，正是基于这样的愿景和市场需求。

　　袁征的领导风格以开放、包容和创新为核心。他倡导的"快乐工作"理念，不仅为 Zoom 的员工营造了积极向上的工作环境，也成了公司文化的重要组成部分。在他的领导下，Zoom 迅速成长为全球知名的视频通信品牌，尤其在疫情期间，成了全球数亿人远程工作、学习和交流的首选平台。袁征的成功不仅体现在 Zoom 的市场表现上，更在于他如何将个人的梦想和社会责任相结合。他的故事激励了无数追求创新和卓越的创业者，证明了在数字时代，领导力、技术创新和社会责任感是成就伟大事业的关键要素。通过袁征的行动和言论，我们可以深切地感受到其领导风格，如图 5-7 所示。

1. 我的五个信条——信任、透明、快乐、勤奋、简单。
2. 用户满意度是一个终极指标，而不是特定功能的数量。
3. 不要告诉我solution，而是告诉我的problem。
4. 创新往往在一种公开分享想法且不计较个人得失的文化中诞生。
5. 信任，是Zoom公司的文化基石，也是我的管理哲学。信任是企业发展的加速器，没有信任就没有速度。
6. 让快乐成为企业文化的核心，以此为基础构建一个可持续发展的公司

图5-7　袁征链接世界、引领未来的领导风格

第6章 LEO 六阶领导力模型：领导力与追随力的关系

一、追随研究的起源

有人的地方就有事业，有人心的地方就有大事业。领导力的历史演变与人类社会的发展紧密相连。关于领导者和追随者的关系研究，在中国哲学的易经八卦中有一个理解宇宙和领导力的研究框架，强调阴阳两种力量的相互作用与平衡。《象》曰："大哉乾元，万物资始，乃统天。云行雨施，品物流形。大明终始，六位时成。时乘六龙以御天。乾道变化，各正性命。保合太和，乃利贞。首出庶物，万国咸宁。"描绘了乾卦的创始和统领作用，以及其在自然界和人类社会中的至高地位。古老的智慧启示我们，在领导实践中追求阴阳平衡的重要性。君子务本，本立则道生，除了阴阳转换乾坤的领导力之源起，还有显性领导力的泰否之形，以及隐性领导力的谦之神。5000年的中华文明沉淀，对研究领导力的缘起本真、形神兼备启示深刻。

领导者最重要的是能在复杂的情境中，找出未来的新方向和发展趋势。乾坤之道，在天成象，在地成形。第一，"易初始素"是中国古人的哲学观、世界观。"易"就是当这个世界还没有气产生的时候，古人称之为"易"。"初"指"气之始也"，谓之"初"。"始"是形之始也，谓之"始"。"素"是质之始也，谓之"素"。古人理解的这个世界观，万物初始是混沌，是一片黑暗，这个世界从黑洞开始的那个状态叫"易"。世界诞生的第一个最初的状态是从哪里来的呢？是从"气"开始的，也就是阴阳之道的"阳"，乾坤的"乾"。"气"是无形的，从无形的"气"这个状态开始的，称之为"初"。"始"就是当无形的"气"生成之后，开始在天成象，在地成形，云行雨施，山川、河流等有形的物质出现了，就是第三个阶段的"始",即"坤"之道。"素"是指"质"之始也。当世界从黑洞、混沌的状态,到开天辟地的状态,到沧海桑田有形有物,之后就出现了一些质的变化,开始有植物、动物、人类,直至演化到今天丰富多元的世界。这是中国古人理解的世界观"易初始素",在三申道长公布的《玄隐遗密》里有详细的阐述。

第二,八卦的创立,始于阴阳,始于"乾""坤"。"古者包牺氏之王天下也,仰则观象于天,俯则观法于地,……近取诸身,远取诸物,于是始作八卦,以通神明之德,以类万物之情。"古人把纷繁复杂的宇宙万物分为阴阳两大类,阴以符号"- -"表示,阳以符号"—"表示。又以"观象于天、观法于地"的"取类比象"的思维方式推演出乾（☰）、坤（☷）两卦,乾比象为天,坤比象为地。此后,将阴阳两种符号每三叠而成另外六种不同形状的组合,成为震（☳）、巽（☴）、坎（☵）、离（☲）、艮（☶）、兑（☱）共八卦,取象为雷、风、水、火、山、泽。之后,八卦两两相重推演出六十四卦。"文王拘而演周易",周文王被囚七年完成了《周易》这部巨著,后来孔子又为《系辞》做了传。

六十四卦中,以"乾"卦（"天"）为开篇,以"未济"卦为终了,其中最重要的当属乾、坤、泰、谦四卦。乾卦（图6-1）,乾：元,亨,利,贞。乾卦象征天：元始,亨通,和谐有利,贞正坚固。《象》曰：天行健,君子以自强不息。

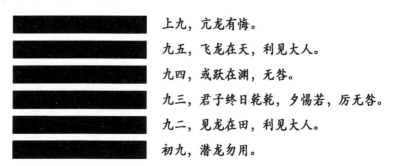

图6-1 乾卦

初九，潜龙勿用。潜龙是指藏在地底、水底下的龙，潜藏的龙，就是龙蓄势待发的状态，有深潜才能高飞，只有藏于九地之下，才能飞于九天之上。龙在古人的心目中是阳性的。龙凤呈祥，龙为阳，凤为阴，能飞天的才是龙，龙能飞能潜。为什么潜龙勿用，因为你是巨龙，太年轻，你要飞天，你要成事，必须先有一个蓄势待发的过程。年轻的时候，属于种子阶段，大事成于静，大器晚于成，要在地底下默默蓄势等待天时地利人和之机缘，必须养精蓄锐，伺机而起。

九二，见龙在田，利见大人。小荷才露尖尖角，人生初露头角，即将迈开重要的一步，只是具备了可能成功的素质，还需要有德有为之人的发现、提拔和加持。

九三，君子终日乾乾，夕惕若，厉无咎。乾乾是践行不止，乾行天德，白天黑夜，日出日落，周而复始，生生不息地默默号令天下，保持着自己该有的节律，自强不息。夕惕若，终日是要非常警惕的。你有才华了，崭露头角了，一定是有人猜忌的，朝野都猜忌你、嫉妒你，因此白天固然要保持警觉，战战兢兢，如履薄冰。太阳下山即傍晚时候，仍然还要警惕，到了夜间更要警惕。厉无咎，厉就是要保持这种警觉、高度警备的状态，你才会无咎，即不会有大的过错。不断反思，警示自己，不断地补过才能免除咎害。正如"损"卦中的君子自损增益。正如我党的纪检机制刀刃向内，自我革新，通过自我反思，自我革命，自我减损，革故鼎新，才能实现君子自强不息。

九四，或跃在渊，无咎。第四爻通常是不得位的一爻，第三爻、第四爻，通常三多凶、四多惧。第四爻处于有可能上、有可能下的关键位置，因此叫或跃在渊。就是你要不就一飞冲天，要不就跌下无底深渊。在这个时候，你必须审时度势，伺机奋进。潜龙勿用讲的就是藏于九地之下才能飞于九天之上。但或跃在渊是说，你在想飞于九天之上的同时，也要考虑到跌落九渊之下的可能性。这种悲惨的命运要尽量避免，尤其在生死关口要特别谨慎。而且因为你已经经历了九地之下的苦寒磨砺，经历了蓄势待发，你还要终日乾乾，还要自我不断地提醒自己，在这种情况下即使你具备了能量，也要伺机而动。在《周易》中，有一个很重要的观点叫"易"，就是变化。变化是怎么来的，要等待时机，俗话说，天时不如地利，地利不如人和。此外，还有一个重要的观点叫"机"，就是机缘时机，这个时机很重要。所以第四爻很重要的是在讲：当你在能量已经很强的时候，你可能可以飞起来，那你就最有可能功高震主，最有可能一露头就被打倒，甚至一棒子被打死。

九五，飞龙在天，利见大人。古人讲九五之尊，就是从乾卦的第五爻来的，这个卦象到了第五爻，通常就是一个既得位，又得时，又得势。在这个时候就是既在上爻，这叫得势，然后又得时。乾卦一共就六爻，第五爻就是九五至尊。飞龙在天，利见大人，也就是说这个时候你有一飞冲天的可能，基于中国文化的含蓄，即使你就是大人，也避免直接说你是大人，只是说利见大人。这个时候将遇到贵人提携成为天子，或者奉天承运你自己其实就将成为天子，就是大人，飞龙在天，天马行空。

上九，亢龙有悔。其实到了第五爻，就相当于天道，君子之道。第五爻就很完美了，所有的卦象到了最完美的时候通常就会物极必反，开始变化迂回了。第六爻上九，亢龙有悔。为什么我们说飞龙在天不是一个圆满结局呢？因为在飞龙在天、大展宏图的时候，通常容易忘乎所以，知进忘退。激流湍急，往往危险在即，没有多少人舍得放弃中流击水的豪情，放弃追求人生圆满完美的结局，毅然决然地急流勇退，回归平淡。所以亢龙才会有悔，可能会有令你遗憾、悔恨的事情发生。我们通常把第六爻叫六多预，就是给你一个提醒，给你一个比象，身处高位，要想得更多更远。六十四卦首卦为乾，就是天卦；末卦叫未济，就是尚未成功。又要回到潜龙勿用，才能飞龙在天，周而复始，生生不息。作为领导者，当飞龙在天的时候，你如果有更高的要求、更高的担当，以身许国，那你可能就要回归潜龙勿用。这个时候就要自损增益、刚柔并济。

要柔也要能刚。九是可变的，因为九为极，它就有可能阴阳相生。乾卦用九，是刚也能柔。而七是不能变的，为什么最后不是上七而是上九？为什么在九天之上，而不是在十天之上？因为十就已经是满了，谦受益满招损，满就是零，就会归零了。因此，中国古人的哲学的通透力是非常深的。初九是最下的一爻，潜龙勿用；最上的一爻叫上九，亢龙有悔。用九，见群龙无首，吉。周易是一种占卜的方式，用蓍草来占卜。用九，是一个蓍法的原则，因为九是可变的，又可以从一开始，而七是不可变的，是无法圆满的。出现群龙无首，可能会觉得是一个混乱的局面，其实不是。是有一群巨龙，但没有人以首领自居，这才是吉祥之卦。这是对于乾

第6章 LEO六阶领导力模型：领导力与追随力的关系

卦的一个用九的解释。人人都很强的时候，变坤则无首，以乾为首，以阳为刚，就是不首。如果你到了非常阳刚的时候，就很容易招忌，即才高招忌，财多招祸，至刚则断。在这个时候反过头来，变成是地德之卦，至刚变至柔，变成坤卦，以柔来济刚，刚就归吉。曲则全，如果能够弯曲的话，才不容易折断。乾讲的是君王之道，坤讲的是为臣之道。

坤卦（图6-2），坤：元，亨，利牝马之贞。坤卦象征地：元始，亨通，利于像雌马一样守持正固。《象》曰：地势坤，君子以厚德载物。

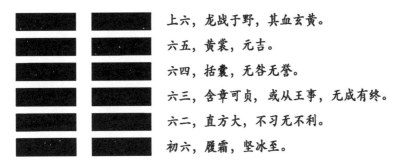

坤：元，亨，利牝马之贞。君子有攸往，先迷后得主，利。

西南得朋，东北丧朋。安贞吉。

图6-2 坤卦

坤的卦名是元，亨，利牝马之贞。君子有攸往，先迷后得主，利。坤卦卦象的开始，讲到是利牝马之贞，牝马是母马。母马有一个特点，一入夜，必须飞奔回去喂小马，这就是坤德，坤德是母亲之德、妻子之德，是地之德、为臣之德。因此，利牝马之贞元亨，君子有攸往，先迷后得主。如果你过于进取抢先，就有可能会迷失，后得主；如果你能够礼让居后，甘于落后，坚持抬头看路、低头干事，那么你就有可能得到更好的发展。因此，西南得朋，东北丧朋。安贞，吉。西南，按照方位来讲，它是属阳的，东北，是属阴的。如果你沿着西南方向，因为西南是阳气渐渐盛，那么慢慢的你可能得阳为朋，所以往西南行，可能慢慢的就聚气更多、聚朋更多。反之，向东北前行，阳气就会渐渐地散尽，那么你就会丧朋，这是坤德从方位、阴阳和同气相求来讲。安贞，吉；安顺，守正吉祥。

坤卦用的是六，老阴；乾卦用的是九，老阳。初六，履霜，坚冰至。

履霜是踩到地上，还没有结冰，但已经有霜了，踩到霜的时候，我们已经感觉到咯吱咯吱响了。见微知著，看到了霜的寒意，就已经感知到了寒冷的危险要到来，处于萌芽的状态，要立马警觉：地上有霜的时候，就一定要知道最寒冷的冬季要来了。《象》曰：履霜坚冰，阴始凝也；驯致其道，至坚冰也。就是一看到履霜的时候，这叫阴始凝，也就是阴气开始凝聚，寒冷即将到来，秋霜而冬至。

六二，直方大，不习无不利。直是笔直不斜，非常的正、非常的中、非常的直，直方大。正直不邪，方是端方。领导者的第一个要素就是要诚实正直。这是做下属时就要开始培养的品德，方是指端方。我们看到大地是最安静的，地体安静。什么是大，地大物博，我们叫地大。为什么天大地大，地大是因为它无物不载，什么都可以承载。不习无不利，不加以学习，不加以修身，你的功业也会成，因为坤德在厚德载物，所以才能不习无不利。如果你处于为臣之位，然后你又跨过了坚冰这一道坎，你已经在地底下准备破土而出，这个时候你只要是直方大，保持你厚重正直端方的本性，包容的本性，那么就算你自己不磨砺自己，也没有关系，你也不会碰到坎坷和挫败。为臣之道，人品第一。厚德，是因为你有这样的品德，就会有这样的运气，厚德载物，太过于张扬肯定不行。就是说，你即使蠢一点、笨一点，只要你直方大，也没有关系，坤德够厚，自有贵人相助。

六三，含章可贞，或从王事，无成有终。含章，章是指章美阳刚，不是完全柔，是柔且刚。含章，就是含着阳刚。可贞，不显露的意思，你有美德，你有阳刚，但是你不显露。这样的话才能做到：或从王事，无成有终。有幸跟从君王在一起做事，担任要职，很有成就。就算是没有成就，你也能得到善终。还有另一个方面的解读，就是说你协助君王成了大事，你必须功成而弗居，就是你成功了，也必须站在圣人的后面，以圣人之德，助圣人得万民敬仰。但是同时，不要在意自己的功劳，你才会得善终；如果你居功自傲，会惹来杀身之祸，所谓功成必定有我，功劳不必有我，一切荣耀属于君王。所以含章可贞，以时发也，或从王事，知光大也。能够默默地协助君王做事情，有智慧，得善终。

六四，括囊，无咎无誉。括囊，括是扎紧口袋，囊是口袋，就是三缄其口，收紧羽毛，能够时时刻刻缄口不言，时时刻刻沉默是金，字字玉矶少说为佳。否则祸从口出，因言获罪。慎不害也，就是说谨慎你就不会有祸害。或从王事，是你跟从君王，干了大事情。然默默不说话，伴君如伴虎，这表面上你没有说有功劳，无咎无誉，但实际上你就能圆满，归隐江湖终老，这叫有终。陶朱公辅佐君王成就霸业之后，带着家人隐居，平淡贵安，古今不变。

六五，黄裳，元吉。第五爻，也是坤为臣道的至尊位，应该是什么状态？黄裳，黄色代表了中正色，黄色是大地的颜色，也代表了正中。正中的颜色也就代表了中道，也就象征守中。黄裳的裳是什么，裳就是古人衣服的下半部分，上为衣，下为裳。黄裳，不是黄袍，穿的也不是黄衣，意思就是其实你的衣着已经有坤之厚德，已经成就了大地的美德。为臣虽身处高位，那你也不能觉得自己是天子，得意也不能忘形，要记得该穿什么衣服，该表现一种什么行为举止，才是为臣之道，才能够元吉，才能够守初心，吉祥平安，谦和谦卑。括囊，还要黄裳，黄裳元吉，文在中也。厚德其实就是胸中有才，中色下裳，中色中道，守中安吉。

上六，龙战于野，其血玄黄。龙是指君，战是指接，就是阴阳交合，坤到了极致的时候。因为你或从王事，君王怎么会不待见你？君跟臣，臣跟君，当你的德行足够大的时候，也可能大过天的。这个时候龙战于野，其血玄黄。古人说，天玄地黄，宇宙洪荒。玄是黑色，黄是地色，其血玄黄，代表了天地交合。那么龙战于野，天地交合，天玄地黄。天地交合就是说，为君之道，当你做到亢龙有悔的时候，就要转为坤德了，你要有坤之德，你要有地之德。那么为臣之道，当做到已经是羽翼皆丰，而且是厚德载物的时候，你已经有天之德了，那么这个时候，同样的，你也要一飞冲天，阴阳交合，就要有君之德，就要有更加高的追求。龙战于野，其血玄黄，是指龙在原野上，龙是本来在天上的。龙如果到地下来了，又要回到九地之下，而此时坤，同样又会飞到九天之上，因此我们讲的这个一阴一阳谓之道，其实阴阳就是不断转化的。如果是为刚不已必然断，如果是为柔不已，同样的必然是趋损，已代表停止，因此龙战于野，其血玄黄。

坤卦用六的意思就是说我是柔，但是我也能刚。甘居为人后，不敢为天下先，含章可贞。坤道其顺乎，承天而时行；厚德载物，至柔而动也刚。而动也刚，刚柔并济，刚柔转化。积善之家，必有余庆，积不善之家，必有余殃。臣弑其君，子弑其父，非一朝一夕之故。这个好人不得好报，作恶反得福报，乃祖上余庆未了。为善不报，乃祖上余殃未了。君子黄中通理，正位居体，所谓君子之德。

乾坤除了尊卑刚柔动静象形的这个定位之外，还讲了一个很深刻的道理，就是易简之道。即"乾以易知，坤以简能"。我们说乾是天德，是很平易的，是众人一看就知晓的，因此人人都会很敬仰天。人人都会知道，天之刚非常的纯粹，因此叫乾以易知，是最平易最容易知道的，而且人人都可见的法则。坤以简能，坤以简单、明了、顺从、承载为它的功能，为它的己任。乾之德，刚健纯粹，坤之德只是顺势，顺天道，顺阳势，而承载、而闭藏、而收纳。因此，坤就是最简单的，以简为它的能力，为它的功，为它的功德。乾以易知，坤以简能。

一阴一阳谓之道，阴阳不测谓之神。量子力学中有一个定律叫测不准定律，也就是海森堡的测不准定律，即：你不可能同时知道一个粒子的位置和它的速度，粒子位置的不确定性，它必然要大于等于我们所说的这个普朗克常数除以 4π。从哲学的角度来看，这所谓的测不准，就是由于宇宙间万物时刻都在矛盾对立中变化。《易经》中有"阴阳不测之谓神"。就是在阴阳转换之间，生生不息之间，我们感受到的不可测的能量，就是"神"。

世界唯一不变的，就是变化。乾和坤，君主臣辅，一阴一阳，互相依存，互相转化。领导者和这个跟随者之间其实也是一个不断的能量的交换和转换，互构协同，形神兼备。

另一对和领导力有较强相关性的就是泰卦（图6-3）和否卦（图6-4），它们之间福祸相依，互相依存，互相转化。怎么发挥领导力，才能使组织趋利避害，平安有序，行稳致远？"天地交而万物通，上下交而其志同。"这就是泰卦。唯有天地交合，云行雨施，方能万物繁盛；唯有君臣齐心，上下交感，才能济养万民。泰卦，地天泰，"小往大来，吉，亨"。就是说，坤在上，乾在下；阴主外，而阳刚收敛在内。当地气受热蒸腾上升为云，而天气遇冷下降为雨，天与地才能够交集，有交感，才会云雨交加，万物润泽，国泰民安，一片祥和，才能成就泰。

初九，拔茅茹，以其汇；征吉。泰卦刚刚起步的时候，是三个阳爻，也就是我们经常说的"三阳开泰"的由来。初九，君子一阳在下，但其志不在此，而是阳刚上进，与六四的阴爻相应，但他上进向外的志向，恰如茅草拔起根也相连一般，感染到第二、三两阳爻同有外应而志在上行，呈

第6章 LEO六阶领导力模型：领导力与追随力的关系

现出三阳同志，皆努力进取，以此必能通达，而"征吉"。古人认为，正月的卦象为"泰"，三阳生于下，阴消阳长，冬去春来，三阳开泰也。

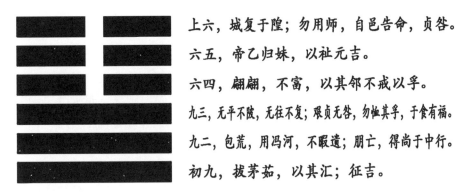

上六，城复于隍；勿用师，自邑告命，贞吝。
六五，帝乙归妹，以祉元吉。
六四，翩翩，不富，以其邻不戒以孚。
九三，无平不陂，无往不复；艰贞无咎，勿恤其孚，于食有福。
九二，包荒，用冯河，不遐遗；朋亡，得尚于中行。
初九，拔茅茹，以其汇；征吉。

泰：小往大来，吉，亨。

图6-3 泰卦

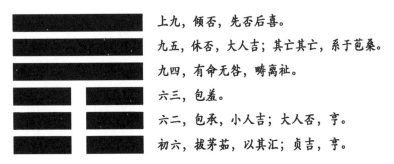

上九，倾否，先否后喜。
九五，休否，大人吉；其亡其亡，系于苞桑。
九四，有命无咎，畴离祉。
六三，包羞。
六二，包承，小人吉；大人否，亨。
初六，拔茅茹，以其汇；贞吉，亨。

否：否之匪人，不利，君子贞；大往小来。

图6-4 否卦

九二，包荒，用冯河，不遐遗；朋亡，得尚于中行。九二以阳刚居下卦之中，君子有宏大光明的道德，不结党营私，而是广纳贤才，虽居臣位，亦能治世以"通泰"，"得尚于中行"。你不能说领导越来越高高在上，而是要下沉；不能说作为下属，或者老百姓，就永远在地底下。作为下属你也要能够德知，跟随领导，也要努力往上走，君子如风民如草。

九三，无平不陂，无往不复；艰贞无咎，勿恤其孚，于食有福。一望无际的平原尽头，终将迎来倾陡的陂坡；大江大川流向不可穷尽的天际，也终将折返。当三阳开泰的君子上行到第三阳爻时，已迎来"乾"卦之极，上应第六阴爻（"坤"卦之极），此时预示着处泰不可忘忧，否则泰极终将转"否"。因此，君子唯有艰危其思考，正固其施为，才能"艰贞无咎"。

　　六四，翩翩，不富，以其邻不戒以孚。翩翩，鸟儿急飞下降的样子。六四以阴爻居上卦之初，但能虚怀若谷地下应九一，且处上位的君子虚怀下应时，带动第五、第六阴爻同时向阳刚居下的领导靠拢，即所谓"动一阴，而挟三阴翩降"，而且处于上位的三阴爻无须互相通气（告诫），全都心怀诚信，虚心下应。故能阴阳交济，上下"通泰"。到了第四爻就是阴爻了，上面是地，就是三个阴爻。地势坤，就是地气往下行的时候，那么你在这个时候是要虚怀若谷的。领导者，乾这个天，是要下沉接地气的。地也要蒸腾，也要向上去迎接天的光芒。以其邻不戒以孚。哪怕碰到了危险，没有人提醒告诫，大家只要心怀善意，不相互戒备，真诚以待，就能够平平安安，和和泰泰。

　　六五，帝乙归妹，以祉元吉。六五原本为至尊之位，然而当处泰卦的领导上升至尊之位时，却以阴爻柔处尊位，以应九二；犹如尊贵的商代帝王为广纳贤才，下嫁贵女以配贤者，帝王屈尊以王室血脉联姻来"招安"，以柔克刚，而祉大吉，成就治泰之功。

　　上六，城复于隍；勿用师，自邑告命，贞吝。《周易》六十四卦中的爻辞，往往"三多凶、四多惧、六多预"，即：第六爻，当康泰祥和到了极致时，"否"相也将到来。护城河本来就是护城的，为了牢固，通常在城墙外面，还修一道护城河，就是为了易守难攻，固若金汤。但此时，城墙却自己倒在护城河中，暗喻如果一个国家国泰民安久了同样也会生败象，所谓治久必乱，乱久必治。勿用师，自邑告命，贞吝。因为泰极否来，所以危险暗暗已经发生变化而没觉察到，此时若想延续"通泰盛景"，你就要自邑告命，即自我减损，而不是先"伐兵"，求诸武力。古之天子，但凡有极大天灾的时候，就会下一个罪己诏，祈求上天来责罚自己，让老百姓能平安渡险。自邑就是自我减损。告命，就是训诰政令，就是自我告天罪己，只有这样，才能够逢凶化吉，避免遭受灾害。也就是领导（君王）要有自己反省并担当的精神。泰卦的初三爻是三阳开泰，但上行到极致时是"城复于隍"。可见，万事万物都是祸福相生，阴阳相生，乾坤相依，否极泰来，泰极否至；没有可以高枕无忧的国泰民安，而应当处泰虑否，居安思危，这样的上下交通而祥和通泰才能持久。否则，将是泰极否至。否，天地否，上下不变而万物闭塞。

谦卦一直是代表领导力最好的卦象，我们一直认为谦卦就是一种好的品德。谦虚不单是一种品德，其实也是一种能力，你有足够的成就，才有资格谦虚。谦虚逼使领导者不断地追求伟大成就而虚怀若谷。

谦卦是周易卦象的第十五卦（图6-5），它最大的特点，就是在八八六十四卦中唯有谦卦爻爻皆吉，每一爻都是和顺，都是吉祥。因此，一定要按谦卦的要求来做领导。地中有山为谦，上面是坤卦，下面是艮卦。《象》曰：地中有山，谦；君子以裒多益寡，称物平施。地中有山，高能下下，谦之象。裒是"取"的意思。取有余者，以补不足。有点像我们说的对落后地区的转移支付政策，中央政府在权衡各地的财税收支之后，会对经济欠发达地区给予转移支付支持，以平衡差距。

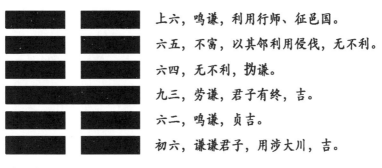

图6-5 谦卦

初六，谦谦君子，用涉大川，吉。古人觉得过河涉川是很危险的事。如果君子虚怀若谷，谦而又谦，渡怎样的大河湍流都没有危险，你都会吉祥。初六爻为谦之始，君子阴柔谦逊，低处下卦之下，有厚实的道德基础和时时"克己"的精神，以此涉难，所往必"吉"。

六二，鸣谦，贞吉。第二爻，谦谦君子，名声在外。大家都知道他谦虚的名声，而君子越享有名声，就越保持"中正"的内质，因此能获吉祥。

九三，劳谦，君子有终，吉。劳谦意为，君子终日乾乾，勤劳不息，就像天行健一般。有的人很谦虚，但啥也不干，这不是真正的谦谦君子；劳谦君子，既勤劳又谦虚，受万民景仰，老百姓臣服，故"有终"且获"吉"。

六四，无不利，扨谦。谦谦君子总是无所往而不用谦。六四爻处"多惧"三位，君子处近君之地，据劳臣之上，敬慎自修，谦而又谦，不敢自安，故能"无所不利"。

六五，不富，以其邻利用侵伐，无不利。第五爻，君子能虚怀若谷而居至尊之位，既能以柔济刚广施"谦"德于下，又能协同居上者（上爻）共伐骄逆。"侵伐"非"黩武"，是对骄逆者并非采用姑息迁就的态度，而是"侵伐"制度，以传播"谦"德。

上六，鸣谦，利用行师、征邑国。泰卦的第六爻是"城复于隍"，城墙会倒在自己的护城河里，泰极否来。但是谦卦第六爻依然是吉爻。君子行至谦极之位，因为"谦德"名声远扬，因此可以利用"行师"讨逆贼，但所征讨止于邑国（邻近小国），而绝不远征，这恰也是谦德所致，故无不利。综上，谦卦六爻，下三爻皆吉而无凶，上三爻皆利而无害。周公旦曾告诫伯禽："《易》有一道，大足以守天下，中足以守国家，小足以守其身，谦之谓也。"领导者看上去就是一座隐藏在土里的山，就是外面看起来挺平和，其实内心无比刚毅，可以解释为外圆内方。领导下济下属，成就下级。谦卦，最大的提醒就是谦受益、满招损。其开篇的卦名就是说："亨，君子有终。"古人觉得命运非常好的，叫善终。因此，君子方能有终，小人即使行谦也不能长久，小人表面上装着谦恭也不能长久。但是君子谦尊而光，卑而不可逾。就是处于尊位、处于优势地位的时候，能将光芒泽被万物，不会去欺负人家。而如果处于卑、处于劣势的时候，同样的能恪尽职守，勤劳勤俭，能够让大家发自内心地钦佩臣服，这也就像天道中讲到的，日中则昃，月满则亏，损有余而补不足，天之道也。因此，高岸为谷，深谷为陵，变盈而留谦，地之道也。人道就是满招损、谦受益，人之道也。谦卦对领导力最大的启示就是"礼仪"，要表现你的领导力应该体现为谦，内部就是礼（神），外部就是仪（形），形神兼备。正如《象》曰：天道下济而光明，地道卑而上行。领导，原本就位尊而光。

第6章 LEO 六阶领导力模型：领导力与追随力的关系

已经处在尊位了，就应该要济下，才能够泽被万物，这才叫光明。地道卑而上行，坤道厚德载物，原本是地位低下，但是同样要不卑不亢而上行，主动去迎接阳光，主动去承载而不是被动等待。人道恶盈而好谦，谦受益，满招损，水满则溢。通常来讲，人们不喜欢太骄傲的人，而喜欢谦虚的人，叫恶盈而好谦。正如二十四节气有大暑、有小暑，可是唯有满字只有小满，没有大满，因为小满是一种境界，谦受益、满招损。过盈和过满古人都不认为是好德。

在现代组织管理中，领导者既需要平衡战略规划与组织协调，也需要关注成员个人需求与成长。领导力的体现，可类比于易经八卦中的乾卦与坤卦。前者代表创新、主动和进取的阳刚特质，后者象征接纳、包容和滋养的阴柔品质。在领导实践中，领导者的任务是将这两种力量融合，以激发团队的潜力并维护团队的和谐。在组织内部的合作机制中，领导者应发挥乾卦的积极属性，展现决断力和前瞻性，团队成员则应强化坤卦的包容性，展现支持性和执行力。这种互补的动态平衡有助于实现组织效能的最大化，促进组织的健康发展和创新能力的提升。通过这种阴阳融合的领导方式，组织能够更好地适应外部环境的变化，同时保持内部的稳定与和谐。《易经》中的乾坤关系，给现代领导理论的领导者和追随者的关系研究带来诸多启示。

追随现象，作为一个学术研究领域，虽然受到学者们关注和探讨的时间并不算长，但它在人类社会中的出现却有着悠久的历史。在实际世界中，追随现象的发生更是屡见不鲜，无处不在。Van Vugt 及其研究团队（Van Vugt，2006；Van Vugt et al.，2008）以进化心理学为视角，对人们追随领导者的现象进行了深入研究，并认为这一现象的出现可能是自然选择的结果。

在早期社会中，强壮的个体由于具备更强的生存能力而成为部落的首领。对于其他个体而言，适应生存和发展的最佳方式就是追随和服从这些强大的领导者。这种行为模式在漫长的历史演进中被选择、保留和强化，通过社会化的力量逐渐形成了人们追随领导者的普遍现象。从进化的角度来看，追随现象的出现是符合自然选择规律的。在原始社会中，个体如果能够跟随强大的领导者，往往能够获得更多的生存机会和资源。这种追随行为有助于个体更好地适应环境，提高生存和繁衍后代的机会。

随着社会发展，追随现象逐渐演化为各种形式。在现代社会中，追随者可以是企业的员工、组织的成员、政治的拥趸等。他们追随的对象也不再仅仅是强壮的个体，而可能是具有各种特质和能力的领导者。这种多元化的追随现象使得社会的运转更加复杂多变，也对领导者的领导力和追随者的判断力提出了更高的要求。此外，追随现象还涉及一系列的心理和社会因素。例如，信任感、认同感、归属感等都可能影响个体是否愿意追随某个领导者。同时，领导者如何有效地激励和引导追随者，以及如何建立和维护与追随者之间的良好关系也是影响追随现象的重要因素。

综上所述，追随现象作为一种普遍存在的社会现象，其起源可以追溯到人类社会的早期阶段。它不仅是自然选择的结果，也受到一系列心理和社会因素的影响。随着社会的不断发展和变化，追随现象也在不断地演变和深化，对于人类社会的进步和发展具有重要的意义。因此，对追随现象的深入研究不仅有助于我们更好地理解人类社会的本质，还有助于我们更好地应对各种复杂的社会问题。

对于追随现象的探讨，一直以来都是学术界跨学科的研究热点。研究者们从心理学、政治学、社会学、宗教学等多个领域出发，对追随现象进行了深入的剖析。在组织管理领域，追随现象既是热点的研究议题，也是历久弥新的经典话题。

追随现象之所以被视为一个古老的话题，是因为自管理学和领导力研究兴起之初，学者们就已经开始关注追随者的角色和作用。例如，早在20世纪40年代玛丽·帕克·福列特（Mary Parker Follett）就强调了追随者的重要性，她认为追随者是领导过程中不可或缺的一部分，他们能够影响领导者的决策和行动，并在组织中发挥积极的作用。Hollander（1993）提出追随者是领导力的核心要素之一，他们的态度和行为对于组织的成功和领导者的有效性具有重要影响。Hollander等还进一步指出，领导者与追随者之间的关系是一种互动和相互影响的关系，而不是单向的指挥和控制关系。随着时间的推移，越来越多的学者开始关注并研究追随现象。他们通过实证研究、案例分析、文献综述等多种方法，深入探讨了追随者的动机、行为、心理和角色等方面的问题。例如，一些研究表明，追随者对于领导者的信任和认同感会影响他们的行为和态度，进而影响整个组织的绩效和氛围。另外一些研究则关注了追随者在领导过程中的作用和影响，以

第6章 LEO 六阶领导力模型：领导力与追随力的关系

及如何通过培养和发展追随者的能力来提升组织的整体表现。

例如，早期管理学者玛丽·帕克·福列特在她的文章《领导理论与实践的偏差》中就曾指出被领导者并非仅仅是被动的参与者，他们不仅遵循和服从，而且必须协助领导者掌控局势，切忌认为自己不是领导者就只是一个小角色，被领导者也在领导过程中发挥着积极的参与作用。福列特的这一观点提出于20世纪二三十年代，当时正值大规模工业化兴起，企业内部存在劳资对立。在这种背景下，福列特睿智地指出，被领导者可以更积极地参与领导过程，这也正是当前许多关注追随研究的基本观点。

在探讨追随者问题的早期阶段，詹姆斯·麦格雷戈·伯恩斯（James MacGregor Burns）是一位进行深入分析的学者。他从事政治领导研究，其著作《领袖论》被领导学界公认为是经典之作。在书中，Burns（1978）认为我们对领导者的了解过多，而对领导本身的了解却甚少，我们未能完全掌握与当今时代密切相关的领导本质。Burns 指出，在领导研究方面存在一个严重的误区，即在领导文献与追随者文献之间存在分歧。基于对当时研究现状的理解，Burns 在《领袖论》中对领导过程进行了基本的分析，即关注领导者的目标、追随者的目标以及他们之间的互动关系。

具体而言，Burns 将领导过程定义为"具有特定动机和目的的个人，在与他人的竞争与冲突中，调动各类资源（如制度性、政治性、心理性以及其他等）来激发、吸引和满足追随者的动机，以实现领导者与追随者双方共同的目标"。这一定义强调了追随者在领导过程中的重要性，并指出只有从双方共同的目标出发展开分析，才能更好地把握领导过程的本质。为了更深入地理解这一过程，我们可以引入实证研究的例子。一项针对企业领导的研究发现，当领导者与追随者在目标上达成一致时，团队的整体绩效会显著提高。此外，领导者与追随者之间的互动关系也会影响团队的凝聚力。当双方能够相互信任、有效沟通时，团队成员会更加团结，共同面对挑战。综上，Burns 的理论为我们深入理解领导过程提供了机会。他强调追随者在领导过程中的重要性，并指出只有从双方共同的目标出发，才能更好地把握领导过程的本质。在实践中，领导者应关注追随者的需求和目标，与他们建立良好的互动关系，以实现团队的整体目标。

许多其他学者在有关领导力的著作中也强调了追随者的重要性。例如，Hollander（1993）指出没有追随者就没有领导者和领导力，Howell 和

Shamir（2005）的观点强调理解追随者的重要性与理解领导者同等重要。尽管以上提到的学者们的观点具有一定的指导性和创新价值，但是这些观点多半只出现在某些特定的教材或者期刊上，而非具体的实践操作指南，或是经过验证的数据支持下得出的结果，因此经常会被大量的管理类相关资料所掩盖掉。尤其令人感到惋惜的是，在 Burns 的著作的基础上发展出的变革型－交易型领导概念成为过去几十年中最受关注的领导研究主题之一（Van Knippenberg et al., 2013），但是在这一系列的相关讨论当中，鲜有学者去进一步深究对于追随者的理解。

在近百年的领导研究历程中，以领导者为中心的理论视角一直占据着主导地位，这一点无可否认（Avolio, 2007）。尽管目前已有众多研究涉及了追随者问题，但现有的文献大多存在不完整性，甚至存在理解上的偏差。很少有研究能够深入探讨追随现象的本质和内涵（Lemoine and Carsten, 2014）。正因为如此，关注追随现象的研究者们将其视为领导力和组织管理领域的新兴话题，并呼吁学者们对其进行更深入的研究。在本书看来，对追随问题的研究对于发展领导理论具有潜在贡献。然而，需要注意的是，研究追随问题并非完全意义上的"另起炉灶"。通过追溯追随研究的历史，我们可以发现关于追随问题在早期的研究中就已经有探讨。这些早期的研究成果应该成为我们进一步发展追随研究的重要基础，我们需要在对前人研究成果进行继承的基础上，不断拓展和创新，为领导力和组织管理领域的发展做出贡献。同时，我们也需要在实践中不断探索和总结，提高组织和团队的效能和绩效，为组织的可持续发展提供有力支持。

二、追随力的内涵

在界定追随力之前，我们首先需要明确"追随""追随者"和"下属"这三个关键概念的含义。

"追随"一词，根据《韦氏大学词典》的定义，作为及物动词，主要意味着"按照……行动"或"接受……为权威"；作为不及物动词，则主要表示"在某人或某物之后行动"。这种解释与进化心理学对追随的产生过程的假设相一致，即最初的追随行为源于人或动物跟随第一个行动的人或动物。在《现代汉语辞海》（1994 年）中，"追随"也被解释为"跟随"。

第 6 章　LEO 六阶领导力模型：领导力与追随力的关系

"追随者（follower）"一词通常被定义为那些遵循他人的观点或指导的人，或是那些效仿别人行为的人。参考《韦氏大学词典》，"下属（subordinate）"是指处于较低级别位置的成员或团体，它们的含义是相同的，即都代表着在一个组织的体系内地位较弱的一方。在许多文献中，常常将"追随者"和"下属"的概念通用。例如，Kellerman（2008）就把下属解释成那些比他们的主管能力更低和权势影响力更小的人。然而，Chaleff 提出，追随者并不等同于下属。因为追随者会全身心地投入组织的愿景和策略目标之中，包含其身心、思想、灵魂乃至精神，但下属只是被直接上级所控制的一种机械性的、物理层面上的参与。实际上，从词汇意义上来看，两者有着显著的差异。"下属"的对应概念是"上级（superior）"，这两个概念主要是相对于组织层级中不同职位及其隶属关系来定义的。而"追随者"的对应概念是"领导者（leader）"，正如 Chaleff 所言，追随是一种状态，而非一种职位。

追随行为可能由任何组织层级的任职者表现出来。因此，"追随者"不仅来自下属，也可能是组织中的每一个成员，甚至是组织外的人。基于此，Dixon 和 Westbrook 将追随者定义为"在追求组织利益和价值中的合作者、参与者、共同领导者、共同拥护者"。这意味着追随者与领导者共同努力，为实现组织的目标而行动。他们不是被动地跟随，而是积极参与并为组织的利益和价值而努力。这种定义与领导者的角色密切相关。领导者的职责是发动群众解决问题，而不是自己去解决问题。他们通过激发追随者的参与和合作，共同推动事情的发生和实现。追随者在这个过程中扮演着重要的角色，他们与领导者一起合作，共同追求组织的利益和价值。

在组织中，追随者是实现组织目标的重要力量。他们不仅需要跟随领导者的决策和行动，还需要积极参与组织的各项活动，为组织的发展贡献自己的力量。同时，追随者也需要具备自我管理和自我激励的能力，以更好地适应组织的发展需求。对于领导者而言，了解追随者的需求和期望是非常重要的。领导者需要关注追随者的成长和发展，为他们提供必要的支持和帮助。同时，领导者也需要建立良好的沟通和信任关系，以激发追随者的积极性和创造力。

总之，"追随""追随者"和"下属"是三个不同的概念，但在实际应用中常常被混淆。为了更好地理解这三个概念的含义和应用场景，我们需要深入地探讨它们的本质和内涵。同时，在组织中发挥好追随者的作用也是非常重要的，这需要领导者与追随者共同努力和配合。

在明确了"追随""追随者"和"下属"这三个定义之后，接下来将会对本书的核心概念——"追随力（followership）"进行明确阐述。

追随力，在《韦氏大学词典》中的定义是愿意或有能力追随领导，而在维基百科中，它被解释为对领导的忠诚。这两个定义都涵盖了追随或追随者，以及追随领导的愿望、能力或行为这两个方面。追随力这个词由"follower-"和"-ship"两个部分构成，其中"-ship"作为名词后缀，具有表示状态、身份、职业、技能、能力以及群体的含义，因此，这个词可以被理解为追随的状态、追随者的身份、追随的能力或者追随的群体等。

学术界对追随力的定义主要涵盖了三个视角。首先，Chaleff 基于对勇敢的追随者的研究，强调追随者展现的责任承担勇气、服务勇气、挑战勇气、变革勇气和离开勇气等行为，这些行为被视为推动公司发展的重要驱动力。其次，Bjugstad 等从能力的视角对追随力进行了解释。他们认为追随力是指能够高效地实施领导的命令和协助他们的工作，以实现组织的最佳效益。这种能力不仅包括技术能力，还包括人际交往能力和决策能力等。最后，Kellerman（2008）从关系观点对追随力进行了界定。他认为追随力是上下级之间的关系，强调上级对下属行为的反应。这种关系不仅包括领导者和追随者之间的互动，还包括他们之间的信任、尊重和理解等。

除了以上三个视角，还有一些学者对追随力进行了综合性的定义。例如，Carsten 和 Bligh（2007）指出，追随力仅与领导者有关，与追随者自身的工作或同事互动无关。Kochan 等（2003）综合了行为和关系的观点，将追随力定义为一种人际导向行为。他们认为，追随力建立了领导者和追随者之间的关系，为锁定共同目标提供了环境。这种定义强调了追随者在组织中的重要性，他们不仅是执行者，还是推动者和创新者。

正如 Bass 和 Stogdill（1990）对领导力定义的研究结果所示，追随力在一般意义上并不存在普适的定义。尽管如此，我们仍可以从现有的定义中提炼出一些共同特征，来更好地理解这一概念。首先，追随力与职位高低无关，它是一种状态。无论是在组织的高层还是基层，每个人都有可能展现出强烈的追随力。这种状态通常表现为对领导的信任、对共同目标的执着追求以及对自身能力的充分认知。这种能力不仅可以帮助个体更好地适应组织环境，还有助于建立和维护与领导者的良好关系。其次，追随力的体现主要在于追随者与领导者的关系。这种关系并非仅限于工作关系，而是建立在信任、理解和共同目标之上的。一个具有追随力的个体能够充分理解领导者的意图和决策，并在实际工作中积极配合、贯彻执行。这种关系的形成有助于提高组织的协同效率和整体绩效。最后，追随力的核心在于追随者与领导者一起追求着共同的目标。只有当追随者和领导者有着共同的价值观念和目标时，才能形成真正的追随力。在这种情况下，追随者不仅在行动上支持领导者，更在思想上与领导者保持一致。这种高度的认同感和归属感有助于增强组织的凝聚力和稳定性。为了培养和提高追随力，个体需要不断地提升自身的能力和素质，以更好地适应组织环境和发展需求。同时，领导者也应该重视与追随者的沟通、理解和信任建立，以共同推动组织目标的实现。只有这样，我们才能在不断变化的环境中保持组织的竞争力和实现组织的可持续发展。

总的来说，追随力是一个复杂且多维的概念，它涉及个体、群体和组织等多个层面。对于理解和管理追随力，我们需要从多个角度去思考和实践。这些定义为我们更好地理解追随力的本质和作用提供了重要的理论支持。同时，在实践中，我们需要关注追随者的行为、能力和关系，以建立有效的领导者和追随者之间的关系，推动组织的持续发展。

本书将追随力定义为：追随者在跟随领导者的过程中所展现的追随特质，涵盖工作能力、工作态度、个人品德以及人际技能等方面。

三、追随者的类型

（一）Zaleznik 的追随者类型

1965 年，Zaleznik 基于控制与行动的双层结构来区分追随者。他首先定义了两类不同的领导风格：一种是以主导为主的行为模式（即控制）；另一种则是以服从为主的行为模式（即受控）。同时，他在第二层面上引入了"行动"这一概念，并将其视为决定追随者工作态度的关键因素——他们可能是积极进取，也可能是不思进取。因此，通过这两大分类标准，可以把追随者划分为四个类别，具体如图6-6所示。

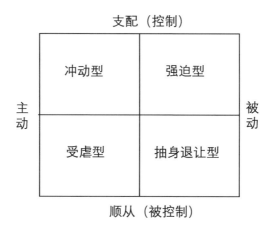

图6-6 Zaleznik的追随者分类

（1）冲动型追随者。主要特征是，通过积极的反抗行为来争取自己在管理层面的领导权，并以此挑战或替代现行的权力结构。这种行为可能会加深上下级之间的冲突甚至导致职场的不安定。然而，在某些情况下，他们的抵抗行动可能会推动变革，使得自身变得更加有利可图。对于冲动型追随者来说，他们需要学会控制自己的情绪和行为，避免因为一时的冲动而做出错误的决策。同时，他们也需要学会尊重他人的意见和决策，不要总是试图通过反抗来争取自己的利益。

（2）强迫型追随者。主要特征是，同样渴望对别人施加影响并掌控局面，但他们的方式是负面且被动的。冲动型追随者会毫不迟疑地采取行动而不考虑后果，然而对于强迫型追随者来说，他们的行为是在仔细权衡后做出的，并且伴随着内心的愧疚感。尽管他们希望能够驾驭领导者，却因内心矛盾与自我谴责而无法果断行事。对于强迫型追随者来说，他们需要学会更加主动地表达自己的想法和意见，而不是被动地接受他人的决策。同时，他们也需要学会接受自己的不完美和错误，不要总是因为内心的愧疚感而无法果断行事。

（3）受虐型追随者。主要特征是，会积极地寻找领导者的管理并遵从其决策。这是为了避免他们自身表现出攻击性的可能。他们害怕如果自己展示了攻击的行为，破坏倾向可能会超出控制范围，并有可能对别人造成损害。因此，这些追随者选择以自我伤害的方式来阻止他们对自己或他人的潜在危害。对于受虐型追随者来说，他们需要学会保护自己的利益和尊严，不要总是为了迎合他人而自我伤害。同时，他们也需要学会控制自己的破坏倾向，不要因为一时的冲动而造成不必要的损失。

（4）抽身退让型追随者。主要特征是，在行为上表现得消极、缺乏信任，并且对工作缺乏兴趣。他们只会为保持工作付出最低限度的努力，而不会多付出任何一点点额外的努力。对于抽身退让型追随者来说，他们需要学会积极面对工作和生活，不要总是消极、缺乏信任和缺乏兴趣。同时，他们也需要学会付出更多的努力来获得更好的成果和回报。

（二）Kelly 的追随者类型

1992 年，Kelly 通过对领导者和追随者的大量采访，深入研究了追随者的行为和思维模式，并提出了五种独特的追随风格。这些风格在两个维度上有所区别：思维和行动。

（1）在思维维度上，Kelly 将追随者分为独立、批判性思维和依赖、非批判性思维两类。独立、批判性思维的追随者倾向于独立思考，对信息进行深度分析，并能够从多个角度审视问题。他们不仅能够理解并接受领导的决策，而且常常能够提供有建设性的反馈和建议，帮助领导者更好地制定和执行策略。相比之下，依赖、非批判性思维的追随者更倾向于接受领导的决策，而不会过多地思考其背后的原因或质疑。他们更注重执行任务，而不是思考如何更好地完成任务。

（2）在行动维度上，Kelly 将追随者分为积极表现和消极表现两类。积极表现的追随者会主动承担责任，积极参与团队活动，并努力提高自己的能力和技能。他们不仅能够完成任务，还能够为团队带来积极的影响。相反，消极表现的追随者可能会对任务感到不满或失望，并可能表现出消极的态度。他们可能会因要避免承担责任，而在团队中产生的更多是负面影响。

Kelly 的研究揭示了追随者风格的多样性和复杂性。不同类型的追随者可能会对团队和组织产生不同的影响。那些拥有独立且批判性思维的人，更倾向于以领导的角度去看待事物并提供有建设意义的建议。相反，那些偏向依赖、非批判性思维的人往往缺乏自己的判断力，容易完全接纳他人的观点。在行动方面，对于那些积极采取行动的人来说，他们的存在感很强，会积极投入组织的各项活动，并且乐于解决各种难题。至于那些消极应付的人，通常都需要领导的督促才能完成任务，而且总是避免承担任何责任。图6-7中呈现了这五种追随风格的综合表述。

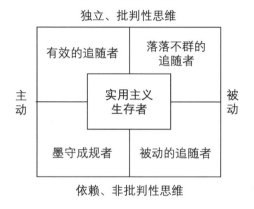

图6-7 Kelly的追随者类型

（1）落落不群的追随者（alienated follower），他们是有主见的批判型思考者。他们具备发现问题和解决问题的能力，但他们并不愿意投入到解决问题中，也不愿意对任何领导者做出承诺。相反，他们过分关注组织和他人的缺点，并经常对这些问题提出批评。这种追随者的行为可能会对组织产生负面影响，因为他们可能会破坏团队的凝聚力和合作精神。

（2）被动的追随者（passive follower）则是完全服从领导的指示，不进行批评，缺少责任感。他们需要领导持续地监督和引导才能达成目标。这种追随者的行为可能会对组织产生积极影响，因为他们能够按照领导的要求完成任务，但也可能导致领导过度干预和严厉处罚错误的行为。

（3）墨守成规者（conformist）热衷于参加团体事务，然而他们并不能用批判性的思考方式解决问题。他们对指令言听计从，往往忽视了实际的工作状况，这种行为模式源于严格的规定与专制的管理。在这种氛围下，领导者会把跟随者的意见视为对其权力的挑衅。

（4）有效的追随者（effective follower）不仅能够批判性地思考问题，还能积极主动地参与其中。他们敢于承担责任，擅长自我管理，并且能为组织提供有益的建议，对权威毫无畏惧。这种追随者的行为可能会对组织产生积极影响，因为他们能够为组织提供新的想法和建议，同时也能帮助组织更好地实现目标。

（5）实用主义生存者（pragmatic survivor）的独立性和参与度属于中等水平，他们能够将四个方面融为一体。他们善于把握机会，坚守现状，力图降低风险。在组织内，大约有 25%~30% 的追随者表现出这种倾向。这种追随者的行为可能会对组织产生积极影响，因为他们能够为组织提供稳定性和可靠性。

（三）Kellerman 的追随者类型

根据 Kellerman（2008）提出的追随者参与水平，我们可以将追随者分为五种类型，从浅到深分别是：孤立者（isolates）、旁观者（bystanders）、参与者（participants）、积极分子（activists）和顽固派（diehards）。

（1）孤立者对领导者和组织的关注极少，他们只是低头做自己分内的工作，这种现象通常出现在大型企业中。他们缺乏对组织的认同感和参与感，只是被动地接受任务和工作。

（2）旁观者是组织内的流浪者，他们对组织的活动持顺应态度，没有提供任何有建设性的想法。他们缺乏对组织的热情和投入，只是被动地接受组织的安排和任务。

（3）参与者是对组织及其领导人有所关切的人，当他们认同领导人的观点时，他们会展现出热情与主动的态度。他们积极参与组织的活动和决策，对组织的未来和发展有积极的贡献。

（4）积极分子更热衷于了解组织和领导人，并在表达支持的同时也展示出浓厚的管理兴趣，乐于积极参与组织事务。他们不仅关注组织的现状和未来，还积极提出自己的建议和意见，为组织的发展贡献自己的力量。

（5）顽固派一旦确定了自己的立场后，就会全身心地投入其中，这种类型的追随者在坚持自己认可的目标时表现得坚定且乐于奉献。他们不仅对组织有着深厚的感情和认同感，还愿意为组织的发展付出自己的全部力量。

优秀的追随者能够支持有效的道德领导，并对不道德领导做出适当的反应。同时，他们也具备自我管理和自我约束的能力，能够自觉地遵守组织的规章制度和道德规范。

在组织中，不同类型的追随者有不同的特点和作用。领导者应该根据不同追随者的特点和需求，采取不同的管理策略和方法，激发他们的积极性和创造力。同时，领导者也应该注重培养和引导追随者的发展，提高他们的素质和能力水平，为组织的长期发展打下坚实的基础。

（四）Chaleff 的追随者类型

Chaleff 认为，卓越的追随需要勇气，盲从并非良好追随者的品质。领导与追随者之间存在密不可分的关系，优质的领导同时也能成为优秀的追随者，而这同样适用于相反的情况。基于对领导的支持度，他把追随者划分为四个类别：一是执行者，通常按照组织的指示来完成自己的职责，这是大多数组织成员的共识。二是合伙人，尽管他们尊敬领导，但他们并不视其为高人一等，而是把他视为同伴中的一员，只是在职责上有所区别而已。当领导有需求时，他们会主动用他们的智慧给予支持。三是个人主义者，他们的行为是以自身利益为主导的，只关注自身的意愿，而不顾及他人的感受。四是盲从者，即无条件遵从权威的人。

从以上论述可以看出，对于追随者的分类方式具有一定的相似度或重复之处。这些划分超越了一般意义上的消极跟进模式，提出了多种形态的主动追随者。除了之前提到的分类方式，还有一些学者采用了完全不同的方式对追随者进行分类。

Shamir 和 Howell（1999）将追随者分为工具导向型（instrumental orientation）和印象导向型（expressively oriented）。工具导向型的追随者主要关注的是通过工作获得报酬、奖励或者实现个人的目标。他们通常会根据任务的需求和奖励的可能性来选择自己的行为。在这种类型的追随者看来，工作更像是一种手段，而不是目的本身。相比之下，印象导向型的追随者则更注重工作本身的意义和价值。他们将工作视为自我表现的机会，通过工作来展示自己的能力和价值。这种类型的追随者往往更关注自己在团队或组织中的形象和地位，以及自己的行为如何影响他人对自己的看法。

Potter 等（1996）则从关系和绩效两个维度对追随者进行了分类。他们认为，可以根据自己与领导的关系以及工作绩效将追随者划分为四种类型：政客型（politician）、合作者型（partner）、下属型（subordinate）和奉献者型（contributor）。政客型追随者主要关注的是与领导的关系，他们通常会通过各种手段来维护和加强这种关系，以获得更多的权力和影响力。合作者型追随者则更注重与同事或团队成员的关系，他们通常会积极参与团队活动，与他人合作完成任务。下属型追随者则更关注自己的工作绩效，他们通常会严格按照领导的指示完成任务，不太关注与领导的关系。奉献者型追随者则既关注自己的工作绩效，也关注与领导和同事的关系，他们通常会积极投入工作，同时也愿意为团队的成功做出贡献。此外，Steger 等（1982）根据追随者的自我提升意愿和自我保护意愿将追随者分为九类。

这些不同的分类方式反映了学者们对追随者这一概念的不同理解和研究视角。这些分类方式为我们更深入地理解追随者的行为和动机提供了有价值的视角。然而，值得注意的是，这些分类方式并不是互斥的，一个追随者可能同时具有多种类型的特点。此外，不同的组织和情境也可能对追随者的行为和动机产生影响。因此，在研究追随者时，需要综合考虑多种因素，以更全面地理解这一概念。

在对追随者进行研究时，很多学者在社会交换理论、归因理论和小群体理论的基础上（Baker，2007），对积极的追随者角色进行了探索，并提出了与传统的追随模式不同的追随模式，见表6-1。

表6-1 积极的追随模式

提出者	年份	追随者特征
Kelly	1988	有效的追随者（effective follower）：自我管理能力，追求更高的目标，自我成长、增强自己的优势，冒险精神
Chaleff	1998	勇敢的追随者（courageous follower）：承担责任的勇气，服务的勇气，挑战的勇气，参与变革的勇气，采取道德行为（离开）的勇气
Banutu-Gomez	2004	模范追随者（exemplary followership model）：独立、批判性思维，敢于提出和接受建设性意见，创造性思维和革新意识，积极参与决策

续表 6-1

提出者	年份	追随者特征
Carsten 和 Bligh	2007	主动追随者（proactive follower）：承担责任，反对盲从，敢对领导的决策提出异议、用自己认为最好的方式解决问题，行为更像领导者
Hooper 和 Martin	2007	有效的追随者（effective follower）：智能，独立思考，自力更生，可靠

四、追随特质理论

（一）追随特质理论发展

在传统领导观念里，追随者的角色通常是作为配角或助手出现的，他们的主要职责是提供领导工作所需要的支持与协作，并完成相关任务。然而，随着社会的持续进步、公司组织的逐步优化，组织层次间的边界变得越来越模糊，这使得追随者对于领导人和公司的影响程度逐渐增强。此外，网络信息技术的发展，让公众可以从各种渠道获得大量资讯，这些拥有丰富知识储备的追随者能够为公司提供多元化的意见，从而促进领导力及组织竞争力的提升。

区别于传统的领导理论，以追随者为中心的视角提供了一个全新的研究角度。这个视角着重于对追随者特质的研究，认为追随者的特质会对追随力及领导力产生深远的影响。在研究中，以追随力为核心，我们进一步确认了其对领导行为的重要影响。首先，追随者的精神状态是影响其对领导类型的理解和喜好的关键因素。例如，当追随者处于积极的精神状态时，他们更倾向于理解和接受变革型的领导风格，这种风格强调创新、激励和启发。相反，当追随者处于消极的精神状态时，他们可能更倾向于选择交易型的领导风格，这种风格更注重稳定，具有可预测性。其次，追随方式也会对领导行为的效能及组织效能产生影响。有效的追随者能够准确理解领导的意图和期望，并在此基础上采取适当的行动。他们能够积极主动地参与到组织的目标设定和实现过程中，为组织的发展贡献自己的力量。相反，无效的追随者可能会对领导的决策产生误解或抵触情绪，这无疑会影响领导行为的效能和组织目标的实现。

综上所述，以追随者为中心的视角为我们理解领导行为和组织效能提供了新的视角和思考方式。在未来的研究中，我们将进一步深入探讨追随者的特质、追随力以及领导行为之间的复杂关系，以期为组织的发展提供更有针对性的理论指导和实践建议。

（二）追随特质理论内容

与领导特质理论相对应，追随特质理论也对有效及优秀追随者所应具有的特质进行了归纳。学者 Stephen 和 Irvine（1990）提出追随者应具有正直特质，这意味着他们不仅要忠于公司，而且要根据公司的信仰准则行事。学者 Kellerman（2008）在前人研究的基础上系统总结出了五类追随者的行为特征，并指出优秀追随者更积极主动、灵活应变且富有创新意识，在适当时能够提出有建设性的建议。

至今，国内外学者对于有效追随者的特质仍未达成共识。一些学者将其归纳为个人心理学上的特性，而另一些学者则提炼出行为或能力方面的特性。本书归纳出的优秀追随者特质见表6-2。

表6-2 优秀追随者的特质

学者	特质
Bjugstad	直抒胸臆，提出与领导不同的见解
Chaleff	合作和协作精神，自我管理，能坚毅且充满能量地承担责任
Rost	独立批判思考、积极参与
Lundin	充分理解组织、理性决策、热情、工作承诺、承担责任
Miller 和 Butler	能够识别、决定方法并最终完成任务
曹元坤、黄晓波和谭娟	进取精神、认知悟性、执行技能、关系技能和影响力
Nolan 和 Harty	智力、合作性、交际能力和社会性
Howell 和 Mendez	互动、独立及转换三种主动角色
Barrette	人性化、忠诚、诚实、正直、可靠、高效及协同

(三) 追随力的测量

目前，对于追随力的测量尚未形成成熟的量表，这主要是因为追随行为是一个复杂且多维的概念，涉及多个方面和因素。因此，研究者通常会根据自己的研究需求自行开发量表，用于了解追随者的不同类型。

例如，Kelly（1992）设计了一种追随问卷，该问卷采用李克特5点量表的形式，包含20个题项，用于确定追随者的类型。这种量表主要是通过测量追随者的态度、行为和动机等方面来评估其类型。

除了上述提到的研究，为了提高领导的效率，一些研究者还开发了量表。例如，Frew（1977）开发了第一个测量追随力的量表来确定追随者喜欢的领导类型，进而提高领导的有效性和组织效率。Bake 也对此进行了进一步的研究和探讨。此外，Miller 对 LPC（the least preferred co-worker，最不受欢迎的同事）进行了修订，得到了 LPL（the least preferred leader，最不受欢迎的领导）问卷。这个问卷能评估追随者的行为动机是任务导向还是关系导向，其目的同样在于确定有效的领导类型。Miller 等（2004）的研究发现，不同类型的领导风格会对追随者的行为产生不同的影响。因此，通过测量追随者的行为动机，可以更好地确定有效的领导类型，从而提高组织的效率和绩效。

除了以上提到的量表，还有一些量表与研究者特定的研究目的密切相关。例如，Dixon 和 Westbrook（2003）采用 TFP（the followership profile）对 Chaleff 提出的五种勇气行为进行测量，证明了在组织所有层级中都存在追随行为。这种量表主要是通过测量追随者的勇气行为来评估其追随动机和有效性。

总之，对于追随力的测量仍需要进一步的研究和探索，以形成更成熟和可靠的量表。未来研究中可以进一步探讨如何将不同量表进行整合和比较，以更全面地了解追随行为的各个方面。同时，也可以考虑将新技术和方法应用于追随行为的测量中，以提高测量的准确性和可靠性。

五、追随力136维度：LEO 六阶领导力模型

"一心三力六脉"即136维度，其中"一心"代表初心使命，"三力"

包括体力、脑力和权力,"六脉"则指身脉、力脉、艺脉、资源脉、资本脉和灵魂脉。

追随力是指个人或团体愿意并积极投入支持领导者的愿景、目标和决策的能力。在这个过程中,追随力发挥着重要作用,因为它将个体对领导者的信任转化为对共同愿景和价值观的深层信仰。个体对领导者的信任建立在对领导者的能力、诚信和意图的认同之上。随着时间的推移,如果领导者表现出具有专业性、可靠性和公正性,并关注追随者的利益和工作成果,追随者的信任将逐渐加深。当追随者认同领导者提出的共同愿景时,他们就会看到愿景实现的潜在价值和意义,并愿意为之付出努力。此外,追随者还会将领导者倡导的价值观内化为自己的行为准则。最终,当追随者对领导者的价值观和愿景的认同达到深层信仰的阶段时,他们就不再依赖于领导者的直接指导了。相反,他们会将这些价值观和愿景视为自我驱动的力量,成为价值观和愿景的积极传播者和实践者。因此,追随力是一个渐进的过程,需要领导者展现出良好的品质和能力来建立信任并促进追随者的参与和承诺水平的提高,最终带来共同愿景和价值观的深层信仰。

两千多年来,"修身、齐家、治国、平天下"成为儒家坚守的信仰。时至今日,这些思想对学术界关于领导力与追随力的研究仍有着十分重要的启示意义。因此,本书结合孔子的仁学思想,根据领导力与组织发展的六个追随力维度,设计了基于六脉理论的六阶领导力模型,具体内容见表6–3。

表6–3 基于六脉理论的六阶领导力模型

阶段	六脉	类型	维度	公司
第一阶	身脉	事务型	格物致知	一线主管及职员
第二阶	力脉	动机型	诚意正心	部门经理
第三阶	艺脉	能力型	修身	事业部副总经理
第四阶	资源脉	资源型	齐家	事业部总经理
第五阶	资本脉	整合型	治国	集团高管
第六阶	灵魂脉	文化型	平天下	首席执行官

六脉理论实质就是领导力在激发下属潜能和投入方面的六个层次，每个层次代表了下属在领导者的影响下，愿意为组织投入的不同类型和程度的资源。

第一阶段为身脉。在此阶段，下属主要通过基本的身体劳动和日常努力来响应领导的要求，其参与度较低，仅按照基本的工作要求完成任务。这种参与模式类似于"召之即来，以身许国"的表现，即下属遵从领导的指示，尽职尽责地履行职责。

第二阶段为力脉。随着领导力的提升，下属开始更积极地投入工作，不仅完成任务，还主动加班加点，提高工作效率和质量。这表现为"来之能战，以力为国"，下属不仅具备完成任务的能力，还愿意为了组织的利益付出额外的努力和时间。

第三阶段为艺脉。下属运用专业技能和知识为组织做出贡献，不止满足于基础工作，而是通过专业技能提升工作成果。在此阶段，下属展现出"战之能胜，以艺报国"的特质。

第四阶段为资源脉。在此阶段，下属开始积极分享和利用自身资源，包括人脉、信息和物资等，以支持团队和组织的目标实现。他们能够有效地动员组织之外的资源，为组织发展提供新的动力，从而促进资源的充分利用，达到以资源富国的目的。

第五阶段为资本脉。在这一阶段，下属可能会出资或投入其他重要资源，为组织的长远发展贡献力量。这表明他们对组织的忠诚和对领导力的高度认可，能够跨越界限，动员资本的力量实现组织的长远发展目标，以资本强国的姿态影响着组织的未来。

第六阶段为灵魂脉。在此最高级别的阶段，下属不仅在行动上与组织保持一致，而且在价值观和信念上与组织密切相连。他们将组织的使命和愿景视为自己的使命和愿景，全身心地投入其中。在必要时，他们甚至愿意做出牺牲以实现组织的目标。他们对组织和领导毫无怀疑地相信，毫无保留地支持，全心全意，不折不扣，并以创新立业的信念引领着组织不断向前发展。

这六个阶段反映了领导力在激发下属投入方面的逐步深化，从简单的体力劳动到深层次的价值信念。一个高水平的领导者能够激励下属在各个层面上为组织做出贡献，从而实现组织的目标和愿景。

第6章 LEO六阶领导力模型：领导力与追随力的关系

六脉理论是一种极具实用性的领导力理论，它深刻地揭示了领导者如何激发下属的潜能和投入，以及下属在不同阶段愿意为组织投入的类型和程度，也为领导甄选好的下属提供了一套完整的评价体系和方法论。在现实生活中，我们可以看到许多案例和场景，都展示了六脉理论的运用和有效性。让我们以一家制造业公司为例，看看六脉理论在工作中如何展现。在这家公司中，总经理是一位充满激情和远见的领导者。他希望打造一个高效、创新的团队，来实现公司的发展目标和愿景。

在这家公司中，第一阶段是身脉。新入职的员工小王刚到公司上班不久，某日下班后，领导突然给他打来电话，询问他是否繁忙。这时，小王心生迟疑，觉得表明自己繁忙似乎不够尊敬领导，而若否认繁忙又似乎不够尊重自己的工作。在这种尴尬的情况下，小王应该如何作答呢？思虑过后，小王心中有了明确的答案。他礼貌地回答道："领导，您找我有什么事吗？我会立即前往您的办公室。"放下电话，小王走向领导的办公室，敲响了门。

第二阶段是力脉。随着小王对公司环境的逐渐熟悉和工作经验的不断积累，他开始更加主动地投入到工作中。一天，领导外出学习归来，急需小王帮写一份总结报告，便询问他是否能立即着手准备，因为明日早上就需要提交。然而，此时距离下班仅剩不到一个小时的时间，小王原本还与女朋友约定要享用烛光晚餐。面对领导的任务安排，小王毫不犹豫地决定加班加点，全力以赴完成工作，甚至熬夜通宵，最终成功在第二天早上准时将报告交予领导，还留有时间供领导进行修改。因此，不仅是完成任务，还主动加班加点，努力提高工作效率和质量。总经理看到了小王的努力和进取心，开始给予他更多的支持和鼓励，让他有机会参与更多的项目和团队合作，这进一步增强了他的工作热情和投入度。

第三阶段是艺脉。随着小王在工作中成长和专业技能的提升，他开始运用自己的专业知识为公司做出更多贡献。小王是公司里的设计师，他擅长平面设计和创意构思。有一次，公司遇到一个重要的宣传项目，需要设计一份视觉效果出色的宣传海报，但截止日期很紧迫。其他同事尝试过几次都未能达到领导的要求，眼看时间已经所剩无几了。在这种情况下，小王挺身而出，提议由他来完成这个任务。他充分发挥自己的设计才华，结合对目标受众的理解和市场趋势的把握，迅速构思出了一份引人注目的宣传海报。小王用他独特的创意和设计技巧，成功地完成了这个任务，不仅得到了领导的赞赏，也赢得了同事们的尊敬。总经理鼓励小王发挥自己的专长，让他负责一些重要的项目和技术团队，进一步激发他的创新精神和进取心。

第四阶段是资源脉。随着小王在团队中的地位不断提升，他开始主动分享和利用自己的资源，如技术信息、人脉等，以支持团队和公司的目标实现。某一天，公司面临一个关键项目，但在资源方面出现了瓶颈，急需一款高性能的软件来满足客户的需求，但公司内部没有相关的技术人员或资源来开发这款软件。在这种情况下，小王充分利用自己的资源脉，联系了他以前合作过的一家软件开发公司，该公司有能力并且愿意为这个项目提供技术支持。通过他的人脉关系，小王成功地与该软件开发公司达成了合作协议，并确保了项目按时完成。总经理在看到小王的资源整合能力和团队合作精神之后，开始委以他重任，让他负责公司的重要项目和技术攻关，进一步提升整体的工作效能和成果。

第五阶段是资本脉。随着公司业务的拓展和发展，小王意识到公司需要更多的资源和资金支持。他愿意为公司的长远发展投入自己的时间和精力，参与到公司的战略规划和市场拓展中。总经理看到小王的积极性和奉献精神后，将他提拔为技术总监，让他参与更高层次的决策和战略制定，进一步巩固了小王对公司的忠诚和信任。

第六阶段是灵魂脉。随着时间的推移，小王逐渐与公司的使命和愿景紧密相连。他不仅在行动上与公司保持一致，而且在价值观和信念上也与公司紧密相连。他愿意为公司的使命和愿景全身心投入，甚至在必要时做出牺牲。总经理看到小王已经成为公司的技术领军人物和文化践行者，不仅是一名出色的员工，更是公司的中流砥柱。他继续激励小王，让他成为技术团队的领袖，带领团队共同实现公司的长远发展目标。

通过这个例子，我们可以清晰地看到六脉理论在现实工作场景中的应用。领导者通过逐步深化的方式激发下属的潜能和投入，引导团队朝着共同的目标努力奋斗。从最初的身脉到最终的灵魂脉，一个优秀的领导者能够通过这种逐步深化的过程，激励团队成员在不同阶段为组织做出贡献。与此同时，组织成员也可以依照此理论实现晋升，通过领导与组织成员的共同成长，最终实现组织的长远发展目标。

（一）指向自身的领导力：物理人性的研究范式

1. 物理

物理，对事物的分析理解与控制，实事求是（truth seeking），意愿，即基本认知能力（general cognitive ability）与工作投入（work engagement）。

（1）可以从批判性思维衡量领导者辩证求是的思维风格（表 6-4），该表反映出领导者能够透过现象看本质，任何时候都有自己独到的见解，能够游刃有余地处理大小事务。此量表为 7 点李克特量表，需要您根据自己的实际感受和体会，选择出最符合自身情况的选项。其中，1 代表"非常不同意"，7 代表"非常同意"，1 至 7 的强度依次递增。

表 6-4 领导者辩证求是的思维风格测量量表

1）认真考虑问题背景，并慎重判断
2）根据问题，采取有针对性的策略
3）寻求解决问题的可替代性方案
4）敢于挑战影响工作绩效的困难
5）愿意采纳超出现有程序或规章制度的可能解决方案

量表来源：江静，杨百寅. 换位思考、任务反思与团队创造力：领导批判性思维的调节作用[J]. 南开管理评论，2016，19（6）：27-35.

（2）可以从正念的角度反映出领导者能够在任务中积极投入，并且能胜任自己的工作岗位（表 6-5），反映了一种积极活力的工作状态。哈佛大学教授 Langer（1989）认为正念是个体进行信息处理的方式，该方式使得个体对当前所体验的对象保持高度关注和敏锐性，且不加评价地予以接纳。Pirson 等（2012）开发的正念量表，包括新颖性寻求（novelty seeking）、新颖性产生（novelty producing）、投入（engagement）三个维度，其研究表明正念对员工的生理、心理、工作满意度、创造性和决策等都有积极影响。

Pirson 等（2012）测量该量表的可靠性从 0.82 到 0.9 不等。Yang 和

Chung（2019）调查了正念和创新行为的关系，有 272 名组织成员参与调查并填写量表，信度和效度值分别为 0.851 和 0.878，说明该量表有较好的信度和效度。此量表为 5 点李克特量表，需要您根据自己的实际感受和体会，选择出最符合自身情况的选项。其中，1 代表"非常不同意"，5 代表"非常同意"，1 至 5 的强度依次递增。

表 6-5 正念和创新行为的关系测量量表

1）我喜欢调查和探究事物
2）我很少产生新颖想法
3）我做出很多新颖贡献
4）我很少注意别人在做什么
5）我避免发人深省的谈话
6）我很有创造力
7）我很有好奇心
8）我试着想出做事情的新方法
9）我很少意识到变化
10）我喜欢接受智力上的挑战
11）我觉得创建新的、有效的想法很容易
12）我很少注意到新发展、新动向
13）我喜欢搞清楚事情是如何运作的
14）我不是一个爱产生原创思想的人

量表来源：Yang J, Chung S J. Effect of mindfulness on innovative behavior: mediating effect of self-efficacy and moderating effect of affective organizational commitment [J]. 경영교육연구, 2009, 34 (5): 55-85.

综上，正念量表共 14 道题，包括新颖性寻求、新颖性产生和投入三个维度，可以计算平均分或总分。新颖性寻求共 5 道题，包括 1、7、8、10、13 题；新颖性产生共 5 道题，包括 2、3、6、11、14 题；投入共 4 道题，包括 4、5、9、12 题。注意：第 2、4、5、9、12、14 题需要反向计分。

2. 人性

人性，指对人情世故的处理，情商与自我调节，即调控自己与调控他人，涉及情绪智力测验（emotional intelligence）、自我调控（self-regulation）等。

（1）情绪智力的测量（表6-6）。此量表为7点李克特量表，共有16个题项，需要您根据自己的实际感受和体会，选择出最符合自身情况的选项。其中，1代表"非常不同意"，7代表"非常同意"，1至7的强度依次递增。

表6-6　情绪智力的测量量表

1）通常我能知道自己会有某些感受的原因
2）我很了解自己的情绪
3）我真的能明白自己的感受
4）我常常知道自己为什么觉得开心或不高兴
5）遇到困难时，我能控制自己的脾气
6）我很能控制自己的情绪
7）当我愤怒时，我通常能在很短的时间内冷静下来
8）我对自己的情绪有很强的控制能力
9）我通常能为自己制定目标并尽量完成这些目标
10）我经常告诉自己是一个有能力的人
11）我是一个能鼓励自己的人
12）我经常鼓励自己要做到最好
13）我通常能从朋友的行为中猜到他们的情绪
14）我观察别人情绪的能力很强
15）通常我能知道自己会有某些感受的原因
16）我很了解自己的情绪

量表来源：Law K S, Wong C S, Song L J. The construct and criterion validity of emotional intelligence and its potential utility for management studies [J]. Journal of applied psychology, 2004, 89 (3): 483-496.

（2）关注他人情绪的测量（表6-7）。此量表为9点李克特量表，共有3个题项，需要您根据自己的实际感受和体会，选择出最符合自身情况的选项。其中，1代表"非常不同意"，9代表"非常同意"，1至9的强度依次递增。

表6-7 关注他人情绪的测量量表

1）我关注同事的情绪感受
2）我对同事的情绪感受非常敏感
3）我在判断同事的情绪感受方面非常准确

量表来源：Quinn R W, Bunderson J S. Could we huddle on this project? Participant learning in newsroom conversations [J]. Journal of management, 2016, 42 (2): 386-418.

我们也能从关系型领导行为这个视角来理解领导如何应对组织的复杂人性问题。根据行为理论，研究者们将领导的行为分为了两类：人物关系和人际关系。对于人物关系的领导来说，他们的关注点在达成目标、构建组织规则和引导员工的工作方向上，并且视员工为实现公司目标的手段；而对于人际关系的领导而言，他们更倾向于促进员工之间的社交互动，营造一种融洽的关系氛围，并在组织内创造一个关爱他人、以人为中心的环境，同时尊重每个人的个性和需求。陈伟等（2015）翻译了Carifio和Eyemaro（2002）的量表用以测量关系型领导，分为五个维度，即关怀、授权、公平、包容、愿景（表6-8）。

表6-8 关系型领导的测量量表

1）团队为员工创造更多的个人成长机会
2）鼓励在工作中承担风险的员工
3）鼓励团队成员学习、自我增值
4）关心团队成员的身体及心理健康
5）提倡成员在工作过程中形成良好的工作方式
6）为团队成员提供更多的重要决策参与机会

续表 6-8

7）依据团队成员专长，提倡自我领导并进行工作决策
8）给予员工在本领域内具体任务的自主安排权利
9）支持团队成员以独有方式进行工作
10）鼓励员工勇于承担责任
11）团队规章条例制定的公平性
12）团队规章条例执行程序的公平性
13）对团队规章条例执行不公平现象可及时作出修正
14）成员在工资待遇、晋升等方面与工作业绩成正比
15）在有关团队工作决策时，相关信息传递、方案评选等均以公平方式进行
16）鼓励团队成员各抒己见
17）善于采纳不同观点和意见
18）尊重各个成员的不同价值观
19）根据员工特点，有针对性地分配和协调工作任务
20）团队成员均在本团队中得到很好的发展和进步
21）为企业发展制定合理的中长期计划和目标
22）团队成员参与团队或企业发展目标的制定
23）团队领导重视团队成员对团队或企业目标的意见
24）成员对团队或企业目标有充分的了解和认同度
25）团队成员和领导能为团队或企业目标共同努力

量表来源：［1］陈伟，杨早立，朗益夫. 团队断裂带对团队效能影响的实证研究——关系型领导行为的调节与交互记忆系统的中介［J］. 管理评论，2015，27（4）：99-100，121.

［2］Carifio J, Eyemaro B. The development and validation of a measure of relational leadership［J］. 2002.

（二）指向团队的领导力研究范式

团队的领导力包括以下三个维度：认知，对团队属性与状况的认识；能力，带领团队的能力，社会操纵（social manipulation），激励；热情，激励团队的情绪表达，激励与变革（transformational leadership），领导成员交换。

能力可以用团队型领导力（team leadership）进行测量（表6-9）。团队型领导力是指感染或影响一群人朝共同的目标或愿景迈进的过程。

表6-9 团队型领导力测量量表

1）帮助我的工作团队解决分歧并达成一致
2）分配工作时充分利用团队中每个成员的独特技能
3）与团队成员分享组织信息，如组织战略
4）在工作团队中促进团队合作
5）帮助我的工作团队清楚理解我们如何支持本组织/本部门正在开展的变革
6）与工作团队一起不断发现机会来提高生产力和效率
7）利用恰当的工具来帮助工作团队获取信息（如备忘录、指令、电子邮件、团队会议等）
8）确保新员工融入工作团队（如提供职位描述和绩效标准，必要的用品和设备等）
9）确保填补空缺职位的人选是获得成功所需技能的人才

量表来源：Walker A G, Smither J W, Waldman D A. A longitudinal examination of concomitant changes in team leadership and customer satisfaction [J]. Personnel psychology, 2008, 61 (3): 547-577.

从领导人际情绪管理的角度，我们可以深入探讨领导如何激励团队成员的情绪。领导人际情绪管理是指领导者运用一系列策略，如情境修正、注意力分配、认知改变和反应调整等，来管理和调节员工的消极情绪。这一概念最早由Williams（2007）提出，旨在强调领导者在管理员工情绪方面的重要作用。

研究证明，领导者的行为对员工的态度和行为具有重要影响（Bono and Ilies, 2006），擅长情绪管理的领导者不仅关注任务的完成，更注重与员工的情感交流。他们愿意倾听员工的真实想法和反馈，与员工建立了融洽的交流互动关系。在这样的氛围下，员工能够自由地表达自己的真实想法，从而更容易感受到来自领导者的关心和支持。

进一步的研究发现，领导者的人际情绪管理能力对于员工的工作表现有着至关重要的影响。Thiel 等（2015）在研究中指出，一个具有高情绪管理能力的领导者，能够有效地帮助员工缓解工作压力，提高他们的工作积极性和效率。这种积极的影响不仅限于工作场所，还延伸到员工的个人生活中。例如，当员工在工作中感受到积极的情绪时，他们更有可能将这种积极的情绪带到家庭中，促进家庭和谐。

为了更好地实施人际情绪管理，领导者需要具备一定的情感智慧和人际交往能力。情感智慧是指领导者能够识别和理解自己和他人的情绪，以及如何运用这些情绪来改善决策和沟通的能力。而人际交往能力则是指领导者能够有效地与他人建立和维护关系的能力。领导者可以通过培训和实践来提高自己的情感智慧和人际交往能力。例如，参加相关的领导力培训课程或寻求专业的心理咨询师的建议。同时，领导者还应该关注员工的情感需求，为他们提供支持和鼓励，帮助他们应对工作中的挑战和压力。

维度一：情境修正，具体的测量题项见表 6-10。

表 6-10 情境修正测量量表

1）我会修正那些对他人产生不良影响的因素
2）我会制定计划来消除环境的消极方面
3）我会消除情况中对他人产生负面影响的消极方面
4）我会改变环境来改变它对情绪的影响
5）我会采取行动来解决别人的问题

维度二：注意力转移，具体的测量题项见表 6-11。

表 6-11 注意力转移测量量表

1）当一种情况烦扰他人时，我就把他们的注意力从问题令人不安的方面转移开
2）我会把谈话的重点转移到其他人会觉得更有吸引力的方面
3）我会转移别人的注意力，不去关注引起他们不良情绪的问题
4）当别人感到不愉快的时候，我会通过讨论积极的问题来转移他们的注意力
5）当我认为某种情况会让别人产生不良情绪时，我会分散他们对该情况消极方面的注意力

维度三：认知变化，具体的测量题项见表6-12。

表6-12 认知变化测量量表

1）当我想让别人感受到更多积极的情绪（如快乐或娱乐）时，我会正确地看待他们的问题
2）我试图通过改变别人对自己处境的看法来影响他们的情绪
3）当我想让别人少感受一些消极情绪（如悲伤或愤怒）时，我会改变他们对某种情况的理解
4）当我想让别人感受到更多积极情绪（如喜悦或娱乐）时，我会改变他们对情况的附加意义
5）当我想让别人少些消极情绪（如悲伤或愤怒）时，我会正确地看待他们的问题

维度四：修正情绪反应，具体的测量题项见表6-13。

表6-13 修正情绪反应测量量表

1）当别人有不良情绪时，我告诉他们不要表达出来
2）我鼓励别人把自己的情绪藏起来
3）当与我交流的其他人在"发泄"某个问题时，我会让他们停下来
4）当其他人经历不良情绪时，我会建议他们采取抑制情绪的策略

量表来源：[1] Little L M, Kluemper D, Nelson D L, et al. Development and validation of the interpersonal emotion management scale [J]. Journal of occupational and organizational psychology, 2012, 85 (2): 407-420.

[2] 王晓辰, 李佳颢, 吴颖斐, 等. 领导人际情绪管理和员工建言的关系：有调节的中介效应分析 [J]. 心理科学, 2020, 43 (1): 158-164.

变革型领导的测量题项见表6-14。此量表为5点李克特量表，共有26个题项，需要您根据自己的实际感受和体会，选择出最符合自身情况的选项。其中，1代表"非常不同意"，5代表"非常同意"，1至5的强度依次递增。

表 6-14 变革型领导的测量量表

1）廉洁奉公，不图私利
2）吃苦在前，享受在后
3）不计较个人得失，尽心尽力工作
4）为了部门/单位利益，不能牺牲个人利益
5）能把自己个人的利益放在集体和他人利益之后
6）不会把别人的劳动成果据为己有
7）能与员工同甘共苦
8）不会给员工穿小鞋，搞打击报复
9）能让员工了解单位/部门的发展前景
10）能让员工了解本单位/部门的经营理念和发展目标
11）会向员工解释所做工作的长远意义
12）向大家描绘令人向往的未来
13）能给员工指明奋斗目标和前进方向
14）经常与员工一起分析其工作对单位/部门总体目标的影响
15）在与员工打交道的过程中，会考虑员工个人的实际情况
16）愿意帮助员工解决生活和家庭方面的难题
17）能经常与员工沟通交流，以了解员工的工作、生活和家庭情况
18）耐心地教导员工，为员工答疑解惑
19）关心员工的工作、生活和成长，真诚地为他（她）们的发展提建议
20）注重创造条件，让员工发挥自己的特长
21）业务能力过硬
22）思想开明，具有较强的创新意识
23）热爱自己的工作，具有很强的事业心和进取心
24）对工作非常投入，始终保持高度的热情
25）能不断地学习，以充实提高自己
26）敢抓敢管，善于处理棘手问题

量表来源：李超平，时勘. 变革型领导的结构与测量 [J]. 心理学报，2005，37（6）：803-811.

(三) 六阶领导力模型研究范式

1. 六阶领导力模型之事务型

基于上述对六阶领导力模型的概述，以下针对各领导力层次分别进行具体论述。

第一阶领导力的核心特征为格物致知。这一概念源于《礼记·大学》，其中提道："古之欲明明德于天下者，先治其国；欲治其国者，先齐其家；欲齐其家者，先修其身；欲修其身者，先正其心；欲正其心者，先诚其意；欲诚其意者，先致其知；致知在格物。格物而后知至，知至而后意诚，意诚而后心正，心正而后身修，身修而后家齐，家齐而后国治，国治而后天下平。"这段经典论述，是儒家思想中的重要观点。这段话强调了个人修身齐家治国平天下的内在逻辑和先后关系。只有通过个人的修养和自我完善，才能影响家庭、国家乃至整个社会的治理和发展。它强调了个人的内在修养和道德品质对社会的重要性，提出了一种以个人为基础，逐步扩展到整个社会的治理思路。然而，《大学》并未详细阐述如何进行"格物"，也没有给出"知"的明确定义（蔡铁权，2014）。

东汉经学家郑玄在《礼记·大学注》中指出："格，来也；物，犹事也。其知于善深则来善物，其知于恶深则来恶物。言事缘人所好来也。此致或为至。"这表明，人的行为和所处环境是相互关联的，强调人们对于事物的态度和认知会影响他们所吸引的事物。这是一种自然法则，即人们常说的"物以类聚，人以群分"。因此，人们应该积极培养正确的价值观和态度，以吸引更多积极、有益的事物。

程颐是北宋理学的代表性思想家之一，他对格致的思想做出了重要贡献。格致说是理学中的一个重要概念，它强调通过观察和研究事物的本质和规律来获得知识和智慧。程颐将格致说发展成一个完整的思想体系，并被视为理学的"格物穷理"说的祖师。他认为："格，犹穷也。物，犹理也。犹曰穷其理而已也。"程颐的意思是说，通过深入探究和理解事物或原理，达到对事物的全面理解。具体来说，格致说主张通过观察、实验和思考来理解自然和社会现象背后的原理，并强调通过实践和反思来获得真理。这种思想体系强调了理性和实践的重要性，认为只有通过实践和反思才能真正理解事物的本质和原理。因此，程颐的格致说在理学中具有重要影响，并成为理学的一个重要组成部分。它表明，通过深入探究事物的本质和规律，可以获得更深刻的认识。对于物，"凡眼前无非是物，物物皆有理，如火之所以热，水之所以寒，至于君臣父子间皆是理。"其意思是，凡是我们眼前所见的物体，都有其自身的道理和原因。例如，火之所以热、水之所以寒，都有其自身的原因和道理。不仅是自然界中的物体，君臣父子之间的关系也是有其道理和原因的。这段话强调人们要去探究事物背后的道理和原因，通过理解事物的本质和规律来认识世界。它提醒我们要用理性思维去观察和思考，不要仅满足于表面现象，而是要深入探究事物的本质和内在规律。同时，这段话也体现了儒家思想中的"格物致知"观念，即通过观察和研究事物的本质和规律来获得知识和智慧。它强调人们要用心去思考和探索，通过对事物的理解来提升自己的认知和修养。

程颐提出："若只格一物便通众理，虽颜子亦不敢如此道。须是今日格一件，明日又格一件，积习既多，然后脱然自有贯通处。"这强调了通过不断地思考和观察个别事物，逐渐提高对普遍规律的认识。他认为，只有将个别事物提升到特殊性，再从特殊性提升到普遍性，才能获得真正的、寻根究底的认识。这种认识过程需要从有限中找出并确定无限，从暂时中找出和确定永久。朱熹对格物的解释是："格，至也。物，犹事也。穷至事物之理，欲其极处无不到也。"这表明要探究事物的本质和规律，需要不断深入探究和思考。朱熹还提出："致知之道在乎即事观理以格夫物。格者，极致之谓，如格于文祖之格，言穷而至极也。"朱熹提出的这段话强调，通过即时观察事物并理解其道理来实现致知的道路。他解释道，"格"指的是极致、达到最高境界，"物"指的是事物。因此，"格物"就是通过穷尽事物的道理来达到极致的意思。朱熹还进一步解释说，就像格于文祖之格一样，言穷尽而达到极致。这段话的意思是，通过观察事物并理解其道理，我们可以达到对知识的极致追求。古典归纳主义者认为科学始于观察，而程朱理学的"格物""即物"都意蕴了观察事物的要求。胡适在《先秦名学史》中翻译"格物"时使用的动词"investigate"，也直接体现了他对格物致知包含观察要素的认识。朱熹在科学观察方面取得了丰硕的成果，他通过观察成为辨认化石第一人。程朱理学的格物致知蕴含着科学逻辑的观察要素，为中国古代科学的发现奠定了坚实的基础。同时，二程（程颢和程颐）认为，通过在某一事物上深入理解，可以推导出其他类似事物的理解，这就是格物穷理的方法。朱熹继承并发展了二程的这种方法，他认为不能简单地将这种方法应用到所有问题上，而是应该根据事物的相似性进行推理。朱熹将这种方法运用到科学探究中，通过类比推理来解决一些未知的问题和难题。

总的来说，"格物致知"这一概念在《礼记·大学》中被首次提出，并在汉唐时期得到了进一步的注疏和解释。在宋明时期，学者们更注重对"格物致知"的义理进行诠释。到了宋元时期，"格物致知"开始与自然科学产生关联。在明清时期，由于受到西方科学的影响，"格致之学"受到了更多的关注。在晚清时期，"格致"成为西学中"science"的译词，并在学校教育中开设了相关课程，其主要内容为科学技术。随后，"格致"与"科学"这两个词汇逐渐被混用，最终，"科学"作为"science"的正式译词得到了广泛认可和使用，而"格致"或"格物致知"则与"科学"分道扬镳（蔡铁权，2014）。然而，作为科学逻辑格义的"格物致知"，其与程朱理学的"格物致知"的联系已经十分明显（郑天祥、王克喜，2021）。

何谓"致知"，朱熹也曾阐述过关于致知的观点，他对致知的解释是："致，推极也。知，犹识也。推极吾之知识，欲其所知无不尽也。"他认为，为学有两种方式，一种是自下而上，另一种是自上而下。他解释说，自下而上的方式就是通过事上探究、归纳道理、逐步整合获得结果。这与他的格物致知观念一致，体现了由个别到一般的思维进程的归纳逻辑。归纳是科学发展中不可或缺的逻辑方法，程朱理学的格物致知蕴含的归纳方法促进了中国古代科学的进步。

逻辑思维是一种高级的思维形式，它基于感性认识，通过运用概念、判断、推理等形式，对客观世界进行间接、概括的反映。逻辑思维是科学思维的一种基本类型，它帮助我们理清思路、分析问题、推理论证，从而达到准确、合理地认识和表达事物的目的。逻辑思维可以分为形式逻辑思维和辩证逻辑思维两种形态。形式逻辑思维主要关注推理的形式和结构，强调逻辑的严密性和准确性，常用于数学、哲学等领域。辩证逻辑思维则强调对事物的全面、矛盾的认识，注重思维的发散性和综合性，常用于社会科学、自然科学等领域。逻辑思维的运用可以帮助我们分析问题、解决问题，提高思维的清晰度和准确性，促进知识的积累和创新的产生。在科学研究中,逻辑思维被广泛运用,其中分析、综合、归纳、演绎、类比等是运用逻辑思维的重要科学方法(吴松梅、张殿清,2001)。

恩格斯在《自然辩证法》中创立了辩证自然观和辩证科学观,并以此为核心建立了自然辩证法学科。这一学科的确立标志着以辩证自然观为核心的马克思主义自然哲学和以辩证科学观为核心的马克思主义科学哲学的确立(刘猷桓,2009)。归纳-演绎法是马克思主义的辩证思维方法之一,是辩证思维方法中的基础和重要方法。归纳法是指从个别事实走向一般概念、结论,是从个别上升到一般的思维运动;演绎法是指从一般理论、概念走向个别结论,是从一般到个别的思维运动(焦冉,2015)。真理的得出需要经过归纳和演绎相互作用的过程。正如马克思、恩格斯所言:"事实上,一切真实的、寻根究底的认识都只在于:我们在思想中把个别的东西从个别性提高到特殊性,然后再从特殊性提高到普遍性;我们从有限中找出和确定无限,从暂时中找出和确定永久。"这种思维方式也反映了一种由具体到抽象的认识过程。我们从有限的、暂时的现象中寻找出无限的、永久的规律和本质,从而超越了个别的表象,达到了对事物本质的认识。在科学研究中,逻辑思维的作用不可忽视。它可以帮助我们深入分析问题,揭示事物的本质和规律,从而为科学研究提供有力的支持。同时,逻辑思维也有助于我们形成正确的科学观念,提高科学素养,为科学事业的发展做出贡献。

格物致知与认知能力息息相关。唐孝威在《"语言与认知文库"总序》(2007年)中写道认知是具身的(embodied)、情境的(situated)、发展的(developmental)和动力学的(dynamic),其观点与格物致知的实质内涵有异曲同工之妙。心智的具身性是第二代认知科学的核心特征,这一特征强调了体验性。根据西伦(E. Thelen)的观点,认知是具身的,即认知源于身体与世界的相互作用。这意味着认知依赖于主体的各种经验,这些经验源自具有特殊知觉和运动能力的身体。这些能力相互依存,共同形成一个包括记忆、情绪、语言和生命等其他方面在内的复杂机体。因此,心智的具身性强调了身体在认知过程中的重要性,以及身体与世界的相互作用对认知的影响。李其维认为心智根植于人的身体以及身体与世界的相互作用中,他指明认知的具身性就是把"外浮于虚空中的"心智落实于人的现实经验,继而又把这种经验联系于人的身体(包括脑),于是,所有的生命现象都与包括高级的认知、情绪、语言等在内的活动编织在一起，成为人的理性的不同表现形式（李其维，2008）。

上述对认知的理解为我们提供了一个框架，用以理解个体如何通过身体经验和环境互动来发展胜任力。胜任力这一概念最初是在教育领域中得到应用的，随着时间的推移，它逐渐在管理界得到了广泛应用。这一概念最早是由 McClelland 的同事及合作者 Boyatizis 于 1982 年在其著作《胜任的经理：一个高效的绩效模型》中提出的。

McClelland 认为，胜任力是与工作或工作绩效或生活中其他的重要成果直接相似或相联系的知识、技能、能力、特质或动机（McClelland，1987）。他强调，胜任力是与个体在特定工作情境中的绩效表现密切相关的个体特征。这种特征可以是知识、技能、能力、特质或动机，并且与工作绩效或生活中的其他重要成果直接相关。而 Boyatzis 则从另一个角度定义了胜任力（Boyatzis，1994）。他认为，胜任力是个体的潜在特征。这个定义更强调胜任力的潜在性和多面性，包括个体的内在特征和外在表现。胜任力具有多维度、多层次、跨职业的特点。它不仅包括个体的知识、技能等表层的胜任特征，还涵盖了个体的价值观、自我定位、人格特质、需求/动机等深层的胜任特征。这些特征共同影响着个体在工作中的表现和成就（杨东涛、朱武生，2002）。

此外，在实践中，对胜任力的研究和应用已经成为人力资源管理、组织行为学等领域的重要方向。通过对个体在工作中的表现和成就进行评估和分析，可以帮助组织更好地选拔和培养人才，提高员工的工作满意度和绩效水平，进而提升组织的整体竞争力。总之，胜任力是一个复杂的概念，它涉及个体的知识、技能、价值观、自我定位等多个方面。对胜任力的研究和应用有助于我们更好地理解个体在工作中的表现和成就，为组织的人力资源管理提供有力的支持。

在组织中，不同层面的职务、不同职务系列的职务所要求的具体胜任力的内容和水平是不同的（陈民科、王重鸣，2002）。因此，在选拔和评估人才时，需要针对具体的职务和职务系列，对人才的胜任力进行全面评估。为了更好地理解和应用胜任力这一概念，我们需要对它的背景和内涵进行更深入的探讨。首先，我们需要了解胜任力与工作绩效之间的关系。研究表明，具备高胜任力的人往往能够取得更好的工作绩效。这是因为他们具备更强的知识、技能和能力，能够更好地应对工作中的挑战和问题。其次，我们需要关注胜任力的多维度和多层次特点。这意味着胜任力不仅包括表层的技能和知识，还包括更深层次的动机、价值观和自我定位等方面。这些方面的胜任力对于一个人的职业发展和工作表现同样重要。此外，我们还需要认识到不同职务和职务系列对胜任力的不同要求。例如，高级管理职位需要具备战略眼光、领导力和人际交往能力等；而基层员工则需要具备专业技能和执行力等。因此，在选拔和评估人才时，我们需要根据具体的职务和职务系列来评估其胜任力。

为了提高人才的胜任力，组织可以采取一系列措施。首先，提供培训和发展机会是提高人才胜任力的有效途径。通过培训课程、实践项目和导师制度等方式，可以帮助员工提升技能和能力。其次，建立良好的激励机制也是提高人才胜任力的重要手段。通过设立明确的晋升通道、提供有竞争力的薪酬和奖励制度等方式，可以激发员工的积极性和创造力。最后，组织还需要营造良好的工作环境和文化氛围。一个开放、包容和有支持性的工作环境能够让员工更好地发挥自己的潜力，提高自己的胜任力。总之，胜任力是一个多维度、多层次的概念，对于组织和个人来说都具有重要意义。通过深入了解和应用胜任力这一概念，我们可以更好地选拔和评估人才，提高组织的绩效和竞争力。

在六阶领导力模型中，格物致知强调的是员工完成岗位要求的最基本能力，是所有岗位职业发展的个人能力基础。组织成员职业发展的各个阶段，均需具有过硬的格物致知能力，方可成为进一步发展自身能力与资源的基础。"欲诚其意者，先致其知；致知在格物。格物而后知至，知至而后意诚……"，格物致知作为一种较科学的基本认知能力和逻辑思维能力，蕴含着对事物的逻辑分析能力与抽象概括能力，是员工胜任其工作职能和工作要求的最基本要求。

对于格物致知特征的评价，现代心理学与管理学研究已经开发出了一些成熟的工具。基于格物致知的核心含义，其相对应的测评工具，可以采用类似公务员选拔的行测考试题目，行测是国家公务员考试的一个部分，包括言语理解与表达、数量关系、判断推理、资料分析、常识判断五个部分。对于格物或逻辑分析能力的评价，可以采用相关数量关系和判断推理的题目类型；对于致知或归纳能力的评价，可以采用言语理解与表达和资料分析的题目类型。这些题目一方面可以用于员工的自我评估，另一方面也可以用于 360 度评价，即从上级、同事、下属、客户等不同角度考察员工的格物致知能力，并为其职业发展规划与培训提供参考。例如，对于格物致知或逻辑分析与归纳推理能力的评价，可以采用如下题型（以下例题摘自《2020 年国家公务员考试行测试题》）。

本部分包括图形推理、定义判断、类比推理与逻辑判断四种类型的试题。

（1）从所给的四个选项中，选择最合适的一个填入问号处，使之呈现一定的规律性。

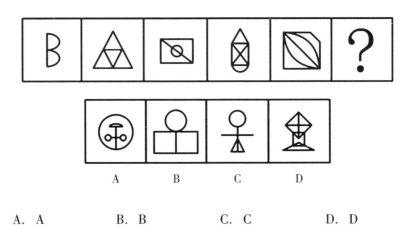

A. A   B. B   C. C   D. D

（2）从所给的四个选项中，选择最合适的一个填入问号处，使之呈现一定的规律性。

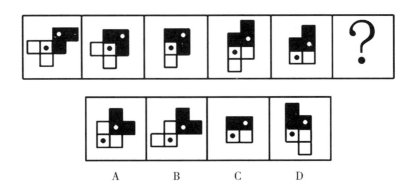

A. A B. B C. C D. D

（3）从所给的四个选项中，选择最合适的一个填入问号处，使之呈现一定的规律性。

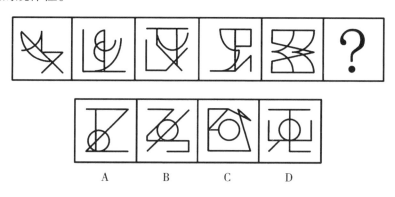

A. A B. B C. C D. D

（4）从所给的四个选项中，选择最合适的一个填入问号处，使之呈现一定的规律性。

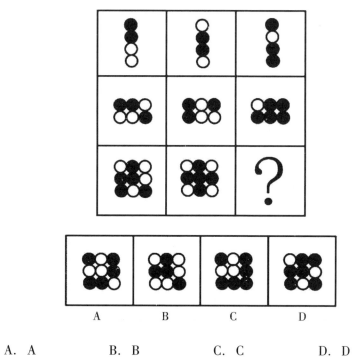

A. A B. B C. C D. D

（5）下图为给定的多面体及其外表面展开图，问字母 A、B、C、D 和数字 1、2、3、4 代表的棱的对应关系？

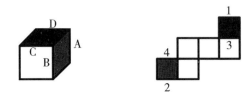

A. 1－D，2－A，3－C，4－B B. 1－C，2－A，3－D，4－B
C. 1－D，2－B，3－C，4－A D. 1－C，2－B，3－D，4－A

（6）左图给定的是由相同正方体堆叠而成多面体的正视图和后视图。该多面体可以由①、②和③三个多面体组合而成，问以下哪一项能填入问号处？

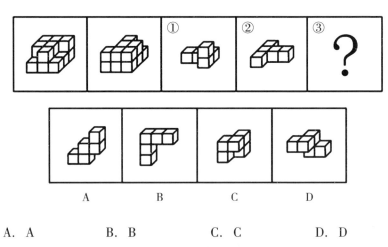

A. A   B. B   C. C   D. D

（7）左图为给定的立体图形，将其从任一面剖开，以下哪个不可能是该立体图形的截面？

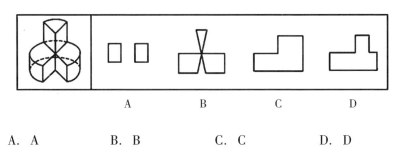

A. A   B. B   C. C   D. D

(8) 把下面的六个图形分为两类，使每一类图形都有各自的共同特征或规律，分类正确的一项是？

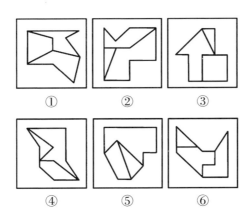

A. ①④⑥，②③⑤   B. ①③⑤，②④⑥
C. ①②⑥，③④⑤   D. ①③④，②⑤⑥

(9) 把下面的六个图形分为两类，使每一类图形都有各自的共同特征或规律，分类正确的一项是？

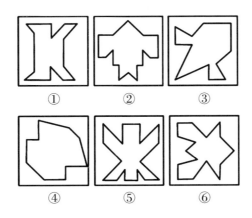

A. ①③④，②⑤⑥   B. ①②⑥，③④⑤
C. ①④⑤，②③⑥   D. ①④⑥，②③⑤

(10) 把下面的六个图形分为两类，使每一类图形都有各自的共同特征或规律，分类正确的一项是？

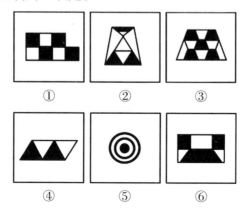

A. ①②③，④⑤⑥ B. ①③④，②⑤⑥
C. ①③⑤，②④⑥ D. ①②⑤，③④⑥

2. 六阶领导力模型之动机型

第二阶领导力的核心特征为正心诚意。

"正心、诚意"是中国古代儒家思想中的重要概念，它们被视为一种内心、道德修养的过程。在《礼记·大学》中，"正心、诚意"紧随"格物、致知"之后，被视为修身养性的重要步骤。

首先，"正心"是指通过自我调节和道德自律，纠正自身的错误思想，保持一个良好健康的心态。在《大学》中，"身有所忿懥，则不得其正；有所恐惧，则不得其正；有所好乐，则不得其正；有所忧患，则不得其正"。这句话的意思是说，如果我们的内心被愤怒、恐惧、欢乐或忧虑所占据，就无法保持内心的正直和正确。也就是说，当我们的情绪被这些负面或过度的情感所左右时，我们就无法保持正确的心态和行为。这句话强调了修身的重要性，即通过控制自己的情绪和欲望，保持内心的平静和正直。只有当我们能够超越这些情绪的干扰时，才能真正做到心无旁骛，专注于追求真理和道德的修养。

其次，"诚意"是指通过自我反省和真诚的态度，做到去恶从善，不自欺欺人。这里的"诚意"就是要求"慎独"，强调个体在独处时仍能坚守道德准则，自觉摒弃恶行，追随善心，这种行为源于内心的真诚，而非外界的评判或个人的私利。

为了更好地理解这两个概念，我们可以从以下三个方面进行深入分析。首先，"正心"是修身养性的基础。在日常生活中，我们常常会受到各种情感和欲望的干扰，导致我们的思想和行为偏离正确的轨道。而"正心"就是要求我们通过自我调节和道德自律，保持一个良好健康的心态。其次，"诚意"是道德修养的核心。在修身养性的过程中，"诚意"是必不可少的。只有真正发自内心地去恶从善，才能做到真正的道德行为。而"诚意"也要求我们表里如一，不自欺欺人。这需要我们不断地自我反省和自我约束，不断地提高自己的道德水平。最后，"正心"和"诚意"是相互依存的。只有通过"正心"才能做到"诚意"，只有通过"诚意"才能更好地实现"正心"。在修身养性的过程中，"正心"和"诚意"是相辅相成的，只有不断地努力和实践才能达到更高的境界。

"正心、诚意"是儒家宣扬的一种道德和人格的自我修养方法。它讲究通过人的内在自我努力，培养坚定的个性，端正自己的内心：不作伪、不欺诈，意念诚实，弃恶从善。这种修养方法不仅可以帮助人们提高自身的道德水平，还可以帮助人们更好地适应社会生活。在现代社会中，人们面临着各种各样的挑战和压力，只有通过"正心、诚意"的修养方法，才能保持良好健康的心态和真诚的态度，从而更好地应对各种挑战和压力。

在组织行为学和员工绩效的研究中，态度是一个至关重要的概念。它不仅是一个短暂的瞬时现象，更是一个持续的系统，涵盖了个体对所处环境某些方面的动机、情感、知觉和认识过程。这涉及一个人对特定事物或想法长期持有的正面或负面的认知评价、情感感受以及行动倾向。工作投入是另一个重要的概念，它指的是个体在工作中的一种积极且完整地融入的状态。当员工对工作投入时，他们会将工作视为自己价值观的体现，并愿意为工作付出更多的努力和时间。组织承诺是又一个重要的概念，最初美国社会学家 Becker（1960）将组织承诺定义为随着员工对组织投入的增加而产生的继续维持"活动一致性"的倾向。他认为，组织承诺是员工随着其对组织的"单方投入"的增加而不得不继续留在该组织的一种心理现象。随着时间的推移，组织承诺的概念得到了进一步的发展和深化。现在，它通常被定义为员工对组织的认同和忠诚度。当员工对组织有较高的承诺时，他们会更加积极地参与工作，为组织的发展和成功做出贡献。同时，他们也会更加关注组织的利益和发展，愿意为组织的目标和价值观付出更多的努力。

在现代组织行为理论与管理实践中，工作投入、组织承诺、工作价值观等都是重要的工作态度变量。多年来，许多学者研究发现，工作投入与积极的工作情感及组织承诺均存在显著的正相关（安广义，2010），组织承诺在职业成长和工作绩效之间起到了完全中介作用（项凯标等，2017）。

在六阶领导力模型当中，诚意正心强调的是员工不仅有完成岗位要求的最基本能力，而且有将自身奉献于工作的意愿，具有端正的工作态度和与组织相匹配的价值观。诚意正心的员工，能够全身心地投入工作，对组织忠诚，具有较低的离职倾向。

因此，对于诚意正心特征的测量可以采用以下量表：工作投入量表（Rich et al.，2010）（例题如"我专心工作""我尽力在工作中表现良好"）；组织价值观理解量表（Delobbe et al.，2016）（例题如"组织的目标也是我的目标""我将是一个代表组织价值观的员工的一个很好的例子"）；情感性组织承诺量表（Gao-Urhahn et al.，2016）（例题如"这是一个很好的工作组织"）。例如，可以采用表6-15所示的题型测量成员的诚意正心特征。此量表为7点李克特量表，其中，0代表"从不"，1代表"几乎没有"，2代表"很少"，3代表"有时"，4代表"经常"，5代表"很频繁"，6代表"总是"。

表6-15 诚意正心特征的测量量表

1）工作时，我感到自己精力充沛
2）工作时，我感到自己是强有力的
3）当我早上起床的时候，我想去工作
4）我可以一次持续工作很长时间
5）即使工作感到疲惫，我也能很快地恢复过来
6）工作中，我总是坚持不懈，即使是进展不顺利的时候
7）我觉得工作充满意义，目标明确
8）我对自己的工作充满热情

续表 6-15

9）我的工作能够鼓舞我
10）我为我所做的工作感到自豪
11）对我而言，我的工作是具有挑战性的
12）当我工作时，时间过得飞快
13）当我工作时，我忘记了身边的一切
14）当我紧张工作时，我感到快乐
15）我沉浸在我的工作中
16）我工作起来就变得无法自拔/忘乎所以
17）很难使我与工作分开

量表来源：Schaufeli W B, Bakker A B, Salanova M. The measurement of work engagement with a short questionnaire: a cress-national study [J]. Educational and psychological measurement, 2006, 66 (4): 701-716.

3. 六阶领导力模型之能力型

过往的研究对领导力所具备的核心能力进行了一些探讨。例如，20世纪60年代，研究者发展了领导力理论，更多的是从单维度探讨领导力的核心能力。例如，马歇尔提出利用资本进行管理的能力；奈特提出的风险承担能力、创新能力；柯兹纳认为领导的核心能力体现在市场分析和平衡能力以及预测能力上（其中，市场分析和平衡能力指企业家必须能够洞察市场信息，从中找到潜在的市场失衡并加以利用，而预测能力指企业家需要具备一定的预测能力，以便在充满不确定的市场环境中做出理性决策）；卡森提出的决策能力。随着研究的深入，也有研究围绕领导的能力提出了不同的能力维度。例如，Man 等（2002）提出了领导的能力维度，包括机遇、关系、组织、概念、战略、承担六个方面；Edgar 和 Geare（2005）则具体探讨了与领导具有重要关联的企业家能力，该研究中将企业家所具备的能力细化为 19 个指标，其中最为重要的是发现和评估商业机遇的能力、决策能力、网络能力、口语交际能力。与此同时，也有一些研究者分别从管理、战略、政府关系及社会关系等方面评价企业家能力（贺小刚、李新春，2005）。此外，王建忠等（2017）将企业家能力划分为人力资本、战略领导能力、关系网络能力、社会责任能力四个维度，并分别在四个维度下设计二级指标。但是，需要指出的是上述关于领导者能力的研究依然存在一些问题。第一，将领导者能力划分范围局限在企业家能力上，虽然领导与企业家之间往往存在密切的相关性，但是两者在概念内涵上存在差异，现有的划分不足以涵盖领导力中的核心能力；第二，目前对于能够促使人们追随的领导力核心能力仍缺乏统一的定义，能力所包含的具体维度仍没有统一。

基于此，我们认为在六阶领导力模型之中，第三层次的能力型领导力并非简单的单一维度的管理能力。这一能力型领导力是领导者在组织运行过程中所表现出来的增强竞争优势以及因快速发展而具有一组全面综合的领导能力，包括创新、风险承担、积极性、学习能力、内外关系网络能力等。此外，基于高阶管理理论认为，对于领导者，尤其是高层领导者，由于认知的有限性，其价值观、认知基础将影响环境观察、选择性知觉以及信息解释，这会影响企业的战略选择，进而影响企业绩效。因此，我们认为战略领导的能力同样是能力型领导力的核心能力，是领导者在制定与实施领导行为过程中必备的领导能力。这一战略领导能力可以从战略思维能力、规划能力与实施能力等维度衡量。虽然可以从多个维度衡量领导的能力，但是从下属的层面来看，也可以让下属评价感知自己的领导是否有能力，因此也可以从一般感知的角度测量感知的领导能力。测量题项见表6–16。

表6–16 感知的领导能力的测量量表

1）我的领导很能胜任他/她的工作
2）众所周知，我的领导在他/她想做的事情上都很成功
3）我的领导对需要完成的工作很了解
4）我对我的领导的能力很有信心
5）我的领导有专门的能力，可以提高我们的表现
6）我的领导很有资历

量表来源：Mao J Y, Chiang J T J, Chen L, et al. Feeling safe? A conservation of resources perspective examining the interactive effect of leader competence and leader self-serving behaviour on team performance [J]. Journal of occupational and organizational psychology, 2019, 92 (1): 52–73.

4. 六阶领导力模型之资源型

资源型领导力作为六阶段领导力模型中的第四层次，其核心是从外部环境中获取资源，并在企业内部进行重新组合和有效利用。这一概念在过往的研究中已经得到了广泛的探讨。最初，Sirmon 和 Hitt（2003）基于资源基础理论提出了资源管理这一观点，他们认为资源管理主要包括均衡资源、聚合资源和结构化资源三个方面的内容。在此基础上，研究者进一步将资源管理定义为将资源进行配置与整合从而实现企业最佳状况的一种能力（Sirmon et al.，2007）。这一观点强调了资源管理在企业发展中的重要性，为企业领导者提供了新的视角和思考方向。

除了资源管理，领导者还需要具备资源整合的能力。Brush（2007）认为领导者的资源整合是通过构建资源来获取有效资源，换言之，就是对资源的获取、识别、调整以及运用的能力。领导者需要具备战略性结构化资源组合能力，并运用这些资源去形成在竞争条件下能够发挥的能力（刘晓敏、刘其智，2006）。这一观点强调了领导者在资源整合中的核心作用，突出了领导者的战略思考和组织协调能力。张焕勇（2007）则从实践角度对资源整合型领导力进行定义，他认为这是组织中的领导者对所有资源（包括内部、外部）进行整合，使这些内、外部资源达到最有效的利用，从而可以得到较高回报的领导力。例如，对于组织内部来说，是人员、财务、信息等资源的整合高效利用；对组织外部而言，是领导者发展、维持与其他供应商、经销商等，以及政府、社会机构等有关业务方的合作关系的组织协调能力。这一观点强调了领导者在实践中的具体操作和整合能力，为领导者提供了更具操作性的指导。此外，研究表明领导者的资源整合能力不仅影响着组织的绩效和创新绩效，还与其社会资本、关系资本等内部资源的获取密切相关。领导者需要充分考虑这些因素，以提升组织的竞争力和创新能力。因此，领导者的资源整合能力对于组织的成功至关重要。

在组织中，领导者和追随者之间的资源分配往往存在不公平现象，通常领导者获得的资源要比追随者更多（原涛，2011）。既然如此，为什么还会有人愿意成为追随者呢？

在探讨人类的社会行为时，追随行为是一个不可忽视的研究领域。近年来，越来越多的研究开始关注这一领域，并试图从不同的角度揭示追随行为的内在机制。本书将从心理学角度深入分析追随行为，探究其背后的动因和影响因素。首先，自我概念和情感依附在追随行为中起到了关键作用。根据 Padilla 等（2007）的研究可知，当追随者与领导者具有相似的自我概念和情感依附时，更容易产生追随行为。这表明，个体在选择追随时，会考虑自身与领导者的相似性，从而形成一种认同感和归属感。这种相似性可能源于价值观、信仰、目标等方面的契合，使得个体愿意在领导者的引导下行动。其次，进化心理学为追随行为提供了另一种解释视角。Van Vugt 等（2008）采用博弈论来分析追随行为，认为追随者在一个优秀领导者的领导下可以获得更多的资源。这种观点是基于进化论的逻辑，即个体在生存和繁衍后代的过程中，往往会选择有利于自己的策略。因此，追随一个有能力、有资源的领导者，可能会为追随者带来更多的生存和繁衍机会。此外，从动机需求的角度探讨追随行为也是当前研究的热点。刘林海指出，自由带来的选择和不确定性会让人感到无助，人们往往希望有权威给予他们命令和指示。这种观点揭示了人们在面对不确定性时的内心需求，即寻求一种稳定和安全的状态。在这种情况下，领导者提供的指导和支持成为一种能满足追随者需求的资源，促使他们产生追随行为。

　　Padilla 等（2007）认为，追随者通常具有较低的成熟度和未满足的需要，而领导者能够为这些追随者提供归属感，因此他们愿意追随领导者。此外，还有一些研究表明，追随者可能因为对领导者的信任和尊重而选择追随。例如，当领导者表现出高尚的品质、卓越的才能和良好的领导能力时，追随者可能会感到信任和尊重，从而愿意跟随领导者。

　　因此，虽然资源分配不公平是存在的，但人们仍然愿意成为追随者。这可能是因为追随者与领导者有相似的自我概念和情感依附，或者是因为追随者希望获得更多的资源和归属感。此外，信任和尊重也可能是追随者选择跟随领导者的原因之一。

　　在上述研究基础上结合追随动机，我们认为领导力的核心能力类型还存在着资本整合型，即追随者从行为整合的动机出发，追随领导者。所谓整合型是领导者以参与合作单元的资本要素整合为依托，以关系整合为核心，最终达成共识实现从多方共同利益动机出发的领导力，使得追随者加以追随。Simsek 等（2005）认为，有效的行为整合是指组织内部通过自由交流的方式，实现信息与知识的共享、解决冲突以及建立共同的观点，从而能够将行动付诸实践,并在实践活动中实现领导的有效性。

从领导者-追随者的角度而言,领导者的核心职能不仅是经营或管理,更是在领导体系中促成各"生产要素的重新组合"。这种重新组合对组织创新、提高个体和组织竞争能力以获得更多资源等均具有重要作用。面对内外动态环境的变化,如何主动调整和整合其内部要素以提高个人和组织的竞争能力,对领导者和追随者来说都具有重要的内在动机需求。特别是当单个组织无法仅依靠自身现有的资源与信息满足现实发展的需要时,组织间需要打破边界,利用外部互补性资源的支持,只有形成组织间统一的协同发展,才能够整合组织间现有的资源。

具体而言,整合的实质体现在组织间关系和资源的流动,实现资源共享。我们认为个体员工对于组织和领导者的整合型追随可能体现在思维整合、行为整合、资源整合和结构过程整合上。初始,必须在目标、信念和价值体系等思想认识上形成高度一致的认同;随后,追随体现在领导者与追随者知识共享、资源整合上,最终达到结构整合。这一理论推论尚未得到实证数据的支持,后续仍需进一步深入探讨。例如,我们推测整合型领导力可能分为获取资源阶段整合、配置资源以及利用资源等不同方面,可以通过追随者评价自己所在组织或部门直接领导是否与表6-17所示的测量题项符合来对资源型领导加以评价。这一理论框架不仅有助于理解领导者和追随者在组织发展中的作用,还为未来的研究提供了新的思路和方法。

表6-17 资源型领导的测量量表

1)领导投入很少的时间和资源去适应利益相关者的需求
2)领导投入很少的时间和资源去了解其他相关者的特征
3)领导投入时间和资源来评估不同个体的需求,并对其优先排序
4)领导能从客户那里获得需求信息等无形资源
5)领导能从对手那里获取信息资源
6)领导能舍弃无用的资源
7)领导能增加内部的有用资源
8)领导能把各种资源根据企业目标结合在一起

续表 6-17

9）领导能根据员工特点为某一目标配置人员
10）领导能在团队或组织内部实现资源的共享性配置
11）领导能利用个人资源获得外部资源
12）领导能利用已整合资源获得外部资源

5. 六阶领导力模型之整合型

整合型领导力，是一种综合运用各种领导要素和战略决策的领导方式。它以关系整合为核心，通过制定已达成共识的运行机制与保障机制，实现多方共同利益的网络式、动态化的合作驱动力与保障力。这种领导力并不仅仅是单一维度的展现，而是涵盖了多个层面的整合。

首先，领导要素的整合是基础。领导者需要兼具技术与技能，能够为团队提供必要的技术支持与创新思维。同时，鼓舞与鼓励是激发团队士气的关键，通过激励和肯定，使团队成员保持高昂的斗志。协调与引导则是实现部门间顺畅沟通、协同作业的重要手段，能确保团队内部的高效运作。此外，明确的愿景与使命是引领团队前进的灯塔，使团队成员始终保持一致的方向和目标。其次，战略决策的整合是关键。领导者需要与团队成员共同确定组织的目标和计划，确保每个人都明确自己的职责和期望。制定可行的战略是实现目标的重要环节，领导者需要具备战略眼光和决策能力，确保战略的有效性和适应性。同时，共同制定计划与策略能够增强团队的凝聚力和向心力，使团队成员更加积极地投入到工作中。再次，关系整合同样不容忽视。领导者需要建立一支高效的核心团队，选拔和培养具有潜力的团队成员，提高团队的综合素质和战斗力。同时，识别并维护与相关利益体的关系也是至关重要的，包括与客户、供应商、合作伙伴等的良好关系，这些关系对于组织的稳定和发展具有深远的影响。复次，运行机制的整合是保障组织高效运作的基石。领导者需要建立一套有效的运行机制，以确保组织的合法、信任和沟通。这包括制定明确的规章制度、建立信任关系、优化沟通渠道、促进资源的共享和合理分配等方面。同时，确定合适的领导风格也是运行机制整合的重要一环，领导者需要根据组织的特性和团队成员的需求，采用适合的领导风格，以更好地引领团队

第 6 章　LEO 六阶领导力模型：领导力与追随力的关系

发展。最后，保障机制的整合是确保组织稳定发展的后盾。领导者需要制定一套完善的保障机制，包括政策与规则的制定、风险评估与应对、危机管理等。这些机制能够在突发事件或危机发生时，迅速应对并提供支持，确保组织的持续发展。同时，保障机制的整合也有助于提高组织的适应性和韧性，使其在复杂多变的环境中更加稳健地前行。

整合型领导力是一种全面且动态的领导方式。通过领导要素、战略决策、关系、运行机制和保障机制的整合，领导者能够更好地引领团队应对各种挑战和机遇。这种领导方式有助于建立高效、协同的组织文化，促进组织的长期发展和社会进步。通过这些维度的整合，整合型领导力能够促进多方共同利益的发展，实现网络式动态化的合作驱动力与保障力。这种领导方式不仅有助于提高组织的绩效和创新绩效，还能够增强组织的竞争力和实现组织的可持续发展。因此，对于领导者来说，掌握整合型领导力是非常重要的。

整合型领导力的测量量表见表 6 – 18，此量表为 5 点李克特量表，具体的测量题项共有 19 个，需要您根据自己的实际感受和体会，选择出最符合您自身情况的选项。其中，1 代表"非常不同意"，5 代表"非常同意"，1 至 5 的强度依次递增。

表 6 – 18　整合型领导力的测量量表

1）鼓舞与激励
2）协调与引导
3）愿景与使命
4）技术与技能
5）目标一致
6）共同决策与计划
7）战略制定
8）核心团体
9）相关利益者加入
10）伙伴关系建立
11）伙伴关系维持

续表 6-18

12）合法性
13）沟通机制
14）信任机制
15）共享机制
16）领导角色与风格
17）绩效评估
18）政策规则
19）应对突发事件

量表来源：张大鹏，孙新波，刘鹏程，等．整合型领导力对组织创新绩效的影响研究［J］．管理学报，2017，14（3）：389-399．

整合型领导力的量表总共 5 个因子 19 个要素，其中，领导要素整合有 4 个要素（包含 1）、2）、3）、4）题），战略决策整合有 3 个要素（包含 5）、6）、7）题），关系整合有 4 个要素（包含 8）、9）、10）、11）题），运行机制整合有 6 个要素（包含 12）、13）、14）、15）、16）、17）题），保障机制整合有 2 个要素（包含 18）、19）题），可以计算每个分量表所包含题目的平均分。

6. 六阶领导力模型之文化型

我们认为领导力的最高层次是精神理念层次领导力，即理念文化型。所谓精神理念是指基于领导所表达出来的组织价值目标或理念的追求加以追随。组织中的追随者具有独特性，他们对领导者的认可或服从，往往并非单纯地崇拜权力或为了获得经济收益等，而是存在精神层面理念的认可与追求（朱学红等）。追随来自成员内在的动力而非受人所迫，他们会认为自己所从事的事情是有价值的，在现在或未来会对团队的目标做出贡献。在个体加入某个组织时，他将通过与组织领导者和其他组织成员的人际交往等交互活动感知到组织的价值理念，当他认为组织中领导行为的价值理念具有重大意义的时候，就会调整自己的状态以尽快实现自身价值信仰与组织理念的契合（李金星、蔡维菊，2010）。

具体而言，我们认为文化型中精神理念因素占核心地位，是指组织中追随者认同领导者理念或精神准则，追求相同的价值观和理念。经过进一步的研究，我们发现理念中蕴含着一种坚定的信念，即组织应当对有价值的目标或原则做出可靠且持久的承诺，并为之付出不懈的努力（Thompson and Bunderson，2003）。与此同时，追随者愿意为角色外的行为做出贡献，愿意付出超出本职工作的努力。

精神理念领导力与心理契约这一概念既有联系又有区别。在概念层面，心理契约是组织和雇员对彼此隐性责任和义务的主观认知，具有承诺和互惠特性，能规范双方关系（李金星、蔡维菊，2010）。而文化型领导力即精神理念层面是领导者感召追随者基于对组织价值目标或理念的追求而服从。在维度层面，早期，Rousseau（1990）将心理契约抽出两个公因素：交易因素和关系因素。前者更多关注具体的、短期的和经济型的交换关系，而后者则更多关注广泛的、长期的、社会情感型的交换关系（如信任等）。心理契约的基本前提在于雇佣交换关系中的经济和社会情感"货币"，这种货币同时具有经济（交易型）和社会情感（关系型）的特性。普遍认为，心理契约可以划分为三种类型：交易型、关系型和理念型。总的来说，无论心理契约的具体形式如何，其核心都是强调员工与组织之间的雇佣关系。

例如，我们推测文化型领导力或许可以区分为理念、愿景或信念等维度。后续可以进行相关研究加以探索。文化型领导的测量量表见表6-19，可以通过追随者评价自己所在组织或部门的直接领导是否与下面的测量题项符合来对文化型领导加以评价。

表6-19 文化型领导的测量量表

1）理解并且能致力于组织愿景
2）有对组织愿景的描述，可以让我表现出最佳状态
3）所在组织的愿景可以激发我的最佳工作绩效
4）对组织为员工设定的愿景充满信心
5）所在组织愿景很清晰，并且能激发我的兴趣
6）相信所在组织并愿意完成组织目标
7）坚持不懈并愿意付出额外努力帮助组织成功
8）去做有助于成功的事情，以证明对组织的坚定信念

心理契约中的理念型与文化型中的精神理念内核是一致的，即都是基于感知到的组织文化、组织价值或理念。根据已有研究，理念型心理契约具有如下特征，雇员对组织的隐性期望除了经济因素以及社会情感成分，还存在一种超越于经济利益和情感成分的对共同理想价值、原则以及目标的追求。理念型心理契约下的员工在工作中更多的是追求理想，理念型心理契约赋予了工作意义感。

作为一个好的追随者应该具有哪些特质，西方学者的看法大致可以分为以下四类：正直、真诚、主动、灵活。

正直和真诚。这两个词汇在组织行为学中占据着举足轻重的地位。作为追随者，具备这些品质是至关重要的。首先，正直是追随者对组织忠诚的体现。在组织中，追随者需要遵循组织的价值观和目标，并愿意根据这些信念去行动。他们需要时刻保持清醒的头脑，不受外界干扰，始终坚守自己的信仰和原则。只有这样，才能确保组织的稳定和长期发展。其次，真诚是追随者对领导者和组织负责任的表现。能说实话的追随者和愿意倾听的领导者是一种无可比拟的黄金组合，这种组合能够确保信息的准确性和真实性，从而为组织决策提供有力的支持。在Cavell（2007）的调查中，真诚被列为好的追随者的第三位特质。这足以说明真诚在追随者品质中的重要地位。此外，Alcorn（1992）认为，追随者的关键性特质包括正直，这些关键性的特质帮助LVPL公司达到了更好的顾客满意。综上所述，正直、真诚和说出事实是好的追随者应具备的重要品质，这些品质有助于提高组织的绩效和顾客满意度。

主动。Alcorn（1992）认为，优秀的追随者应具备10个特质，其中最重要的是"果断行动，不疑不虑"。这一特质需要在高度信任的环境中实施。对于追随者来说，被赋予与工作相关的决策权是最有效的激励方式。然而，现实中人们往往缺乏主动性。正如Steve Owens所言，如果人们预感到会受到惩罚或结果不符合预期，他们就不会主动采取行动。因此，追随者的一项重要任务就是主动去做他们认为正确的事情。

根据Philip S. Meilinger在《10个好的追随力的准则》一文中的观点，追随力的关键要素之一是能够做出决策并展现主动性。然而，Philip S. Meilinger也指出，一些领导者成为"微型管理者"（事无巨细的管理者）的原因之一，是他们的下属习惯于站在一旁等待明确的指示。高明的追随力要求追随者接受一定程度的模糊性和不确定性。期望领导者提供所有答案是不现实的,而且这种行为通常不会受到领导者的赞赏。因此,追随者需要具备独立决策和主动解决问题的能力。Goffee 和 Jones(2005)的研究中也有类似的观点。实际上,很少有人愿意自己去设计解决问题的办法,即使是最得力的助手也会希望别人提供可行的工作方案。Phillip S. Meilinger 鼓励提供问题的答案而不是问题本身。因此,要表现出良好的追随力,人们需要主动寻求问题的答案,而不是仅仅等待领导的明确指示。两者都认识到,现实中人们为了规避风险,往往选择"不动"而非"动"。Phillip S. Meilinger 进一步从领导者的角度指出,如果下属不主动,领导者可能会变成"微型管理者",即过度关注细节,导致精力分散,进而降低工作效率。

灵活。Alcorn(1992)认为,在20世纪90年代,处理变化是领导者成功的关键技能,因此灵活性是追随者的核心技能。由于预算、顾客期望、供应商关系等因素都会引起管理变化,需要组织进行更多的调整。那么,如何才能被视为具备灵活性呢?根据 Lundin 和 Lancaster(1990)的观点,一个优秀的追随者应该具备多方面的技能,并能够灵活地运用这些技能来适应不断变化的环境。此外,Goffee 和 Jones(2000)也认为,一个优秀的追随者应该具备敏锐的洞察力和判断力,能够及时发现并抓住机会。

六、追随力与领导力的互构协同与相互转化

(一)共同构建理论

共同构建理论是一种新颖的观点,它详细地解释了社交过程中人们如何一同塑造领导力和追随力(DeRue et al.,2011)。它是指在特定领域或问题上,多个人或组织共同参与、合作、贡献,共同推进理论的发展和完善。这种合作可以包括学术界的学者、研究机构、政府部门、企业组织等不同主体之间的合作。共同构建理论的目的是通过多方参与和合作,汇集不同的观点、经验和资源,共同解决问题,推动理论的进步和发展。在共同构建理论的过程中,各方可以通过交流、讨论、研究等方式,共同探索问题的本质和解决方法,提出新的理论观点和假设,并进行实证研究和验

证。通过不断的合作和交流，可以促进理论的深化和完善，提高理论的适用性和可操作性。共同构建理论的重要性在于，它能够充分利用各方的智慧和资源，避免单一视角和片面性的问题，从而提高了理论的质量和可信度。同时，共同构建理论也有助于促进学术界与实践界的互动和合作，将理论与实践相结合，推动理论的应用和落地。

追随者所执行的行为应被视为领导力，而非单纯的追随力。事实上，追随力和领导力这两个概念在很大程度上是可以互换的。基于领导-成员交换（leader-member exchange，LMX）理论和Hollander（1993）的活跃追随者概念，Shamir（2007）从关系视角提出了"共同创造论（co-production）"。Shamir认为，领导力并非单方面形成，而是由领导者与追随者共同塑造的。为实现协同创造的高效产出，追随者与领导者将构建一种紧密的领导力关系。在这个关系中，追随者的责任在于积极参与并和领导者共同努力，以助力组织实现设定的目标和愿景。根据Shamir的理论，共同创造论强调追随者在领导力过程中的重要性和主动性，使其摆脱下属职位的束缚，提升为积极参与领导力过程的关键角色。这种观点提供了更加平衡的领导力视角。因此，领导力研究者在关注领导者角色的同时，应同样注重追随者角色，以实现更为全面和深入地对领导力的理解和探讨。

在后续的研究中，Fairhurst和Uhl-Bien（2012）超越了传统的角色视角，深入探讨了追随力和领导力的共同社会构建。他们认为，只有在领导力的影响与追随力的授予行为（如顺从）或身份宣示一致时，领导力才会真正显现。在观察追随行为时，我们发现追随力包括领导者和追随者之间的宣示与授予、顺从或抵抗，以及对一方的愿望或影响进行协商。这一研究为理解领导力与追随力之间的互动关系提供了更深刻和全面的视角。

DeRue等（2011）的研究指出追随力并非与角色直接相关，而是与个体的行为有关。因此，我们可以认识到，领导并非始终处于支配地位——他们也会倾听下属的观点，这预示着领导者同样会表现出"追随行为"模式。

共同构建理论为我们理解领导力和追随力的互动关系提供了新的视角。在这个过程中，领导者与追随者通过关系、行为和身份的互动共同塑造了领导力和追随力。为了组织的成功，我们必须意识到追随者在领导力过程中扮演着重要角色。他们的积极参与和主动参与对于组织的发展和进步至关重要。因此，我们应该在关注领导者角色的同时，也充分重视追随者角色的作用。通过深入研究追随者在领导过程中的行为和影响，我们可以更全面地理解领导力的本质和作用机制。

（二）追随与领导在组织中的整合

领导者与追随者之间的关系是复杂且微妙的，涉及多个层面的相互影响。在理解这种关系时，我们首先需要考虑追随者的个性特质、情感状态以及态度。这些因素都会令追随者对领导者的认知产生深远的影响。

例如，情感稳定性、自我效能感、工作满意度和动机等因素都会影响追随者对领导者的感知和评价（Dvir and Shamir，2003；Bligh et al.，2007）。情绪唤醒程度也会影响追随者对魅力型领导的偏好程度（Pastor et al.，2007）。这些个人因素不仅决定了追随者如何看待和评价领导者，还可能影响他们与领导者的互动方式和关系质量。

除了个人因素，追随者与领导者在时间深度上的差异也会令追随者对领导者的认同产生影响（Bluedorn and Jaussi，2008）。这种认同可以理解为追随者对领导者的信任和认可程度。如果追随者对领导者缺乏信任或认可，那么他们就很难与领导者建立良好的关系，从而影响到整个团队的协作和绩效。因此，领导者需要了解和关注追随者的需求、期望和价值观，以便更好地建立和维护与他们的关系。

此外，追随者对领导者的期望也能影响领导行为（Rosenau，2004）。这种期望可以理解为追随者对领导者的要求和期待。如果领导者不能满足追随者的期待，那么追随者就可能会对领导者产生不满或失望，进而影响整个团队的协作和绩效。因此，领导者需要了解和满足追随者的期望，以提高团队的凝聚力和绩效。

领导者的领导风格会对追随者的追随行为产生深远影响，这是组织行为学中一个重要的研究课题。在独裁式领导下，追随者往往是被迫跟随，导致上下级关系相对脆弱（Rosenau，2004）。这种领导方式限制了追随者的主动性和创造性，因为他们只是简单地执行上级的决策，没有参与决策的机会。独裁式领导虽然在一定程度上可以提高组织效率和执行力，但从长期来看，这种领导方式既不利于培养追随者的能力，也不利于建立健康的组织文化。

相比之下，分享式领导方式更注重团队成员的参与和贡献。在这种领导方式下，团队成员能够建立互惠互利的关系，从而有助于提高组织整体的产出水平（Avolio et al.，2009）。分享式领导鼓励追随者参与决策过程，使他们感到自己是组织的重要成员，进而提高他们的归属感和工作积极性。这种领导方式有利于培养追随者的能力和创造力，促进组织的长期发展。

魅力型领导往往在组织内部塑造一种英雄形象，这种领导方式在一定程度上可以激发追随者的热情和忠诚度。然而，魅力型领导方式并不一定能有效激励追随者提升绩效。事实上，如果魅力型领导不能将个人魅力有效转化为组织的共同价值观和目标，那么这种领导方式可能会导致组织内部的分裂和冲突。

变革型领导者更倾向于鼓励全员参与，通过授权和共享目标的方式，充分释放追随者的潜能（Miller，2007）。变革型领导者通常具有创新思维和敏锐的洞察力，他们能够引导组织适应不断变化的环境和市场需求。通过与追随者建立共同的价值观和目标，变革型领导者能够激发他们的积极性和创造力，共同推动组织不断发展和进步。

除了领导风格，领导者还需要关注追随者的需求和动机。例如，如果追随者缺乏自信或对组织整体了解不足，那么他们就可能会感到不安或迷茫，进而影响整个团队的协作和绩效。因此，领导者需要关注追随者的情感状态和认知情况，通过提供必要的支持和帮助来提高他们的自信心和工作满意度。

综上所述，领导者与追随者之间的关系是复杂且微妙的，涉及多个层面的相互影响。为了建立和维护良好的关系，领导者需要了解和关注追随者的需求、期望和价值观，并努力满足他们的期望。同时，领导者还需要关注自己的领导风格和行为方式，以避免出现独裁式领导或魅力型领导等不利于团队协作和绩效的情况。只有这样，才能建立一个高效、协作、和谐的团队。

在领导与追随关系的研究中，许多研究者已经深刻认识到这两者之间的紧密关联。它们之间的关系并非孤立存在，而是相互依存、相互影响的。因此，为了更深入地理解这种关系，研究者们开始采用一种更综合性的研究视角。

Hollander（1993）提出，我们需要转变传统的领导者－追随者关系，建立一种更开放、动态和双向的上下级关系。这种关系的建立应以"互惠"为基础。在传统的领导-追随关系中，领导者通常被视为决策者和指导者，而追随者则更多地扮演执行者的角色。然而，Hollander 认为，这种关系应该转变为一种互惠的关系，其中领导者与追随者之间的角色可以相互转换，彼此之间的交流和互动可以更加频繁和深入。

为了更好地理解领导-追随关系，Küpers（2007）从个体/群体和内/外两个维度出发，将领导-追随研究划分为四个象限。这四个象限分别代表个体层面的意识、行为，以及群体层面的文化和系统研究。通过整合这四个领域，Küpers 提出了一种全象限、全水平、全路径的 AQAL（all quadrant，all level，all lines）模型。在 AQAL 模型中，领导者需要关注个体和群体层面的意识、行为以及文化和系统层面的研究。领导者需要了解追随者的需求、期望和动机，以便更好地指导他们并促进他们的成长和发展。同时，领导者还需要关注组织的文化和系统，以确保这些因素与领导者的价值观和目标相一致。

Bjugstad 等（2006）将 Kelly 的追随者类型与 Hersey 和 Blanchard 的领导类型一一对应，并构建了一个整合模型，如图 6-8 所示。这个模型对于指导实践中领导者与追随者的合作具有深远意义。

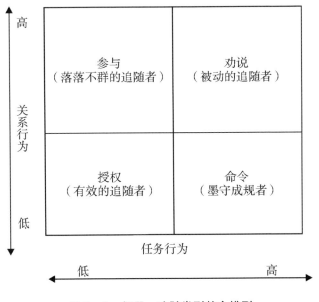

图 6-8　领导-追随类型整合模型

总之，领导-追随关系是一个复杂且多维度的领域。为了更好地理解这种关系，研究者们需要采用一种综合性的研究视角，关注个体和群体层面的意识、行为以及文化和系统层面的研究。同时，领导者也需要转变传统的思维方式，建立一种更开放、动态和双向的上下级关系，关注追随者的需求和反馈，以实现更有效的领导和更高效的团队绩效。

七、追随领导力印记

雷军凭借其卓越的领导力和其团队的追随力，创造了小米成为全球知名科技品牌的辉煌。雷军的领导力体现在他对行业趋势的准确判断和果断决策上。他敏锐地意识到智能汽车是未来的趋势，小米作为一家科技巨头，应当抓住这一风口。因此，雷军毫不犹豫地决定进军汽车行业，而且是带着"愿赌一生名誉造小米汽车"的决心。雷军清楚自己是一个追风口的人，而不是创造风口的人，因此他抓住了手机和智能汽车行业这两个重要的风口，准确地判断了未来的发展方向，坚定地带领小米进军汽车领域。雷军谦逊低调、平易近人、脚踏实地，获得了团队成员的尊重和拥护。雷军不仅善于倾听团队的意见，也积极地为团队成员提供支持和鼓励，激发了团队的创造力和凝聚力，为小米的不断发展壮大提供了坚实的基础。在雷军的带领下，小米不断突破自我、不断进取，成为中国乃至全球科技行业的领军者。从雷军的话语中，我们可以感受到其卓越的领导力和对团队的重视，如图6-9所示。

1. 优秀的公司赚取利润，伟大的公司赢得人心。
2. 一个人可能走得更快，但一群人走，才能走得更远。
3. 小米真正的KPI就是我们怎么能够超越用户的预期，让用户愿意口口相传，让用户成为粉丝，让用户给他的朋友推荐。
4. 我觉得一个打动人心的产品，是不需要太高的推广成本就能很轻松的被消费者所接受，而且在社交媒体上被广泛的传播。
5. 创业就像打仗，团队的配合非常重要。你必须要找到最适合你的人合作，让彼此之间产生默契，并共同进退
6. 没有任何成功是不冒风险的，直面风险，豁出去干。

图6-9 雷军追随与被追随的领导风格

第7章　LEO 领导力与组织未来发展

一、领导力与组织演化

(一) 个体领导力的演进

1. 领导力的形成过程

经由五个中心而形成的领导力是一个长期的累积过程，这一过程可以分解为具有不同特征的五个具体阶段，如图 7-1 所示。

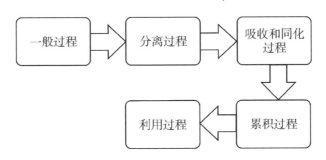

图 7-1　领导力形成的五个阶段

(1) 一般过程 (general stage)。在这个阶段，个人开始接触和了解领导力的基本概念，包括通过正规教育、阅读、研讨会或观察他人的领导行为来获得领导力知识。个人在这个阶段可能会形成对领导力的基本认识，并开始探索自己在领导角色中的潜力。

(2) 分离过程 (differentiation stage)。在分离过程中，个人开始区分不同类型的领导风格和方法，并评估哪些最适合自己。这个阶段可能涉及自我反思和自我评估，个人会识别自己的优势和弱点，并开始调整自己的领导方式以更好地适应不同的情境和团队。

(3) 吸收和同化过程（assimilation stage）。这个阶段是领导力发展的关键时期，个人开始吸收自己学到的领导理论和技能并内化为自己的领导实践。这可能涉及在实际工作中尝试新的领导策略，从成功和失败中学习，并逐渐形成自己独特的领导风格。

(4) 累积过程（cumulative stage）。在累积过程中，个人的领导力通过持续的实践和经验积累而逐渐增强。这个阶段的个人已经具备了较成熟的领导技能，能够在复杂和有挑战性的环境中有效地领导他人。他们可能会担任更高级别的领导职位，并在组织中承担更多的责任。

(5) 利用过程（utilization stage）。在利用过程中，领导者将他们的领导力用于实现组织目标和推动社会变革。这个阶段的领导者不仅能够有效地管理团队和项目，还能够激发他人的潜力，引导组织创新，并对社会产生积极影响。

这五个领导力发展阶段并非是孤立存在的，而是相互交织、互为补充的。个人在领导力提升过程中，可能在不同时间体验到这些阶段，抑或在某些方面展现出不同的发展层次。深入理解这些阶段，有助于个人和组织更有效地推动领导力的成长与升华。

2. 领导愿望的产生

毛泽东说过："人生总是先相信，后看见。"据说毛泽东曾问喜饶嘉措大师："佛教说人有轮回，怎样才能让人相信呢？"大师问毛泽东："今天你能看见明天的太阳吗？"毛泽东说："看不见。"大师又问："那你相信明天会有太阳吗？"毛泽东笑而不语。

Hope（领导力）= Willpower（意志力）+ Waypower（途径力，即目标吸引力）揭示了领导力的核心构成，为我们理解领导者的动机和行为，以及如何实现自身的领导愿望提供了有益的框架。

意志力，简单来说，是一个人为了实现目标所展现出的决心和毅力。对于领导者而言，意志力尤为重要，因为它决定了领导者能否坚定地追求自己的愿景和目标。领导者的愿望通常源于对社会、组织或个人的深刻洞察和期望，他们渴望通过改变或改进现状，为团队或社会带来积极的影响。强大的意志力使得领导者能够在面对困难、挑战和阻碍时，保持不屈不挠的精神，持之以恒地推动实现自己的愿景和目标。

以著名的苹果公司创始人史蒂夫·乔布斯为例，他就是一个拥有强大意志力的领导者。乔布斯对产品的极致追求和对创新的执着信念，使他在面对困境和挫折时，始终坚定地走在自己的道路上。他的这种意志力不仅推动了苹果公司的快速发展，也影响了整个科技行业的走向。

途径力，简而言之，是实现目标所需的方法、策略和资源。对于领导者来说，途径力意味着他们不仅需要具备获取和利用资源的能力，同时还需要制定出有效的策略和计划，以便将愿景转化为现实。领导者的途径力不仅体现在他们如何制定目标上，还体现在他们如何组织团队、分配资源以及应对变化上。

以亚马逊公司创始人杰夫·贝索斯为例，他通过独特的商业模式和创新的物流体系，将亚马逊从一个在线书店发展成为全球最大的电商平台。贝索斯展现出的途径力，使他能够敏锐地捕捉到市场的变化，迅速调整发展策略，为亚马逊的发展铺平了道路。

意志力与途径力共同构成了领导力的核心要素。领导者需要具备强大的意志力，以便在面对困难时能够坚定信念，勇往直前；同时，他们还需要具备有效的途径力，以便在追求目标的过程中找到正确的路径，充分利用资源、把握发展机会。只有当领导者同时具备这两种力量时，他们才能真正发挥出领导力的潜力，带领团队实现远大的愿景和目标。

3. 领导力与组织发展中的多维度框架：万科领导力资质模型

房地产行业，作为与人们日常生活紧密相连的市场领域，其发展轨迹往往能够反映人性的复杂性。在这一行业中，人性的贪婪欲望尤其容易被放大，从而引发一系列的连锁反应。万科，作为中国房地产行业的领军企业，也面临着同样的挑战。然而，万科所遭遇的挑战，并不仅仅局限于管理层面，而是更深层次的行业问题。这些问题关乎整个房地产行业的健康发展，需要我们从更广泛的角度进行思考并解决。

中国正经历百年未有之大变局，深入分析万科的成功经验显得尤为关键。这些经验不仅映射了行业动态及人性因素在商业决策中的核心影响，而且提供了防止历史错误重现的珍贵教训，进而指导我们在复杂且多变的商业环境中如何稳健发展。万科作为中国房地产行业的领军企业，其成功在很大程度上取决于其独特的领导力资质模型（图7-2）。这一模型以整合性思维、学习成长和持续改进为核心，通过发展他人、塑造组织能力和团队领导三条途径，深刻影响伙伴关系、客户导向、股东视角和市场敏锐度。同时，这一模型还强调了修身齐家平天下的重要性，体现了万科对领导力内涵的深刻理解和全面把握。

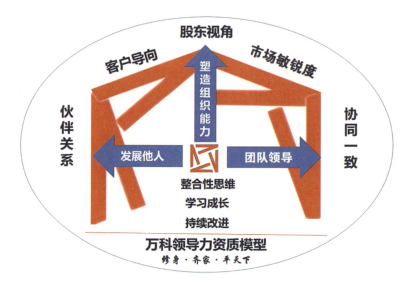

图 7-2 万科领导力资质模型

整合性思维：领导力的基石。整合性思维是万科领导力资质模型的核心要素之一。它要求领导者具备全局观念，能够全面、系统地思考问题，把握事物之间的内在联系和规律。在万科看来，整合性思维能够帮助领导者在复杂多变的市场环境中做出明智的决策，引领企业走向成功。

为了培养整合性思维，万科的领导者需要不断拓宽视野，增强跨界学习能力，善于从多个角度审视问题。同时，他们还需要注重团队协作，鼓励员工分享观点，激发集体智慧，共同推动企业的发展。

学习成长：领导力的源动力。学习成长是万科领导力资质模型的另一个核心要素。在快速变化的市场环境中，领导者必须保持敏锐的洞察力和持续的学习动力，才能不断适应新的挑战和机遇。万科鼓励领导者树立终身学习的理念，通过参加培训、阅读书籍、分享经验等方式，不断提升自己的专业素养和领导能力。同时，万科还倡导领导者保持开放的心态，勇于接受新事物，敢于尝试不同的方法和策略，以推动企业的创新和发展。

持续改进：领导力的永恒追求。持续改进是万科领导力资质模型的又一个核心要素。在万科看来,领导者应该具备追求卓越的精神,不断寻求改进和创新的机会,推动企业不断向前发展。为了实现持续改进,万科的领导者需要关注细节,善于发现问题和不足,并及时采取措施进行改进。同时,他们还需要建立有效的反馈机制,倾听员工和客户的意见和建议,持续改进产品和服务,以满足市场的需求和客户的期望。

发展他人、塑造组织能力和团队领导:领导力的拓展路径。除了整合性思维、学习成长和持续改进,万科领导力资质模型还强调了发展他人、塑造组织能力和团队领导三条途径的重要性。这些途径是领导者实现自我拓展和影响力提升的关键所在。

首先,发展他人是领导者的重要职责之一。万科鼓励领导者关注员工的成长和发展,为员工提供培训和支持,帮助员工实现自我提升和价值实现。通过培养优秀的员工队伍,领导者不仅能够提升团队的整体实力,还能够增强企业的核心竞争力。其次,塑造组织能力是领导者的核心任务之一。万科领导者需要关注企业的组织结构和文化建设,推动组织变革和创新,以适应市场的变化和挑战。通过建立良好的组织氛围和激励机制,领导者能够激发员工的积极性和创造力,推动企业的持续发展。最后,团队领导是领导者展现领导力的重要舞台。万科强调团队合作和协同作战的重要性,领导者需要善于组建和管理团队,以发挥团队成员的各自优势,形成合力。通过有效的团队领导,领导者能够带领团队攻坚克难,实现企业的战略目标。

修身齐家平天下:领导力的境界提升。在万科领导力资质模型中,修身齐家平天下被视为领导者境界提升的重要方面。这体现了万科对领导者个人素养和社会责任的高度重视。

首先,修身是领导者自我提升的基础。万科鼓励领导者注重提升个人品德修养和道德素质,树立良好的形象和榜样。通过自我修炼,领导者能够不断提升自己的领导魅力和影响力,赢得员工和社会的尊重。

其次,齐家是领导者家庭和社会责任的体现。万科倡导领导者关注家庭和谐与幸福,积极履行家庭责任,为家庭创造幸福和温暖。同时,领导者还需要关注社会发展,积极履行社会责任,为社会的繁荣和进步贡献力量。

最后,平天下是领导者追求的最高境界。万科鼓励领导者树立远大理想和目标，关注全球视野和人类命运共同体的构建。通过推动企业的国际化发展和参与全球治理，领导者能够为实现世界和平与发展贡献智慧和力量。

万科领导力资质模型是一个全面且系统的框架，它整合了整合性思维、学习成长、持续改进等多个方面，为领导者提供了清晰的发展路径和成长方向。通过不断提升自身素养和能力，万科领导者将能够引领企业走向更加辉煌的未来。

4. 华为：发展要耐得住寂寞

从1987年创立至今，华为经历了多次生死危机与外界打压，尽管伤痕累累，但每次都能逆势而上，终于成长为世界领先的科技公司之一。华为之所以有这么大的成就，得益于其独特的领导力模型（图7-3）。

1）华为发展的管理理念：开放、合作、创新。

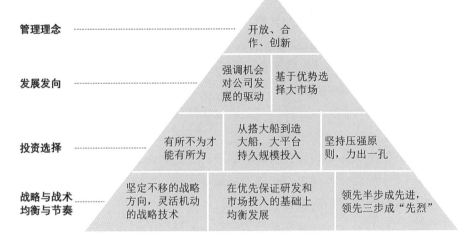

图7-3　华为领导力模型

（1）不开放就会死亡，企业一定要开放，不开放就是死路一条。

（2）以自己的核心成长为基础开放合作，实现共赢。

开放与合作是企业之间关系发展的大趋势，未来世界只有加强合作，才能获得更大的共同利益，实现共赢。

（3）创新是华为发展的不竭动力。

知识经济时代，企业生存和发展的方式发生了根本的变化，过去是靠正确地做事，现在更重要的是靠做正确的事。过去人们把创新看作是冒风险，现在不创新才是最大的风险。

2）发展方向：抓住机会的力量，基于优势选择大市场。

（1）基于优势选择大市场，大市场才能孵化大企业。

首先，只有大市场才能孵化大企业。通信市场就是一个大市场，中国通信网的蓬勃发展给了华为这个机会，华为抓住了。其次，华为要利用独特优势进入新领域，为客户做出与众不同的贡献。

（2）抓住"机会窗"，强调机会对公司发展的驱动，我们必须看到机会之于企业的重要性，抓住机会，加大投入。

第一，机会是企业扩张的动力。第二，要学会抓住机会、创造机会、引导需求。第三，在市场模糊的情况下必须多路径探索，当市场明晰时立即将投资重心转到主线上去。第四，要赢得未来，必须加大对机会的战略投入。

3）华为如何搞投资？

（1）抓住核心，开放周边，有不为才能有所为。

首先，任何企业的投资行为，都要学会禁得住诱惑。尤其是在与企业核心竞争力不相关的利益面前，一定要忍住。其次，华为的投资行为，始终秉持抓住核心、放开周边的原则。

（2）从搭大船到造大船，大平台持久规模投入。

未来的竞争是平台的竞争。在技术日益趋同，客户需求却日益多样化的今天，只有靠平台的支撑，才能更快速地满足客户需求。长期来看，产品间的竞争归根结底在于平台的竞争。

（3）坚持压强原则，力出一孔。

第一，华为坚持压强原则。第二，坚持力出一孔，利出一孔，下一个倒下的就不会是华为。

4）华为军团如何掌控战略、战术的均衡与节奏？

（1）要有坚定不移的战略方向，灵活机动的战略战术。

（2）保证研发投入比例，加大投入构筑华为的先进性和独立性。

（3）领先半步成先进，领先三步成"先烈"。

5）华为与 IBM 共创管理变革新篇章：IPD（integrated product development）系统的破茧成蝶之路。

早在1998年的全球化浪潮中，华为公司的创始人任正非就以其敏锐的洞察力预见到了全球通信市场的风云变幻和日益激烈的竞争态势。他深感企业内核的管理机制与产品研发流程急需一场深度变革，以更好地应对瞬息万变的市场需求。为此，任正非做出了一个具有战略意义的大胆决策：联手国际知名管理咨询巨头IBM，斥资数亿美元启动全面的业务流程再造和管理体系建构项目。

在这场前所未有的战略合作中，IBM派遣了其顶尖专家团队入驻华为，引入了一种称为IPD的集成产品开发流程。该流程秉持以客户为中心、紧跟市场需求的核心理念，旨在缩短产品上市周期，提升产品质量，降低成本，并确保产品精准对接市场需求。IBM团队对华为展开了深度的组织诊断，剖析出了华为管理流程中的七大症结，并提炼出了五个以客户为核心的成功关键要素。

在吸纳和践行国际先进的管理理念及实践中，任正非前瞻性地提出了信息化进程管理三部曲："先僵化、后优化、再固化"。他引领华为全员经历了一场虽痛苦但至关重要的转型之旅，打破了传统的部门隔阂，转而采用以流程为主轴的矩阵管理模式。

在新管理体系导入初期，任正非深知只有彻底贯彻新流程，才能避免新体系流于表面，真正实现管理效率的跃升。因此，他主张首先要"僵化"，即严格遵照引进的国际一流标准与流程操作，哪怕初期可能面临种种不适应和挑战，也要全面地适应与执行。经过一段时间的严格遵循后，华为进入了"优化"阶段。在全面理解和熟练掌握新流程的基础上，结合自身特点与市场需求，华为寻找到并落实了一系列适应性改进措施，使流程得以优化，更贴近华为特色和市场诉求。最后则是"固化"环节，即将优化过的流程予以标准化和制度化，确保它们深深植根于华为的企业文化土壤之中，成为华为内部管理不可或缺的组成部分，并将持续为未来企业的发展提供动力源泉。

这一管理思想的孕育与实践，标志着华为在全球化征程中不断学习、吸收、消化和创新，彰显了任正非宽阔的学习视野和对推进企业管理现代化的坚定信念。经过一系列深刻的变革与多年的坚持不懈和严格执行，华为终于将IBM的卓越管理理念与流程内化为自己的企业基因，实现了从产品研发到客户服务全过程的高效运作。这不仅成为华为蜕变成为全球通信设备领域领军者的决定性节点，更为中国企业在借鉴世界先进管理经验、推动自主创新和国际化进程方面树立了一个标杆案例。

5. 领导力与组织发展：领导力的社会结构洞

结构洞理论由罗纳德·伯特在1992年出版的《结构洞：竞争的社会结构》一书中首次提出。这一理论指出，人际网络中的空白区域，即结构洞，能够赋予控制这些区域的个人或组织在信息和资源获取方面的优势。结构洞类似于社会网络中的缺口，其中网络的一部分成员仅与特定的其他成员直接相连，而与非特定的其他成员则没有直接的联系，这种情况可能表现为缺乏直接关系、关系强度较弱或关系中断。这些缺口在整个网络结构中形成了类似于洞穴的空间。领导力在有效弥合结构洞中的弱关系方面发挥着至关重要的作用，它是提升组织效能和促进创新发展的关键。

为了充分挖掘结构洞中的潜力，领导者需要展现出敏锐的洞察力、积极的态度和高效的管理能力，以此激发组织的新活力和动力。首先，领导力要求领导者具备识别结构洞的敏锐洞察力。在人际网络的交织中，结构洞往往是信息汇聚和资源流动的关键节点。领导者必须深入理解网络结构，准确发现这些结构洞，并认识到它们在促进信息流通和资源分配中的核心价值。其次，领导力体现在主动连接结构洞中的弱关系。这些弱关系常常意味着信息不对称和资源分配不均。领导者应主动出击，与结构洞内的关键个体或组织建立联系，通过建立沟通桥梁，促进信息交流和资源共享，从而强化这些弱关系。再次，领导力还要求领导者有效管理结构洞中的弱关系。维护这些关系需要领导者掌握卓越的沟通和协调技巧。通过持续的互动、信息共享和资源交换，领导者可以巩固与结构洞中个体的联系，确保关系的持续活跃与稳定。同时，领导者还需要灵活调整策略，以应对网络结构的演变和个体需求的变化。最后，领导力的目标是通过利用结构洞中的弱关系来推动组织发展。这些弱关系不仅是信息和资源流动的通道，更是创新和变革的孵化器。领导者应充分利用这些关系，引入新思维、新技术和新资源，以驱动组织的创新和进步。此外，通过拓展弱关系，领导者还能增强组织的社会资本，提升其在市场中的竞争力和影响力。

互联网时代下的领导力也逐渐网络化，其社会网络架构如图7-4所示。Hub 网络中心（D）是网络架构中的核心要素，担任着连接多个其他节点的关键角色，是信息流通的重要枢纽。Broker 经纪人（H）则在网络中发挥着桥梁作用，连接不同的网络或群体，推动信息和资源的有效流动与交换。Informant 消息人士（I）则是网络中不可或缺的一环，负责收集并传播关键信息，是信息流通的重要源头和传播者。

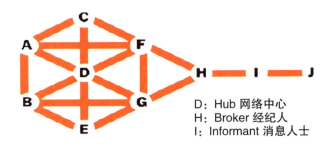

D：Hub 网络中心
H：Broker 经纪人
I：Informant 消息人士

网络价值随着网络人数的增加呈指数式上升
（Matcafle's Law）

图 7-4　领导力网络化的社会网络架构

在当今这个互联网时代，领导力的演变与网络化的进程紧密相连。随着梅特卡夫定律（Metcalfe's Law）揭示的深入，我们逐渐认识到网络的价值随着网络人数的增加呈指数式上升。这一法则不仅揭示了网络规模对于网络价值的重要性，而且也为领导力的网络化演变提供了有力的理论支撑。

在传统的领导模式下，领导者通常依赖于单向的指导和控制，然而，在互联网时代，这种模式已经难以满足现代组织的发展需求。现代领导者需要建立起广泛的网络联系，与关键意见领袖（KOL）紧密合作，同时充分发挥网络中心、经纪人和消息人士等角色的作用，以拓展自身的影响力和领导效果。

网络化的领导力模式赋予了领导者开放的思维方式和多元的视角。领导者需要倾听并吸纳来自不同网络节点的意见和反馈，并将各种信息和观点进行整合，形成更全面和深入的洞察。同时，领导者还需要成为一个经纪人，搭建起各个网络之间的桥梁，促进信息和资源的流动，从而实现更高效和协同的团队合作。

KOL 在网络化的领导力模式中扮演着举足轻重的角色。他们通常具备丰富的专业知识和广泛的社会影响力，通过与他们的合作，领导者可以将自己的观点和理念传播到更广泛的受众中，进而提升领导力和组织影响力。同时，与 KOL 的合作也有助于领导者获取更准确和前沿的行业信息，为组织的战略决策提供有力支持。

因此，我们可以看到，领导力不再是孤立的个体行为，而是一个基于网络关系和合作的共同体活动。通过充分利用网络化的优势，领导者可以更好地实现自身的领导目标，推动组织或团队朝着更高的发展方向前进。

此外，网络化的领导力还需要领导者具备一定的数字素养和技术能力。随着互联网的不断发展，数字化和数据化已经成为现代组织的标配。领导者需要了解并掌握数字化技术，运用数据分析和大数据挖掘等工具，更加精准地把握市场趋势和客户需求，为组织的战略决策提供更科学和可靠的依据。

同时，网络化的领导力还需要领导者注重团队文化建设和团队氛围营造。一个优秀的团队不仅需要具备强大的业务能力和创新能力，还需要有共同的价值观和使命感。领导者需要通过网络化的方式，促进团队成员之间的交流和合作，营造积极向上的团队氛围，激发团队成员的创造力和潜能，共同推动组织的发展。

（二）组织领导力的演进

1. 领导力社会网络化

在日益复杂多变的商业环境中，领导者的角色不再局限于简单的决策和指挥。他们需要通过精心构建和运营自身的社会网络，为企业获取宝贵的资源，并推动企业的战略行动。这些社会网络包括知识网络、政府关系网络、同历网络、朋友网络以及商业合作网络等，如图 7-5 所示。

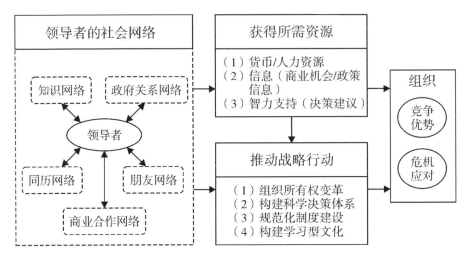

图7-5 数字时代领导力社会网络化

首先,知识网络是领导者获取行业最新动态、前沿技术和创新理念的重要途径。通过与专家学者、研究机构等建立紧密联系,领导者可以确保企业始终站在行业的前沿,为企业的长期发展提供智力支持。其次,政府关系网络对于企业的发展同样至关重要。通过与政府部门的沟通与合作,企业可以及时了解政策走向,获得政策支持和优惠,从而在激烈的市场竞争中占据有利地位。再次,同历网络是指那些与企业领导者有共同经历、共同背景的人脉资源。这些人在企业面临困境时,往往能提供宝贵的建议和支持,帮助企业渡过难关。复次,朋友网络虽然看似与企业经营无直接关系,但实际上,它对于企业的品牌形象和口碑传播具有重要影响。通过与各界朋友的交往,领导者可以为企业树立良好的形象,吸引更多的合作伙伴和优秀人才。最后,商业合作网络是企业获取资源、拓展市场、实现共赢的重要平台。通过与上下游企业、同行竞争者等建立合作关系,企业之间可以实现资源共享、风险共担,共同应对市场挑战。

通过这些社会网络,领导者可以为企业获取资金、人力资源、商业机会和政策信息等宝贵资源。资金是企业运营的血脉,领导者需要善于通过多种渠道筹集资金,包括银行贷款、股权融资、债券发行等。同时,人力资源也是企业发展的关键因素。领导者需要擅长招聘、培训和激励员工,打造一支专业、高效、忠诚的团队。此外,领导者还需要敏锐地捕捉商业机会和政策信息，以便及时调整企业战略，把握市场脉动。

在资源获取的基础上，领导者需要推动企业实施一系列战略行动。首先，变革组织所有权是其中的关键一环。通过调整企业股权结构、引入战略投资者等方式，可以优化公司的治理结构，提高决策效率和执行力。其次，构建科学决策体系至关重要。领导者需要建立一套完善的决策机制，包括信息收集、分析、评估、决策和执行等环节，确保企业决策的科学性和准确性。再次，建设规范化制度也是必不可少的。通过制定和执行严格的规章制度，可以确保企业运营的规范性和稳定性。最后，构建学习型文化是企业持续发展的根本。领导者应倡导终身学习的理念，鼓励员工不断学习新知识、新技能，以适应不断变化的市场环境。

这些战略行动的实施将带来显著的效果。首先，企业的管理水平将得到大幅提升。通过优化治理结构和决策机制，企业可以更好地应对各种挑战和机遇。其次，决策效率将得到显著提高。科学的决策体系可以确保决策的快速和准确，从而使企业可以抓住更多的商业机会。最后，企业的创新能力也将得到显著增强。学习型文化的构建将激发员工的创新精神，推动企业不断研发新产品、新技术和新服务。这些创新将为企业带来竞争优势，提高企业的市场份额和盈利能力。

2. 领导力成长中心

领导力成长是一个复杂且多元的过程，它涉及到多个方面的因素。其中，与五个中心的关系尤为密切。这五个中心分别是文献资料中心、研究与发展中心、正规教育中心、工业中心和家庭中心，如图7-6所示。

(1) 文献资料中心 ──→ 主要是信息的贮藏和补救

(2) 研究与发展中心 ──→ 主要是与知识的产生相联系的基础研究、发明、创新和传播

(3) 正规教育中心 ──→ 主要与知识的转化相联系

(4) 工业中心 ──→ 主要是获得的知识在商品和劳务生产中的利用

(5) 家庭中心 ──→ 作为正规教育补充的重要人力发展中心

图7-6 领导力成长中心

(1) 文献资料中心是领导力成长的基石。这个中心主要是信息的贮藏和补救，可以为领导者提供丰富的知识资源和历史经验。通过阅读文献资料，领导者可以了解前人的智慧和教训，避免重蹈覆辙，以便更好地应对各种挑战。同时，文献资料中心也为领导者提供了持续学习的机会，使他们能够不断地更新自己的知识体系，跟上时代的步伐。

(2) 研究与发展中心是领导力成长的催化剂。这个中心主要是与知识的产生相联系的基础研究、发明、创新和传播。领导者通过参与研究与发展活动，可以深入了解问题的本质，发现新的解决方案，推动组织的进步和发展。同时，研究与发展中心还为领导者提供了与同行交流的平台，有助于拓宽他们的视野，增强创新思维。

(3) 正规教育中心在领导力成长中扮演着重要的角色。这个中心主要与知识的转化相联系。通过正规教育，领导者可以系统地学习管理理论、领导技巧和方法论，为他们的领导实践提供有力的理论支持。同时，正规教育中心还为领导者提供了与其他行业领袖交流的机会，这有助于他们建立广泛的人脉网络，提升个人影响力。

(4) 工业中心是领导力成长的实践舞台。这个中心主要是获得的知识在商品和劳务生产中的利用。领导者通过参与工业生产活动，可以将所学的理论知识和实践经验相结合，不断提升自己的领导能力和管理水平。同时，工业中心还为领导者提供了解决实际问题的机会，这有助于他们锻炼自己的决策能力、协调能力和创新能力。

(5) 家庭中心作为正规教育的补充，也是领导力成长不可忽视的一环。家庭是个人成长的重要场所，家庭教育和家庭氛围对领导者的成长具有深远影响。在家庭中心，领导者可以学习到家庭伦理、亲情关爱等非正式知识，这些知识对于培养他们的领导力、人格魅力和人际关系具有重要的作用。同时，家庭中心还为领导者提供了情感支持和精神寄托，有助于他们在领导实践中保持积极的心态和坚定的信念。

这五个中心共同构成了领导力成长的完整生态系统，为领导者提供了全方位的支持和保障。在这个生态系统中，领导者可以不断地吸取知识、锻炼能力、拓展视野，实现自我超越和组织发展。

3. 领导力社会网络的构建策略

在当今这个快速变革的社会，组织的网络化战略成为许多领导者追求的目标。为了更好地实现资源整合、拓展业务领域，领导者们常常运用两种主要的网络化策略：建桥策略和引桥策略，如图7-7所示。

策略名称	定义	理论特征	管理实践表征
建桥策略	领导者自己作为连接组织内部网络和目标社会网络的"桥"，领导者成为目标社会网络中的一员，占据结构洞位置，以此来搭建新的社会网络，获取资源的策略	领导者成为连接两个网络的"桥"并占据结构洞位置	企业家当选人大代表/政协委员 在行业协会担任职务 参加商会组织 参加EMBA学习班
引桥策略	领导者自己不作为"桥"，从目标社会网络中引进人员进入组织内部网络，从目标社会网络引入的新成员作为连接两个网络的"桥"，占据结构洞位置，以此来获取资源的策略	引入目标网络的新成员成为连接两个网络的"桥"，占据结构洞位置	聘请外部人员（包括政府官员等）作为公司顾问 聘请学者作为公司独立董事

图7-7 数字时代领导力网络化的特征

建桥策略的核心在于领导者自身充当连接组织内部网络和目标社会网络的"桥"，占据结构洞位置，通过搭建新的社会网络来获取资源。在实践中，这样的策略常常体现为领导者当选人大代表、政协委员等职务，基于这些身份，他们能够深入社会各个层面，搭建起与政界、商界的紧密联系。此外，在行业协会担任职务、参加商会组织、参加高级管理人员工商管理硕士（executive master of business administration，EMBA）学习班等也是建桥策略的具体体现。通过这些平台，领导者不仅能够获取最新的行业信息，还能够结识更多志同道合的伙伴，为组织的发展提供有力支持。

然而，建桥策略并非适用于所有情况。在某些情况下，领导者可能并不适合或无法担任"桥"的角色。这时，引桥策略便成为一个很好的选择。引桥策略的核心在于领导者不直接作为"桥"，而是从目标社会网络中引进新成员成为组织内部网络的"桥"，占据结构洞位置，以此来获取资源。在实践中，这样的策略常常体现在聘请外部人员（如政府官员等）作为公司顾问、独立董事，聘请学者作为公司顾问等方面。通过这些外部人员的加入，组织能够获得更多元化的资源和视角，进一步提升竞争力。

建桥策略和引桥策略都是领导者实现网络化战略的重要手段。在选择具体策略时，领导者需要根据组织的实际情况、自身的能力和目标社会网络的特点进行综合考虑。同时，这两种策略并非孤立存在，而是可以相互补充、相互促进的。例如，通过建桥策略建立起的关系网可以为引桥策略提供更多的合作机会和资源支持；而引桥策略则可以为建桥策略提供更多的专业建议和外部视角，帮助领导者更好地把握市场动态和发展趋势。

在实际操作中，领导者还需要注意以下三点：首先，要不断提升自身的网络素养和社交能力，以便更好地运用这两种策略；其次，要注重建立和维护与目标社会网络中的关键人物的关系，以确保策略的有效实施；最后，要时刻保持警惕，防范网络风险，确保组织的稳健发展。

4. 领导力与国家竞争优势

中国经济的崛起并非一蹴而就，而是经历了多个发展阶段的累积与蜕变。这些阶段不仅反映了国家层面的战略调整，也深刻影响了企业领导风格的演变。国家竞争力的发展阶段和发展过程如图7-8所示。

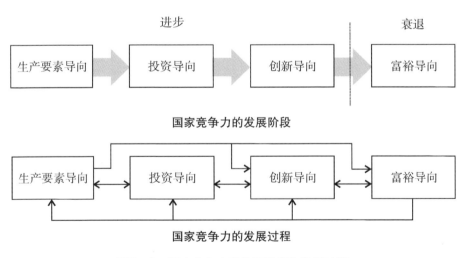

图7-8 国家竞争力的发展阶段和发展过程

（1）生产要素导向阶段。以权威型领导风格为主，从"世界工厂"起步。在20世纪80年代至90年代初期，中国刚刚打开国门，大量外资涌入。这一阶段，国家主要依靠丰富的自然资源和低廉的劳动力成本来获取竞争优势。纺织、玩具制造等劳动密集型产业得到了快速发展，中国因此被誉为"世界工厂"。在这一背景下，企业领导风格普遍以成本控制和规模扩张为主，企业应快速适应市场需求，追求产量和出口量的增长。

（2）投资导向阶段。从权威型向变革型领导风格转变，注重基础设施建设与产业升级。随着经济的进一步发展，中国政府在20世纪90年代末到21世纪初主导了大量的基础设施建设，如高速公路、高铁、机场等。同时，对教育和技术研发的投资也大幅增加，旨在提高生产效率，推动产业升级。在这一阶段，企业领导风格开始转向技术创新和品牌建设，寻求从价值链低端向高端的跃升。

（3）创新导向阶段。从变革型向服务型领导风格转变，以服务型从"中国制造"到"中国创造"。进入21世纪的第一个10年，中国开始逐渐向创新导向阶段过渡。政府推出了"中国制造2025"等一系列创新驱动发展战略，鼓励高新技术产业发展，加强知识产权保护。在这一阶段，企业领导风格更加注重研发和创新能力的培养，以及与国际先进技术的对接和合作。

（4）富裕导向阶段。以服务型领导风格为主，追求高质量与可持续发展。随着人均收入的提高和消费者对高质量产品和服务需求的增长，中国目前正处在向富裕导向过渡的阶段。在这一阶段，经济活动更加注重提高生活质量和实现可持续发展。企业领导风格也开始转向绿色发展和社会责任，注重企业的长期可持续增长和对社会的贡献。

国家的发展阶段不仅决定了国家层面的战略方向，也深刻影响了企业领导风格的演变。从生产要素导向到创新导向，再到富裕导向，每一个阶段都对应着不同的企业领导风格。同时，国家领导风格也对企业领导风格产生了重要影响。例如，中国政府一贯强调的"改革开放"和"创新驱动"等理念，都在不同程度上引导着企业领导风格的转变。

中国经济的发展历程是一个不断蜕变和升级的过程，这不仅推动了国家层面的战略调整，也深刻影响了企业领导风格的演变。未来，随着中国经济的不断发展和升级，企业领导风格也将继续调整和变革，以更好地适应市场需求和国家发展战略。

5. 全球经济体的发展历程

综观全球经济体的发展历程可以发现，第二次世界大战之后，世界各国纷纷开始了激烈的竞争，不仅在军事上，而且在经济、科技、文化等各个领域都展现出了强烈的竞争态势，也表现为权威型、变革型、服务型三种领导风格的转变，如图7-9所示。在这场全球竞争中，新加坡和韩国走上了以生产要素导向为基础，逐步向投资导向转型的发展道路。这种转型并不是一蹴而就的，而是经历了长时间的探索和积累，才实现了经济的快速增长和产业升级。

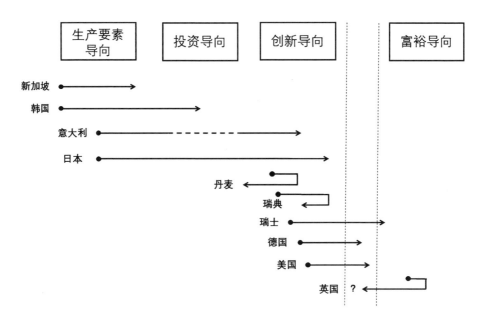

第二次世界大战后各国竞争力的发展情形

图7-9 全球经济体的发展历程

以新加坡为例，这个国家面积不大，自然资源相对匮乏，但它凭借自身的地理优势、政治稳定、法律健全等因素，吸引了大量的外资和技术，逐步发展成为亚洲四小龙之一。同样，韩国也通过大力发展出口导向型经济，实现了从贫穷落后的农业国向工业化国家的转变。

与此同时，意大利和日本的发展道路则略有不同。这两个国家原本都是以生产要素导向为主,但在经历了长时间的积累和发展后,它们逐渐完成了向创新导向转型。意大利以其精湛的工艺和独特的设计闻名于世,而日本则以其先进的技术和高效的管理模式赢得了世界的赞誉。

然而,竞争力的发展并非只有前进,有时也会出现倒退的现象,英国就是一个典型的例子。在工业革命时期,英国凭借强大的创新能力和富裕的资源,成为世界经济中心。但随着时间的推移,英国的创新能力逐渐减弱,经济发展也开始放缓,最终不得不从富裕导向退回到创新导向。

竞争力的发展是一个动态的过程,需要各国根据自身情况灵活调整发展策略,并持续投入和创新,以应对全球竞争的挑战。

6. **领导力与中等收入陷阱**

当我们回顾历史,不难发现,只有少数国家成功跨越了中等收入陷阱,如图7-10所示,其中最为人称道的莫过于日本与韩国。这些国家凭借着坚韧不拔的创新精神,成功实现了经济的转型升级。而像阿根廷等国家,虽然一度接近成功的门槛,但最终却倒在了黎明前夕,令人扼腕叹息。

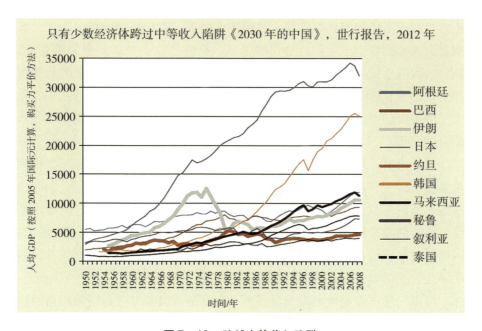

图7-10 跨越中等收入陷阱

在20世纪的历史中，阿根廷政府领导风格的转变体现了其在不同时期的应对策略和社会发展需求。尽管这些转变在一定程度上推动了社会的进步，但最终也未能帮助阿根廷成功跨越中等收入陷阱。

（1）权威型领导（20世纪中叶至70年代初）。在这一时期，阿根廷政府采取了权威型的领导风格，强调国家对经济和社会的强力控制。政府实施了一系列保护主义政策来推动工业化进程，并通过国有化关键行业来加强国家对经济命脉的掌控。这种领导风格在短期内带来了一定的经济增长，但长期来看，却限制了市场的自由竞争，抑制了创新和效率的提升，导致经济缺乏活力和可持续增长的动力。

（2）变革型领导（20世纪70年代至80年代）。面对经济停滞和不断加剧的社会矛盾，阿根廷政府开始尝试变革型领导。在这一时期，政府推行了一系列经济自由化措施，试图通过减少国家干预、鼓励私营部门发展和吸引外资等来激发经济活力。然而，由于政策执行中的失误、政治动荡以及国际经济环境的不利影响，这些变革并未能有效地解决阿根廷的经济问题，反而导致了高通胀、债务危机和社会不稳定。

（3）服务型领导（20世纪90年代至今）。进入20世纪90年代，阿根廷政府逐渐转向服务型领导，更加注重民生问题和社会服务的提供。政府努力改善教育、卫生和社会保障体系，提高公共服务的质量和覆盖面。同时，政府也试图通过加强民主制度和促进社会参与来增强政策的透明度和公众的满意度。尽管这些措施在一定程度上提高了民众的生活水平，但由于深层次的经济结构问题未得到根本解决，阿根廷仍未能摆脱中等收入陷阱的困扰。

总体来看，阿根廷政府的领导风格虽然经历了从权威型到变革型再到服务型的转变，但每次转变都未能完全解决前一阶段留下的问题，同时也带来了新的挑战。这些经验教训表明，成功的经济发展需要稳定的政治环境、有效的政策执行、持续的结构改革以及对外部环境变化的适应能力。阿根廷的发展历程也提醒我们，跨越中等收入陷阱不仅需要政府领导风格的转变，更需要全面且深入的社会经济改革。

可见，经济衰退也表现为权威型、变革型、服务型三种领导风格的转变，从专制到民主，再从民主又到专制，在没跨越中等收入陷阱之前，领导风格的转换十分明显。要成功跨越中等收入陷阱，领导力的创新能力尤为关键，特别是科技创新的推动力。科技创新是产业升级的重要引擎，它不仅能提升生产力、降低成本，还能提高产品的质量与价值，增强企业的市场竞争力。同时，科技创新的推进能够催生新兴产业，带来更多就业机会，降低失业率，进而提升国民收入，刺激消费和经济增长。科技创新的实现离不开高素质人才的支持，他们的培养和引进对于提升国家或地区的整体创新能力和竞争力至关重要。同时，科技创新还能优化资源配置，提升资源的使用效率，为经济增长提供新动力。最终，科技创新将带来更多高品质和高附加值的产品和服务，满足人们对美好生活的追求，不断提高人民的生活质量。因此，领导力中的创新能力，尤其是科技创新的推动力，对于国家或地区摆脱中等收入陷阱、实现可持续发展具有不可估量的价值。

海尔掌门人张瑞敏喜欢引用凯文·凯利（Kevin Kelly）提出的一个引人深思的观点："所有的公司都难逃一死，所有的城市都近乎不朽。"这句话不仅揭示了企业的生命周期，更强调了创新的重要性。在这个日新月异的时代，企业要想在激烈的市场竞争中立于不败之地，就必须不断地进行创新。

存量优化和增量创新是两个不可或缺的策略。存量优化，意味着对已有的资源、产品或业务进行优化和提升。这要求企业不仅要对现有的资源进行最大程度的利用，还要通过提高效率、降低成本、改进流程等方式，实现资源的优化配置。只有这样，企业才能在激烈的市场竞争中保持竞争力，降低经营风险，从而更好地满足市场需求。

然而，仅仅依靠存量优化是不够的。在这个日新月异的时代，企业必须不断地进行增量创新，才能保持持续的发展动力。增量创新强调的是对新资源、产品或业务的创新和发展。这意味着企业需要不断地开发新产品、探索新市场、引入新技术等，以保持竞争力和持续发展。通过增量创新，企业可以开拓新的市场空间，满足不断变化的消费者需求，从而为企业带来更多的增长机会。

当然，要实现存量优化和增量创新的平衡并不容易。这需要企业具备敏锐的市场洞察力、强大的研发实力以及高效的管理能力。但只有通过不断地努力和创新，企业才能在激烈的市场竞争中脱颖而出，实现持续的发展和增长。

7. 领导力与市场战略：ONLY 1、NO.1 与 FOR 1 企业的战略选择

没有不景气的市场，只有跟不上的思想。在竞争激烈的市场环境中，领导力是企业取得成功的关键因素之一，领导力竞争市场模型如图 7-11 所示。从市场视角来看，领导力体现在企业如何定位自身、识别并抓住市场机遇，以及制定和实施有效的战略。

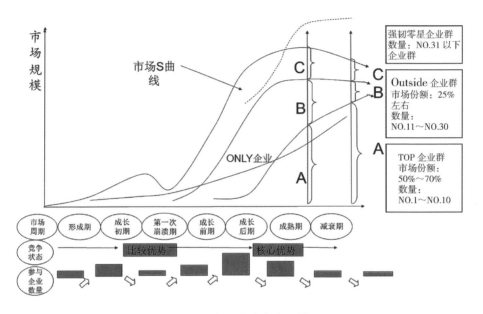

图 7-11 领导力竞争市场模型

（1）ONLY 1 企业具有自身独特的竞争优势。这类企业通常拥有独特的资源、技术或创新能力，使其在市场中能脱颖而出。ONLY 1 企业的领导力体现在如何保持和强化这种独特性，以避免被竞争对手模仿或超越。为了实现这一目标，ONLY 1 企业需要不断创新、提升产品质量和服务水平，以及加强品牌建设和市场推广。例如，苹果公司作为 ONLY 1 企业的代表，凭借其独特的操作系统、设计理念和生态系统，赢得了全球消费者的青睐。

（2）NO.1 企业是市场领先者。这类企业在市场中占据主导地位，拥有较高的市场份额和品牌影响力。NO.1 企业的领导力主要体现在如何维护市场地位、保持持续创新和应对竞争压力等方面。为了保持领先地位，

NO.1 企业需要密切关注市场动态，及时调整战略和业务模式，以及加强与其他企业或机构的合作。例如，谷歌作为互联网行业的 NO.1 企业，通过不断创新搜索算法、拓展业务领域（如人工智能、云计算等）以及与其他企业和政府机构的合作，保持其在全球市场中的领先地位。

（3）FOR 1 企业为某一特定人群服务。这类企业专注于某一细分市场或特定用户群体，提供定制化的产品和服务。FOR 1 企业的领导力体现在如何深入了解目标用户的需求和偏好，以及如何制定和实施有针对性的战略。为了实现这一目标，FOR 1 企业需要关注用户反馈、持续优化产品和服务，以及加强用户关系管理。例如，某家专注于健康食品的企业，通过深入了解目标用户对健康饮食的需求和偏好，推出了一系列符合用户需求的健康食品，赢得了用户的信任和忠诚。

ONLY 1、NO.1 和 FOR 1 企业在市场视角下展现了不同的领导力特点。ONLY 1 企业需要保持和强化独特性；NO.1 企业需要维护市场地位并持续创新；而 FOR 1 企业需要深入了解目标用户并提供定制化的产品和服务。这三种市场战略分别与权威型、变革型、服务型三种领导风格匹配相容，这些领导力特点共同构成了企业在市场中的竞争优势，为企业取得长期发展提供了有力支持。

8. 领导力开发与组织发展战略

领导力开发与组织发展战略是组织管理中两个紧密相关且相互支持的领域。领导力开发关注提升个体和组织的领导能力，而组织发展战略则着眼于整个组织的长期成功和可持续发展。本书从领导力激励机制战略、领导者资质模型的设计和领导者继任计划三个方面进行分析。领导力开发与组织发展战略的结合体现在这三个方面的相互支持和协同作用。领导力激励机制战略确保领导者具有实现组织目标的动力和承诺；领导者资质模型设计为组织提供了识别和培养合适领导者的框架；领导者继任计划则保障了领导力的持续供应和组织的稳定发展。这三个方面的有机结合，为组织提供了一个全面的领导力开发和组织发展的规划，从而帮助组织在竞争激烈的市场中保持领先地位，实现组织的长期成功和可持续发展。

（1）领导力激励机制战略是一套综合性的激励体系，旨在激发领导者的内在动力并保持其对组织的持续投入。这一体系与企业的核心战略和文化紧密相连，确保领导者的行动和决策与组织的整体愿景和长期目标保持一致（图7-12）。在短期激励方面，该机制着重于领导者的个人业绩和承担的职责，不仅关注领导者完成既定目标的能力，也关注其对团队和组织的贡献。通过这种方式，领导者的努力和成就可以立即得到认可和奖励，从而促进其积极性和工作效率。长期激励则更加关注领导者的持续发展和对企业的承诺。这包括提供各种津贴和福利，如退休金计划、健康保险和职业发展机会等，旨在增强领导者对组织的忠诚度和长期留任意愿。长期激励机制指出，领导者的持续成长和满意度是组织成功的关键因素。此外，领导力激励机制战略还强调了考虑市场环境和法制环境等外部因素的重要性。这意味着激励机制需要灵活适应外部变化，如经济波动、行业竞争和法律法规的更新等。同时，内部因素如培训与开发也被纳入考虑范围，确保领导者具备必要的技能和知识以应对挑战，维持其创新能力和竞争优势。

图7-12　领导力开发与组织发展战略

（2）领导者资质模型的设计是构建有效领导力的基础，它从组织的愿景和战略出发，深入挖掘并定义了实现组织目标所必需的关键成功因素（key success factors，KSF）和核心能力。这一模型的构建过程不仅关注领导者应持有的态度和价值观，而且还包括对通用能力、专业技能和管理能力的细致考量。通过这一流程设计（图7-13），组织能够清晰地识别出在不同层级和不同职能领域中，领导者所需的关键能力和素质。其包括对组织文化和价值观的深刻理解,以及在不断变化的市场环境中所需的适应性和创新能力。模型的设计确保领导者不仅具备必要的技术知识和专业技能,而且还能展现出强大的领导力和管理能力,以引领组织向前发展。此外,领导者资质模型的建立还有助于组织在人才选拔和培养方面做出更加明智的决策。通过对领导者资质的明确要求,组织可以更有针对性地设计培训和发展计划,从而提升现有领导者的能力,并为未来的领导岗位培养合适的人选。因此,领导者资质模型的设计是确保组织领导力与战略目标紧密结合的关键步骤。通过这一模型,组织可以系统地发展和提升领导者的全面素质,确保他们具备推动组织实现长期愿景和战略目标的能力,从而促进组织的持续发展。

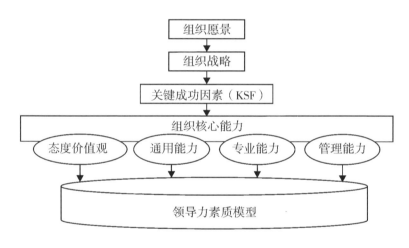

图 7-13　领导力资质模型的设计流程

(3) 领导者继任计划是维护组织领导力稳定性和连续性的重要策略。该计划的核心在于对组织内关键职位的明确识别和对现任领导者绩效的系统评估。通过这一流程,组织能够确保在关键领导职位上有足够的潜在继任者,并为他们制定周密的选拔和发展计划。领导者继任计划涵盖八个关键步骤(图 7-14),从组织设计和策略制定开始,到对现任领导者和候选人的能力评估,再到确认继任者和他们的发展需求。这个过程不仅涉及对现任领导者的绩效评估,还包括对潜在继任者的能力差距分析,以及为弥补这些差距而制定的个性化发展计划。继任计划的实施有助于组织在面临关键领导职位变动时，能够实现无缝对接和平稳过渡。通过提前规划和准备，组织可以降低由于领导者突然离职或无法履职而带来的运营风险和不确定性。此外，继任计划还能够帮助组织更好地管理人才梯队，确保领导力的持续发展和组织的长期成功。因此，领导者继任计划是组织确保其领导力长期稳定发展的关键工具。通过这一计划，组织不仅能够为当前的领导团队提供支持和培养，还能够为未来的领导挑战做好准备，从而确保组织的持续繁荣和成功。

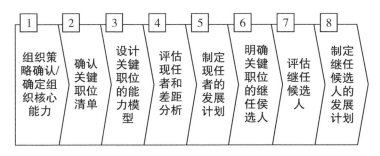

图 7-14 领导者继任计划流程和领导力梯队

9. 商业领导力指数构建

为了更好地阐释领导力与组织发展的关系，为组织提供一个系统化、标准化的工具，以评估和提升其领导力和组织发展水平，我们开发了商业领导力（LEO）指数量表，见表 7-1。该表旨在通过一系列具体的评价标准来全面衡量和评估一个组织的领导力和组织发展状况。该量表分为三个核心维度：领导力（leadership）、使下属获得力量和利益（empowerment）、组织绩效（organization development），每个维度下又细分为多个子指标，共计 44 个评估项。这份量表是一个综合性的评估工具，它不仅关注领导者的个人能力和风格，还关注企业的经营成果和社会责任，为组织提供了一个全面审视和提升自身领导力及组织发展水平的框架。通过这些细致的评估指标，组织可以识别自身的优势和不足，制定相应的改进措施，进而制定有效的战略和行动计划。

表 7-1 商业领导力（LEO）指数量表

一级指标	二级指标	三级指标
L：leadership（领导力：引领方向、团队支持、窗口期的决断力）	（1）行业专家	①是否有理工农医职称
		②是否有理工农医专利
		③是否有理工农医学位
		④是否兼任行业协会专家
		⑤企业曾邀请过的院士数量
	（2）独特的经营管理能力	⑥高管离职率
		⑦基金是否派出专员任董事
		⑧管理费用率/营业收入
		⑨每年总结大会中对下一年的预测
	（3）独特的商业模式	⑩主营业务毛利率/企业业务毛利率
		⑪可持续盈利率
		⑫研究与试验发展投入率
E：empowerment（使下属获得力量和利益）	（4）领导风格	⑬员工收入增长率是否不低于公司利润增长率
		⑭有没有产品质量或安全等问题的重大投诉事件
		⑮领导风格是否跟情景匹配
		⑯企业曝光率/个人曝光率
	（5）领导特质	⑰圈粉能力
		⑱感召力和亲和力
		⑲发言中提及某些关键词的次数
		⑳情绪智力（抗压能力）
		㉑学习力（好奇心）
		㉒创新周期（每年推出新产品数量、战略变化）
		㉓创新渴望
		㉔诚实与正直
		㉕自我效能感

续表 7-1

一级指标	二级指标	三级指标
E：empowerment（使下属获得力量和利益）	（6）领导网络	㉖是否有陪同省部级领导的经历
		㉗是否兼任行业协会要职
		㉘是否曾在政府部门任职
		㉙是否曾任党、人大代表或政协委员
		㉚是否在知名高校任课
O：organization development（组织绩效）	（7）创新绩效	㉛研发效率
		㉜新产品收入占比
		㉝专利的转让费用
	（8）财务绩效	㉞净资产收益率或资产回报率
		㉟经济增加值
		㊱净利润率
		㊲现金流
		㊳市盈率/行业市盈率
	（9）社会责任	㊴是否具备 SA8000 认证
		㊵有无贷款投诉
		㊶是否捐赠慈善事业
		㊷是否在非营利组织任要职
		㊸有没有产品质量或安全等问题的重大投诉事件
		㊹员工收入增长率是否不低于公司利润增长率

二、领导力与文化

"四海之内"与"四海之外"间互构协同，民族文化对管理绩效影响较强。根据 Prince（2005）的研究，领导必须植根于文化框架。Hofstede（Lonner et al., 1981）、Bass（Bass and Stogdill, 1990）的研究都表明，文化差异可以解释领导风格、领导者目标和研究权威的差异。由于价值观、哲学和行为是文化的关键组成部分，文化应该与领导行为的研究特别相关

(Selvarajah and Meyer，2008）。因此，在领导与文化之间的关系方面，应铭记文化变量是语境的一个关键维度（Conger，1999），不应假定在一个语境中发展的模型和理论，由于社会和组织文化的影响而在另一个语境中发挥同样的作用（Den Hartog et al.，2004）。Boyacigiller 和 Adler（1991）、Hofstede（1994）、Klein 和 House（1995）也认为，遭受北美偏见影响的领导研究可能无法解释其他文化背景下的领导能力。

近几十年来，人们越来越认识到，需要深入了解在不同文化中如何实行领导，并需要一种经验上的基本理论解释特定的领导行为及其在每种不同文化中的有效性（Bass and Stogdill，1990；Boyacigiller and Adler，1991；Dorfman，1996；Klein and House，1995）。在过去的研究中，Lonner 等（1981）、House 等（2002）和 Bryman（1987）通过概括内隐领导理论，努力为领导行为提供文化解释。同时，Hofstede 的文化维度（Lonner et al.，1981）在领导研究中产生了许多跨文化差异的假设概率。遵循这一轨道，许多作品研究了文化层面的领导，如个人主义和集体主义对魅力型领导行为与社会网络广泛性之间关系的调节作用（Stajkovic et al.，2005）。变革型领导在集体主义文化中比在个人主义文化中更容易和更有效地出现（Jung et al.，1995），男性文化比女性文化更容易容忍强有力和有指导性的领导风格（Den Hartog et al.，1999）。

全球领导力和组织行为有效性（global leadership and organizational behavior effectiveness，GLOBE）计划是一个"跨文化纵向""多阶段"和"多方法"的研究项目，在全球有 62 个国家进行合作，探索社会文化和企业文化对组织领导和实践的影响（House et al.，2004）。全球方案项目的最初意图是"制定适合跨文化使用的文化和领导属性的社会和组织措施"（Den Hartog et al.，1999）。在全球项目中使用了社会和组织层面的九个核心文化维度（House et al.，2002），其中六个维度来自 Hofstede（Lonner et al.，1981）的研究工作，两个来自 Kluckhohn 和 Strodtbeck（1961）的研究工作，一个来自 McClelland（1987）的研究工作。

跨文化管理文献强调文化与领导方法之间的密切联系，并进行了比较研究来检验这种关系（House et al.，1997）。这一领域的文献提出了两种观点：特定文化的观点和普遍的观点（Dorfman，1996）。一方面，从特定文化的角度来看，许多研究人员达成了共识，即由于每个社会的特定文化传统、价值观和规范，文化对领导方式有直接影响（Lammers and Van Boom，1979）。西方文化中发展起来的领导理论可能不能概括或应用于不同文化取向的情况。一种特定文化的观点认为，不同文化背景的领导者可能会感知到不同的领导方式（Spreitzer et al.，2005）。全球项目中的大多数研究都遵循这一观点来研究不同文化环境下的领导能力。另一方面，从普遍的角度来看，作为一种不局限于特定文化的方法，一些学者争论说，领导的某些特征可能能够超越文化边界并被普遍接受。因此，领导结构中的构设在文化环境中应该是"相似或不变的"（Adler，1997；Dorfman，1996；Levitt，1983；Yavas and Yang，1995）。如前所述，全球项目的一些研究成果也支持普遍观点。表7-2中描述了GLOBE项目关于跨文化领导的差异和普遍性的主要发现。

表7-2 GLOBE项目的领导特征

普遍可接受的特征	普遍不可接受的特征	文化上的偶然特征
果断	无情	很热情
知情	以自我为中心	自我牺牲
诚实	出于社会考虑	承担风险
充满活力	非显性	真诚
在行政上很熟练	很刺激	野心勃勃
协调员	不合作	很敏感
只是	孤独	谦逊
团队建设者	独裁	同情
有效地讨价还价	—	—
值得信赖	—	—
双赢的问题解决者	—	—
前面的计划	—	—
很聪明	—	—
以卓越为导向	—	—

来源：Mendenhall M E, Osland J, Bird A, et al. Global leadership: research, practice, and development [M]. London: Routledge Press, 2012.

Scandura 和 Dorfman（2004）对 GLOBE 项目的贡献给予了高度评价，认为该项目成功地将领导与文化之间的联系与组织层面紧密结合，为跨社会文化背景下的领导方式提供了独特见解。GLOBE 项目通过在不同层次的分析中提出、运作和衡量跨文化结构，使得领导能力这一个人层面的结构得以被深入分析，并探讨了其如何受到如经济发展和工业增长等宏观因素的影响（Earley，2006）。

全球研究人员的合作以及 GLOBE 项目中收集的数据为领导力研究注入了新的活力，特别是为之前难以进行的比较领导力研究提供了可能性。全球数据集的应用为领导能力的跨文化研究提供了全面概述（House et al.，1997；Peterson，1997）。此外，GLOBE 项目所得出的部分结果还为变革型领导成果的普遍观点提供了经验证据，如鼓励、积极、动机、信心建立、动态和卓越导向（Spreitzer et al.，2005）。这些成果不仅丰富了我们对领导力的理解，还为实际领导实践提供了有益的指导。

然而，许多研究者也指出了 GLOBE 项目研究的一些缺点。虽然与 Hofstede 的研究相比，GLOBE 项目将研究扩展到了多个组织和行业（Tang and Koveos，2008），但 GLOBE 项目研究仍然被认为是 Hofstede 跨文化工作的复制（Peterson，2004）。GLOBE 项目的核心问题是用于分析领导行为的文化维度简化了领导所在的文化环境，未能捕捉到对领导的所有复杂的文化影响，因为这项研究采用了一种机械的实证分析来探索机械的领导行为和其有效性，而忽略了对更全面和复杂的文化影响的深入分析。因此，一些领导方法，如有审美、务实和真实的领导，不能在本项目中加以审查，因为它们要求对上下文情况进行更深入地理解和非线性分析，在这种情况下，这些文化层面无法通过 GLOBE 方案中使用的方法加以识别。从这个意义上说，国家文化研究中对文化层面的主要批评也可能适用于 GLOBE 项目的研究。正如 Earley（2006）所建议的，特定行为的适当性或合法性是无法预测的，文化因素也不能被解释。Hofstede 和全球研究都没有"从理论提出上更有说服力的文化观"。Scandura 和 Dorfman（2004）还认为，GLOBE 项目存在理论和方法上的局限性。Alves 等（2006）还批评这个项目在很大程度上受西方学者发展的西方观点的影响，不适合研究非西方背景下的领导行为。

尽管在领导领域的对比研究中得出了有力的结论并发现了引人深思的

现象，为理解土著领导提供了宝贵的洞见，但 GLOBE 项目并未全面地从差异与共性的角度深入剖析任何土著领导形式。正如 Alves 等（2006）所指出的，领导能力的比较研究不仅需要涵盖来自不同国家的可比样本，以克服如仪器可靠性、翻译及抽样等方法论上的局限性（Den Hartog et al., 2004），还必须审慎地考虑所采用理论框架的预设。跨文化心理学、社会学和人类学也持有相同的观点，即不同文化建立在不同的预设之上。本书遵循这些建议，从综合视角出发，将中国哲学作为一种文化背景，来探究中国语境下的领导行为和方法——权威型领导、变革型领导和服务型领导风格的转换（在西方领导理论框架下构建）。鉴于儒家思想的独特性，中国语境与西方语境下的领导方式在可接受性和有效性上可能存在差异。然而，这两种情境下的领导行为在某些方面也可能呈现出相似性。

谈到亚洲传统文化对存量分配的关注往往超过对增量创新的重视，这固然受到了不患寡而患不均的农耕社会生产力低下的影响，也和人力资本不发达、科技水平不高有关。如何培育创新的土壤，令人深思。有人曾问张忠谋：通过创建台积电，你在许多不同的层面上进行了创新，创办了一家以前从未有过的公司。无论从哪个标准来看，当时和现在的投资都非常巨大，把它打造成了一家全球性公司。当你回想起来，相对于亚洲的传统文化，台积电将创新的理念作为一种核心文化，打造独一无二的东西，且无疑是首创，这是非常反传统的。你的经验是什么？

张忠谋回答：这并不容易。亚洲的文化通常不会创造新事物。我们以创业精神为荣，但亚洲的创业通常不是由新想法驱动的，而是由想要自己成为老板的欲望所驱动的。举一个非常现实的例子。我经常去家附近的一家理发店，店里只有两个理发师。有一天，那个初级理发师告诉我，他再也不想受老板的气，想去开一家新店。于是不久他开了一家新店，就在离原店大约三扇门之外的地方，他把像我这样的顾客带到了他的新店。现在新旧两个店的老板都必须非常非常努力地工作，为了争取顾客，他们俩都开始打折。由于市场规模不变，存在过度竞争和成本压力，这不再是一个令人愉快的情况。他们俩都非常努力但痛苦，彼此非常怨恨。现在我不再去任何一家店，这就是具有亚洲传统特色的企业家现象。亚洲的创新创业由于传统思维的束缚，内卷严重，外卷叠加，阻碍了创新发展。

（一）领导力与爱情、婚姻

领导力和爱情是两个看似迥然不同却在本质上有着密切联系的概念。领导力是价值观向价值转化的过程，爱情向婚姻的转变也是如此。爱情是价值观匹配，婚姻是价值的经营，爱情到婚姻就是到交情，两相悦，有情饮水饱；到交道，志趣相投，志同道合；到交易，柴米油盐，人性计算的过程。交情—交道—交易，良好的爱情、婚姻关系是情侣彼此间感同身受和建立契约关系，与领导者需要拥有稳定的情绪能力、深通人性的感知能力和语言穿透力有着异曲同工之妙。

首先，领导力和爱情都强调建立良好的人际关系与沟通能力。在领导力的实践中，领导者必须与团队成员建立起互信、尊重和支持的关系，这有助于建立一个和谐的工作环境，激发团队成员的工作热情和创造力。同样地，在爱情关系中，伴侣之间也需要建立起深厚的情感联系，培养彼此的理解和支持，这是构建稳固感情基础的重要前提。其次，领导力和爱情都需要具备良好的沟通能力。领导者需要善于倾听团队成员的意见和反馈，并清晰地传达自己的想法和决策，以确保团队达成共识并顺利执行工作任务。同样地，在爱情关系中，双方需要进行坦诚、包容的沟通，及时表达内心感受和需求，以解决问题、加深情感，保持关系的稳定和健康发展。再次，情绪智慧和情感管理能力也是实现领导力与爱情的关键。领导者需要敏锐地洞察团队成员的情感状态，善于处理情绪化的局面，以避免冲突和不和谐的局面出现，从而保持团队的凝聚力和工作效率。在爱情关系中，情感智慧同样至关重要，双方需要理解对方的情感需求，学会包容和体谅，以建立稳固的感情基础。复次，领导力和爱情都需要共同的目标和愿景。领导者需要与团队共同制定明确的工作目标和发展愿景，激励团队成员朝着共同的目标努力前进。在爱情关系中，双方也需要共同规划未来，明确彼此的期望和愿景，共同努力实现，从而增进彼此的情感认同和共鸣。最后，领导力和爱情都需要持久的投入和努力。领导者需要不断提升自己的领导能力，与时俱进地应对挑战和变化，保持对团队的关注和支持，以确保团队的持续发展和成长。在爱情关系中，双方也需要不断投入时间和精力，维系彼此的感情，共同解决问题和难题，共同成长和进步，从而保持关系的稳定和美满。尽管领导力和爱情在表现形式上有所不同，但它们之间有着紧密的内在联系。通过理解和运用领导力原则，我们可以优化和丰富我们的爱情关系，从而使之更加健康、稳定和美满。领导力和爱情相辅相成，相互促进，共同塑造出积极、美好的人生。

（二）领导力与体育

领导力的第一力就是体力。虽然体力不是领导力的唯一要素，但它在领导者的日常工作和生活中扮演着重要角色。一个具备良好体力的领导者能够更好地应对高压工作环境、保持持续的精力投入，为团队树立积极的榜样，从而在一定程度上提升领导效能。在组织发展中，领导力是为数不多能跨越语言和文化冲突的，类似体育竞赛。在体育竞赛中，冠军同样追求卓越，两者间有相似之处，冠军领导力是一种独特的领导力形态，它源于奥运冠军追求卓越和实现自我的精神。冠军领导力不仅是一种个人品质，更是一种影响和激励他人的能力。我们通过观察与对奥运冠军的访谈，并对不同企业性质的卓越企业进行案例研究，来探讨构建冠军领导力的形成机制（图7-15）。奥运冠军所具备的独特的天赋、兴趣、认知、精力和经历等，以及其在竞技场上展现出的坚毅不拔的意志和勇往直前的精神，与卓越企业领导所体现的共同价值观、长期信仰主义、深刻行业洞察力、超强同理心、强大持续迭代能力和专注执行力等商业领导力结合，他们在高强度竞争环境中运用不同的激励手段，对其他人产生了强烈的感染力和领导力，从而实现组织绩效提升。

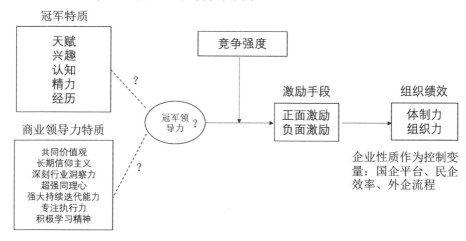

图7-15　冠军领导力的形成机制

以《西游记》的取经之路为例就能看出领导艺术和领导力团队，唐僧师徒四人的取经之旅，充满了艰难险阻，但正是这些挑战，展现了唐僧作为一个领导者的智慧和魅力。

唐僧：正确的价值观。作为取经团队的领袖，唐僧身上具有领导者的坚定愿景和道德权威。唐僧对取经的使命有着不可动摇的信念，这种信念成了团队前进的动力。他的道德权威并非来自武力，而是源于他的品德和智慧。唐僧以慈悲为怀，坚持非暴力原则，赢得了众多神仙和凡人的尊重与帮助。在领导力中，道德权威是无形的，却能深深影响团队成员的行为和决策。

孙悟空：伟大的理性，物理变革的力量与适应性。孙悟空是拥有七十二变和无穷力量的齐天大圣，代表了领导力中的变革力量。他敢于挑战权威，不断寻求突破和创新。在面对妖魔鬼怪时，孙悟空总是能够迅速适应环境，并采取不同的策略应对。他的适应性和创新精神，是领导者在不断变化的环境中引领团队走向成功的关键。

猪八戒：丰满的人性。猪八戒的形象虽然滑稽，但他在团队中却扮演着重要的角色。他的存在增强了团队的凝聚力，为紧张的旅程带来轻松和欢笑。猪八戒擅长处理人际关系，能够在团队成员之间调解矛盾，缓解压力。在领导力中，情绪管理和团队凝聚力的维护同样重要，它们能够提升团队的整体表现和士气。

沙僧：坚定的执行力。沙僧在师徒四人中话语不多，但他的执行力和忠诚却是团队成功不可或缺的。沙僧总是默默承担起最艰难的任务，他的稳健和可靠为团队提供了坚实的后盾。在领导力中，执行力是将愿景转化为现实的关键，忠诚则是团队信任和合作的基石。

白龙马：创新的激情。在《西游记》的奇幻旅程中，白龙马不仅是唐僧的坐骑，更是团队克服困难、追求变革的象征。白龙马以其非凡的速度和力量，帮助师徒们跨越重重障碍，它的敏捷和智慧为团队的创新之路注入了活力。在创新的过程中，白龙马代表着一种能够激发新思维、推动边界突破的精神。

取经之路，是一条充满未知和挑战的道路。唐僧师徒四人在这条路上经历了无数的试炼，每一次困难都是对领导力的考验。唐僧的愿景和道德权威，孙悟空的变革力量和适应性，猪八戒的凝聚力和情绪管理，沙僧的稳健执行力和忠诚，这些领导力的要素在取经的过程中得到了充分的展现和锻炼。

三、领导力与金融

领导力与金融非常相似，都是物理、人性合二为一的化身。领导力在金融领域的作用可以类比为一种信用货币，其价值在于代表的信任和承诺。在金融交易中，我们可以将这种领导力视为一种货币形式，在不同的时间和空间中交换流通。金融领域的交易可以分为三种形态，即固态、液态和气态的钱。固态的钱是指那些稳定的、长期持有的资产，如房地产、债券及其他长期投资等。这些资产在金融市场中有稳定价值储存和长期回报。液态的钱是指具有较高流动性的资产，如现金、银行存款及短期投资等。这些资产能够迅速转换为其他形式的价值，为日常交易和短期资金需求提供便利。气态的钱则是指在金融市场上能够快速变现的金融衍生品和数字货币。它们如同气体一样无处不在，可以迅速扩散，为市场参与者提供高度灵活的资金管理和投资机会。

不同的领导风格对企业的发展和运营产生着不同的影响。在金融领域，领导力的展现尤为重要。权威型领导风格强调对权力的集中和对决策的控制，这种风格在金融市场中可能表现为对投资决策的严格控制和对风险管理的严格监督。变革型领导风格注重创新和变革，鼓励金融领导者推动业务模式的创新，引领企业适应市场变化，如通过金融科技（FinTech）来优化服务和提高效率。服务型领导风格则关注满足客户需求和提升客户体验，金融领导者通过提供高质量的服务来提高客户信任和忠诚度，从而推动企业的可持续发展。

企业商业领导力指数（business leadership index）综合评估了企业的财务表现、市场竞争力、创新能力、社会责任和员工满意度等多个方面，帮助投资者评估金融机构的领导力水平和未来发展潜力。因此，金融领域的领导力需要权威、变革和服务三种不同的领导风格。通过优化这些领导风格，金融领导者可以更好地管理风险、把握机遇，推动企业在竞争激烈的市场中保持领先地位。在金融行业，这一指数还可以帮助投资者和利益相关者评估金融机构的领导力水平和未来的发展潜力。

在当前的商业环境中，ESG（environmental、social 和 governance）已经成为衡量企业绩效和可持续性的重要标准。ESG 是指环境（environmental）、社会（social）和治理（governance）三个方面。环境是指企业如何管理资源、减少污染和应对气候变化等方面的做法。社会方面涵盖了企业对待员工、客户、供应商和社区的关系，以及其在人权、劳工权益和社会公益方面的表现。治理则关注企业内部决策过程、董事会结构、股东权益和透明度等方面的管理实践。ESG 投资将这些因素纳入考量，旨在寻找具备良好 ESG 表现的公司，以实现长期可持续的投资回报并促进社会责任。

ESG 投资的发展历程可以分为四个阶段：①起源阶段（1960 年代至 1980 年代）。在这个阶段，一些投资者开始考虑企业的社会责任和对环境的影响，例如，排除不道德行为或相关行业的投资。这个阶段主要是由一些社会责任投资者和道德投资者引领。②确立阶段（1990 年代至 2000 年代初）。这个阶段见证了 ESG 投资概念的确立，投资者开始将环境、社会和治理因素纳入投资决策的考量范围。机构投资者和金融机构开始关注 ESG 因素对投资回报和风险管理的影响。③成长阶段（2000 年代中期至 2010 年代）。在这个阶段，ESG 投资逐渐成为金融界的主流趋势。越来越多的投资者开始将 ESG 因素整合到投资流程中，并出现了一系列 ESG 投资产品，如 ESG 指数基金和 ESG 整合投资策略。④深化阶段（2010 年代至今）。在这个阶段，ESG 投资的范围和深度不断扩大。投资者对 ESG 数据的需求增加，推动了 ESG 评级机构和数据提供商的发展。同时，监管机构的加强监管和投资者对可持续发展目标（sustainable development goals，SDGs）的关注，也进一步推动了 ESG 投资的发展。总的来说，ESG 投资经历了从边缘到主流的转变，逐渐成为投资界的重要发展趋势之一。

领导力研究对 ESG（环境、社会、治理）投资领域的贡献主要体现在以下五个方面：①塑造企业文化和价值观，领导者的价值观和行为对企业文化和价值观的形成起着关键作用。领导力研究可以帮助投资者理解企业领导层如何推动和践行 ESG 价值观，从而评估企业的长期可持续性。②影响战略决策，领导者的决策和管理风格会影响企业的战略方向和实践。具备良好领导力的管理团队倾向于制定符合 ESG 原则的战略，并在企业的运营中融入社会责任和环境保护的考量。③促进创新和变革，领导者的能力和愿景可以促进创新和变革，包括在环境可持续性和社会责任方面的创新。领导力研究可以帮助投资者评估企业领导层是否具备推动ESG创新和变革的能力。④提高治理质量，领导者的治理实践对企业的治理质量和透明度至关重要。领导力研究可以帮助投资者评估企业领导层的治理实践，包括董事会结构、股东权益和透明度等方面，从而评估企业的治理风险。⑤影响股东回报，具备良好领导力的企业往往能够更好地应对ESG相关风险和机遇，从而提高长期股东回报。投资者可以通过领导力研究来评估企业领导层是否能够有效管理ESG风险，提高投资回报。综上所述，领导力研究对ESG投资领域的贡献在于，能够帮助投资者理解企业领导层如何推动和践行ESG价值观，评估企业的长期可持续性，并提高投资决策的准确性和效果。

四、领导力与科技

领导力，涉及价值观、价值构建、价值实现。科技，涉及原发性创新、应用创新和市场化创新。在现代社会，领导力的重要性日益凸显，它不仅关乎个人的成长和组织的发展，更是推动社会进步的关键因素。领导力的核心在于价值观的塑造、价值构建的引导和价值实现的推动。这三个方面相互关联，共同构成了领导力的全貌。

（1）价值观是领导力的灵魂。一个组织的价值观决定了它的行为准则和决策方向。领导者通过明确和传播组织的核心价值观，为团队提供了行动的指南和判断事物的标准。这些价值观可能包括诚信、创新、卓越、团队合作等，它们是组织文化的基础，对员工的行为和组织的决策产生深远影响。领导者需要通过自己的言行一致，不断地强化这些价值观，使之成为团队成员共同追求的目标。

（2）价值构建是领导者将价值观转化为具体行动的过程。这涉及战略规划、资源配置、流程优化等多个方面。领导者需要确保组织的每一个环节都能够体现和支持核心价值观，从而构建起一个高效、协调和目标一致的组织体系。在这个过程中，领导者需要展现出卓越的战略眼光和执行力，确保组织能够在变化多端的环境中稳健前行。

（3）价值实现是领导力的最终目标。它意味着领导者成功地将价值观和价值构建转化为具体的成果和效益。这可能体现在组织的业绩增长、市场竞争力提升、社会影响力扩大等方面。领导者通过激励和引导团队成员，共同克服困难，实现组织的目标和愿景。在价值实现的过程中，领导者需要不断地评估和调整策略，确保组织能够持续地创造价值。

在科技领域，领导力的展现尤为重要。科技创新是推动社会发展的重要动力，而原发性创新、应用创新和市场化创新是科技创新的三种重要形式（图7-16和图7-17）。原发性创新源自基础研究，是科技进步的源泉，它需要大量的研发投入和长期的探索。应用创新则强调科技成果的实际应用和市场适应性，它能够快速响应市场需求，推动科技成果的商业化和产业化。市场化创新关注的是市场接受度和消费者体验，它帮助科技成果更好地服务于社会，以实现经济价值和社会价值的最大化。可见，领导力在价值观的塑造、价值构建的引导和价值实现的推动中发挥着至关重要的作用。在科技领域，原发性创新、应用创新和市场化创新是实现科技进步和社会发展的关键途径。领导者需要结合组织的实际情况，有效地运用这些创新方式，以推动组织和社会的持续发展。通过这样的努力，领导力不仅能够促进个人和组织的成长，还能够为社会带来积极的变化。

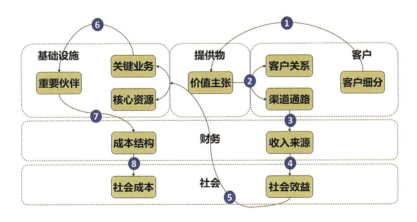

图7-16　市场驱动战略

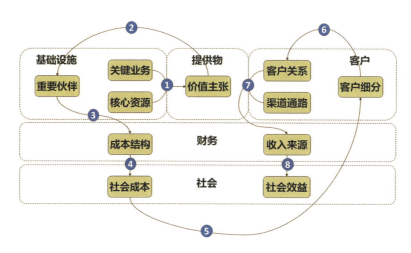

图 7-17 技术驱动战略

五、领导力与晋升管理

领导力中的晋升管理无疑是其中最让人关注的，特别受中国几千年文化惯性的影响，相较于江湖之险（富）、书卷之贵，更令人瞩目的是庙堂之高。毕竟决定影响（上级）比影响决定（下级）更让人着迷。张维迎（2014）曾提出"为什么领导的进攻性越强，员工越愿意追随"的观点，我们可以通过晋升理论去解释这个现象。组织内部的晋升机制具有两个主要作用：选拔和激励。然而，在很多情况下，这两个作用之间存在冲突。选拔意味着根据能力来录用人才，而激励则是提拔表现最出色的组织成员。不同职位对能力的要求各不相同，适合高级职位的人未必是当前岗位上表现最好的人，反之亦然。因此，在处理选拔和激励之间的冲突时需要谨慎思考。

我们一般采用以下两种解决办法。第一种解决方法，就是将选拔与激励分开进行，在选拔方面注重唯才论功，根据能力录用人才；在激励方面注重奖赏优秀的组织成员。例如，给予物质或精神奖励，并不一定提拔他们到较高职位，如果他们没有符合该职位所需的能力。第二种解决方法，就是建立平行但不同序列的多个职位体系，每个序列中不同职位具有类似性质但又有所区别。例如，在大学里可以设立教研序列和行政序列，分别评定教师和行政人员的成就并分别进行晋升。然而，当无法通过以上方法有效解决内部晋升中选才与奖惩之间的矛盾时，组织必须权衡利弊做出选择。如果高级职位产生的结果与个人能力关联度较低，则应优先考虑奖惩机制；如果高级职位产生的结果主要取决于个人能力，则应优先考虑选才机制。当然，在实际情况中更常见的是于两者之间取舍折中。

个人的领导能力通常与其积极进取的能力是相关的：具有较强领导能力的人往往也更具有积极进攻性；而那些更具有积极进攻性的人也更善于展示自己的才华（包括通过阻碍竞争对手发挥才能）。在大数据统计下，我们将"软弱"和"无能"放在一起，在一定程度上是具有合理性的。一个软弱无能的（或缺乏进攻性的）人不太可能拥有出色的才干。如果工作表现对业绩至关重要，组织就应该采取唯才是举的用人制度。这样，提拔高素质组织成员也就意味着提拔那些具有积极进攻性者。因此，我们可以看到，在组织高层通常充斥着具有进攻性的人。那些缺乏进攻性者则会在早期被淘汰掉。由于组织高层通常充满了进攻性者，为了激励这些具有进攻性者进行积极合作而非相互破坏，必须削弱他们之间的竞争关系。与中层管理者相比，高级管理者的个人报酬应更多地与团队产出（如组织运营指标等）相关联，并较少地与个体业绩联系在一起。为了避免高级管理者之间相互角逐利益，适当牺牲一点个体主动性是值得考虑的。当然，在最高层次上确实需要好斗之士，因为组织领导会面临来自其他组织的主要竞争对手。

拥有进攻性是组织领导的核心素质之一，也是领导能力的体现。一个缺乏进攻性的 CEO 领导下的组织很难在激烈竞争的市场中生存下去。事实上，在内部环境中每个部门成员都希望自己所处的部门有一个富有决断力和勇气的追求目标型领导，因为领导越具备决断力和勇气，本部门成员的利益就保护得越周全可靠。因此，我们可以观察到，具有较强进攻性的领导往往拥有更多忠诚的追随者。

同时，在领导理论的实践应用中，我们发现从领导力视角出发有一个独特的晋升理论。该晋升理论是指下级成员通过节省上级成员的工作时间成本可以获得更多的锻炼机会，从而争取到更多的晋升机会。即下级成员 B 需要将其 20% 的时间（或更少时间）用于完成本职工作的同时，将剩下的 80% 的时间用于主动协助其直属上级成员 A 完成 20% 的工作，下级成员通过这样的经历能够锻炼自身的知识、技术及业务能力，以此获得职位晋升（图 7-18）。在一些特定的情景下，内部晋升的选拔与激励功能常常冲突。选拔侧重能力匹配，激励侧重表现奖励。不同职位需要不同能力，优秀员工不一定适合更高职级。例如，优秀的教授未必适合做院长，杰出的运动员不一定适合领导岗位。处理不当甚至可能导致不胜任或员工为了升职而投机。解决这个问题的方法是选拔时严格按能力，激励时给予奖励但不急于提拔，可以借鉴中国古代"品位"与"职位"分离的做法。晋升路径也揭示了秘书效应。

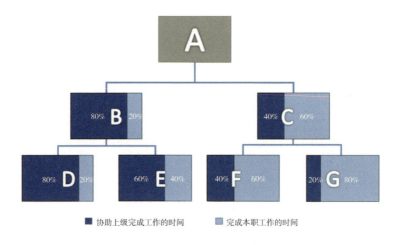

图 7-18　领导力与晋升路径

领导力无疑是组织取得成功的核心要素，涉及一系列复杂且关键的能力和技能。无论是战略规划、团队建设，还是变革管理、激励团队，领导力都发挥着至关重要的作用。在这个不断变化的时代，领导力不仅关乎个人的成长和成功，更直接关系到组织的竞争力和未来发展。张维迎教授的晋升理论为我们提供了选拔和激励人才的新视角。他强调，在组织内部，选拔和激励是两个不可或缺的重要环节。选拔意味着根据个人的能力和潜力来分配职位，确保每个岗位都能找到最合适的人选。激励则是通过给予适当的奖励和认可，激发组织成员的工作热情和创造力。这种以能力为导向的晋升机制，有助于打破传统的论资排辈观念，让真正有才华的人才脱颖而出。同时，拉姆·查兰（Ram Charan）的六阶领导力梯队体系也为领导者的成长提供了明确的路径和方向。从最初的个人贡献者，到一线经理、事业部总经理，再到集团高管和首席执行官，每一个阶段都需要领导者掌握不同的管理技能和领导策略。这种递进式的成长模式，不仅有助于领导者逐步积累经验和提升能力，更能确保他们在不同的管理层次上都能发挥出最大的价值。

LEO六阶领导力梯队体系为领导者的成长提供了一个清晰的框架（图7-19），从组织基层工作者到首席执行官，每一阶段都对应着不同的管理职责和挑战。这个体系强调领导者在不同阶段需要展现出与职位相匹配的领导能力，从而确保组织能够适应外部环境的变化，实现长期目标。例如，一线经理需要专注于团队的日常管理和激励，而事业部总经理需要具备跨部门协调和战略规划的能力，首席执行官则需要具备全局视野和领导整个组织的魄力等。通过优化晋升机制，组织可以确保最优秀的人才得到认可和奖励，同时也为他们提供了成长和发展的机会。晋升机制应当公平、透明，并确保所有组织成员都了解晋升的标准和路径。此外，组织还应当重视组织成员的个人职业规划，为其提供必要的培训和发展计划，帮助组织成员实现职业目标。综上所述，晋升管理和六阶领导力梯队体系是组织成功的关键要素。通过深入理解和应用这些理论和方法，组织可以培养出能够适应不断变化的管理挑战的领导者，推动组织的长期稳定和发展。这不仅有助于提升组织的竞争力，还能够为组织成员提供实现个人价值和职业发展的机会，从而形成一个良性循环，推动个体与组织的互动成长。

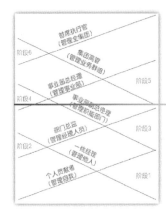
- 阶段6：党委书记、董事长、总经理的领导班子
- 阶段5：集团党委委员、副总经理等的高管层
- 阶段4：分支机构高管、管控全系统职能的高级经理
- 阶段3：分支机构高管层副职
- 阶段2：分支机构部门经理
- 阶段1：分支机构一线主管
- 新员工培养：入职岗前培训

图7-19　LEO六阶领导力梯队体系

注：（1）只有特别大型的跨区域、跨业务集团化管控的组织，才将管理层级设定到5级以上。

（2）一般的非集团化管控的中型组织，核心业务相对单一的大型组织，一般管理层级设定到3～4级。

（3）一般中小企业，一般管理层级设定到2～4级。

（4）强调不要盲目增加管理层级，在建设领导梯队时应根据组织的实际情况，合并相近领导阶的相应职能，让组织高效运作才更适合当时的需要。

六、领导力与组织创新印记

张一鸣，字节跳动和今日头条的创始人及原CEO。他的职业生涯始于多家互联网公司，包括酷讯、微软和九九房等。在积累了丰富的行业经验后，他于2012年创立了字节跳动，又在2013年推出了基于数据挖掘的推荐引擎产品——今日头条（图7-20）。

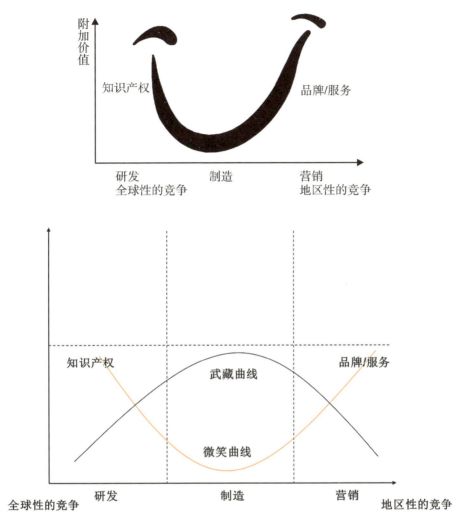

图 7-20　微笑曲线颠覆

注：（1）微笑曲线就是一条说明产业附加价值的曲线。
（2）从横轴来看，由左至右分别代表产业的上、中、下游，左边是研发，中间是制造，右边是营销；纵轴则代表附加价值的高低。
（3）从市场竞争形态来说，曲线左边的研发是全球性的竞争，右边的营销是地区性的竞争。

张一鸣以其创新精神和领导能力，在 2013 年先后入选《福布斯》"中国 30 位 30 岁以下创业者"和《财富》"中国 40 位 40 岁以下的商业精英",是中国国内互联网行业最受关注的青年领袖之一。字节跳动的 AI 产品可以分为三类:智能体开发平台、各类 AI 大模型、App 或网页端 AI 应用。其中,开发平台主要有扣子和 Coze 两个,分别面向国内和国外市场。AI 大模型和应用平台包括十多款产品,覆盖了聊天、社交、图像、文字、视频、音乐、教育、办公、代码、电商等多个领域。字节跳动最知名的 AI 产品之一是豆包,这是一个大语言模型,支持多种信息输入和输出形式,其月活用户数位列全球 AI 应用第二。

张一鸣的性格特质和其对事业的看法与众不同。他喜欢用坐标和矩阵来表现事物,在他的眼中,数学是对事物之间最基础关系的描绘。他将自己的状态调节到轻度喜悦和轻度沮丧之间,追求极致的理性和冷静。在此基础上,为了长远的战略目标,他强迫自己学习许多不愿意做的事情,对成功的看法也与许多创业者大相径庭。张一鸣对金钱的渴望并不强烈,他更倾向于追求挑战与对用户和社会有益的事情。他对保持进化有着独特的理解,即"延迟满足"。他把公司当作产品一样进行调试,先把最终的目标推得很远,去设想最终做的事情可以推演到多大,再反过来要求自己,不断训练和进步。通过张一鸣的行动和言论,我们可以深切地感受到其领导风格,如图 7-21 所示。

1. 做不好就别做了,要做就要做得非常好。
2. 学习的最终目的,是为了练习和使用产生结果。
3. 你最终会成为你想要的样子——如果你真的非常想。
4. 延迟满足感程度在不同量级的人是没法有效讨论问题的,因为他们愿意触探停留的深度不一样。
5. 执行力这个词一度很流行,在我理解来看就是态度和能力。不断筛选和提高大家的态度能力就是提高执行力。
6. 人生有限三万天,何必为了装而浪费时间。沟通不直接,不触及事物本质,耽误的只会是自己。

图 7-21 人工智能应用场景价值倡导者和实践者张一鸣的领导风格

参 考 文 献

[1] 安广义. 工作投入研究综述 [J]. 广东工业大学学报：社会科学版, 2010, 10 (3): 30-33.

[2] 蔡进雄. 走入心灵深处：仆人式领导的意涵及其中小学校长领导的启示 [J]. 教育政策论坛, 2003, 6 (2): 69-83.

[3] 蔡铁权. "格物致知"的传统诠释及其现代意蕴——一种科学与科学教育的解读 [J]. 全球教育展望, 2014, 43 (6): 111-121.

[4] 曹元坤, 黄晓波, 谭娟. 值得关注的管理学前沿：追随问题研究 [J]. 当代财经, 2008 (7): 118-123.

[5] 陈美君. 国民中小学校长服务领导行为与学校组织气氛关系之研究——以桃竹苗四县市为例 [D]. 新北：辅仁大学, 2007.

[6] 陈民科, 王重鸣. 评价中心的开发程序与构思效度 [J]. 人类工效学, 2002, 8 (2): 27-30.

[7] 陈伟, 杨早立, 朗益夫. 团队断裂带对团队效能影响的实证研究——关系型领导行为的调节与交互记忆系统的中介 [J]. 管理评论, 2015, 27 (4): 99-110, 121.

[8] 崔遵康, 季小童, 袁云云, 等. 精神型领导：研究述评与未来展望 [J]. 管理现代化, 2022, 42 (5): 132-140.

[9] 邓志华, 陈维政. 基于内容分析的服务型领导维度研究 [J]. 当代经济管理, 2013, 35 (11): 63-67.

[10] 范文杰. 苹果的奇迹——乔布斯的领导力 [J]. 广东科技, 2013, 22 (3): 15-16.

[11] 冯葆勇. 国际货代企业员工组织承诺与离职意向研究 [J]. 当代经济, 2010 (22): 152-153.

[12] 冯彩玲, 张丽华. 变革型领导、交易型领导、信任和工作绩效的

关系——以基层公务员为例［J］. 兰州学刊，2011（3）：46-50.

［13］ 冯祎春. 贝佐斯及其亚马逊网络公司成功之道［J］. 商业文化，2005（10）：32-37.

［14］ 龚炯. "铁娘子"默克尔［J］. 经理人，2011（11）：96-97.

［15］ 龚文君. 从《五子之歌》看民生［J］. 博览群书，2012（4）：77-80.

［16］ 韩翀华. 经济学研究中的科学性问题［J］. 金融经济，2019（10）：138-139.

［17］ 何国华，郑馨念，王雁飞，等. 基于工作重塑视角的变革型领导对员工变革支持行为的影响研究［J］. 管理学报，2023，20（3）：378-388.

［18］ 贺小刚，李新春. 企业家能力与企业成长：基于中国经验的实证研究［J］. 经济研究，2005，10（2）：101-111.

［19］ 黄登木. 服务领导在学校组织的应用与基本模式初探［D］. 2004.

［20］ 黄青. 变革型领导风格的结构与测量［J］. 当代经济，2011（6）：136-137.

［21］ 黄寿祺，张善文. 周易译注（上册）［M］. 上海：上海古籍出版社，2007.

［22］ 黄寿祺，张善文. 周易译注（下册）［M］. 上海：上海古籍出版社，2007.

［23］ 霍国庆，孟建平，刘斯峰. 信息化领导力研究综述［J］. 管理评论，2008，20（4）：31-38.

［24］ 季昌仁. 任正非：最受人尊敬的中国企业家［J］. 商业文化，2021（19）：37-40.

［25］ 蒋君仪. 国民小学校长服务领导与学校文化表征关系之研究［D］. 新北：辅仁大学，2005.

［26］ 蒋雪. 家长式领导、组织学习方式与企业绩效的关系研究［D］. 广州：广东外语外贸大学，2013.

［27］ 江静，杨百寅. 换位思考、任务反思与团队创造力：领导批判性思维的调节作用［J］. 南开管理评论，2016，19（6）：27-35.

[28] 焦冉. 论马克思主义的归纳-演绎法 [J]. 理论月刊, 2015 (1): 10-14.

[29] 金雷. 基于隐性资产的企业价值管理研究 [J]. 中国商贸, 2013 (27): 68-69.

[30] 金萧临, 田新民, 李旭. 团队社会资本对内创业行为的影响机制研究 [J]. 上海管理科学, 2018 (4): 27-31.

[31] 柯华庆, 杨明宇. 党的领导法规制度的理论基础 [J]. 学术研究, 2020 (5): 1-7.

[32] 李超平, 时勘. 变革型领导的结构与测量 [J]. 心理学报, 2005, 37 (6): 803-811.

[33] 李超平, 李晓轩, 时勘, 等. 授权的测量及其与员工工作态度的关系 [J]. 心理学报, 2006, 38 (1): 99-106.

[34] 李朝阳. 服务型领导与下属反生产行为关系的实证研究 [D]. 长沙: 中南大学, 2010.

[35] 李洪文, 大卫·德克莱默, 田涛. 任正非的思想魅力 [J]. 资本市场, 2016 (2): 82-101.

[36] 李金星, 蔡维菊. 企业薪酬体系与员工心理契约匹配关系研究 [J]. 石家庄经济学院学报, 2010, 33 (1): 66-70.

[37] 李玲. 服务型领导、组织学习与企业绩效的关系研究 [J]. 广州: 广东外语外贸大学, 2015.

[38] 李其维. "认知革命"与"第二代认知科学"刍议 [J]. 心理学报, 2008, 40 (12): 1306-1327.

[39] 李雨蒙. 高瞻远瞩的贝佐斯 [J]. 中国民营科技与经济, 2012 (4): 90-91.

[40] 连玉如. 默克尔执政的根基与远景 [J]. 人民论坛, 2018 (6): 108-110.

[41] 刘进, 袁玎, 揭筱纹. 产业环境、企业家战略领导能力与民营企业绩效——基于认知心理学视角 [J]. 科技进步与对策, 2017, 34 (6): 75-80.

[42] 刘晓敏, 刘其智. 整合的资源能力观——资源的战略管理 [J]. 科学学与科学技术管理, 2006, 27 (6): 85-91.

[43] 刘猷桓. 自然辩证法的逻辑——从《自然辩证法》原著到《自然辩证法原理》[J]. 自然辩证法研究, 2009, 25 (10): 7-11.

[44] 罗伯特·斯莱特. 杰克·韦尔奇的人才论 [J]. 教育, 2008 (24): 40-41.

[45] 罗文豪, 李朋波. 追随者中心视角下的企业领导力发展探析 [J]. 中国人力资源开发, 2016 (4): 26-33, 80.

[46] 罗文豪. 追随研究的历史溯源、现实驱力与未来展望 [J]. 中国人力资源开发, 2015 (15): 6-15, 33.

[47] 林姿葶, 郑伯埙, 周丽芳. 家长式领导之回顾与前瞻: 再一次思考 [J]. 管理学季刊, 2017 (4): 1-32, 158.

[48] 刘追, 张佳乐, 刘洪. 虚拟员工人力资源管理的困境与策略 [J]. 中国人力资源开发, 2015 (3): 14-19.

[49] 马正立. 领导权力和权威的关系与转化 [J]. 理论学习, 2017 (10): 59-63.

[50] 门理想. 公共部门数字领导力: 文献述评与研究展望 [J]. 电子政务, 2020 (2): 100-110.

[51] 孟慧. 变革型领导风格的实证研究 [J]. 应用心理学, 2004, 10 (2): 18-22.

[52] 南怀谨. 原本大学微言 [M]. 上海: 复旦大学出版社, 2003.

[53] 邱伟年, 李玲, 刘有贵. 基于企业成长视角的信任与企业控制权配置对象选择的关系研究 [J]. 科技管理研究, 2015 (4): 181-186, 197.

[54] 邱伟年, 崔鼎昌, 曾楚宏. 家长式领导、高绩效工作系统与企业绩效 [J]. 广东财经大学学报, 2014 (3): 46-54.

[55] 邱伟年, 邓靖松, 林家荣. 基于谋算型信任视角的企业高管团队信息共享博弈研究 [J]. 暨南学报 (哲学社会科学版), 2011, 33 (4): 10-15.

[56] 邱伟年, 曾楚宏, 王斌. 组织间知识转移研究述评 [J]. 情报理论与实践, 2011 (7): 124-128.

[57] 钱雯雯. 基于追随特质理论的新生代员工管理探析 [J]. 商场现代化, 2017 (15): 100-101.

[58] 孙健敏,王碧英. 公仆型领导:概念的界定与量表的修订 [J]. 商业经济与管理,2010 (5):24-30.

[59] 宋崎. 家长式领导对员工绩效影响的实证分析:基于70和80后代际员工视角 [D]. 上海:上海交通大学,2011.

[60] 唐乐,杨伟国. 追随力研究及其理论框架:综述与展望 [J]. 学海,2015 (5):143-149.

[61] 陶厚永,胡文芳,郭茜茜. 上下级互动过程中新员工追随力的形成路径研究 [J]. 中国人力资源开发,2015 (15):24-33.

[62] 汪纯孝,凌茜,张秀娟. 我国企业公仆型领导量表的设计与检验 [J]. 南开管理评论,2009,12 (3):94-103.

[63] 王会. 乔布斯的领导力 [J]. 决策,2011 (10):69-70.

[64] 王建忠,高明华. 反腐败、企业家能力与企业创新 [J]. 经济管理,2017 (6):36-52.

[65] 王晓辰,李佳颢,吴颖斐,等. 领导人际情绪管理和员工建言的关系:有调节的中介效应分析 [J]. 心理科学,2020,43 (1):158-164.

[66] 王丽,刘小燕. 中国传统文化中的管理思想——从领导艺术的角度分析 [J]. 现代经济信息,2012 (19):200.

[67] 王欣瑜,刘文霞. 儒家传统师德视阈下的高校师德建设 [J]. 内蒙古师范大学学报(教育科学版),2012,25 (3):28-30.

[68] 王哲,田君. 以"德"治官——浅述儒家德治思想的当代价值 [J]. 中共贵州省委党校学报,2011 (4):67-69.

[69] 魏雅华. 任正非:用实力构筑未来 [J]. 企业研究,2016 (6):30-37.

[70] 魏蕾,时勘. 家长式领导与员工工作投入:心理授权的中介作用 [J]. 心理与行为研究,2010,8 (2):88-93.

[71] 吴静吉,林合懋. 转型领导量表与交易领导量表的建立 [J]. 中国测验学会测验年刊,1998,45 (2):57-88.

[72] 吴蕾. 小微企业管理者领导力对员工敬业度的影响研究——以青岛地区为例 [D]. 青岛:中国石油大学(华东),2016.

[73] 吴松梅,张殿清. 论科学研究中的创造性思维——自然辩证法学

习札记 [J]. 北京印刷学院学报, 2001, 9 (2): 43-46.

[74] 吴维库, 余天亮, 宋继文. 情绪智力对工作倦怠影响的实证研究 [J]. 清华大学学报（哲学社会科学版）, 2008 (S2): 122-133, 144.

[75] 项凯标, 颜锐, 蒋小仙. 职业成长, 组织承诺与工作绩效：机理和路径 [J]. 财经问题研究, 2017 (12): 125-130.

[76] 邢红磊. 变革型领导、高管团队学习行为与企业绩效的关系研究 [D]. 广州：广东外语外贸大学, 2014.

[77] 徐红丹, 曹元坤. 追随动机研究述评及展望 [J]. 中国人力资源开发, 2015 (15): 16-23.

[78] 许晟, 曹元坤. "追随力" 三概念探析 [J]. 江西社会科学, 2012 (1): 211-216.

[79] 许晟. 追随力：内涵、影响因素及对领导效能的作用机理 [D]. 南昌：江西财经大学.

[80] 许昉昉. 成功领导者需要哪些特质——从通用前 CEO 杰克·韦尔奇谈杰出领导者特质 [J]. 领导科学, 2015 (10): 55-56.

[81] 严正. 四维领导力 [M]. 北京：机械工业出版社, 2007.

[82] 杨安, 邱伟年, 黄洁华, 等. 感知领导情绪管理与员工追随的关联模式研究 [C] //第二十二届全国心理学学术会议摘要集. 北京：中国心理学会, 2019: 412-413.

[83] 杨东涛, 朱武生. 基于胜任力的人力资源管理研究 [J]. 中国人力资源开发, 2002 (9): 8-10.

[84] 杨凡. 深沪交易所年报问询函语义与投资者情绪的实验 [D]. 北京：北京化工大学, 2021.

[85] 杨廷钫, 凌文辁. 服务型领导理论综述 [J]. 科技管理研究, 2008, 28 (3): 204-207.

[86] 姚小涛, 亓晖, 刘琳琳, 等. 企业数字化转型：再认识与再出发 [J]. 西安交通大学学报（社会科学版）, 2022, 42 (3): 1-9.

[87] 尹晓婧. 变革型领导理论的发展方向 [J]. 中国领导科学, 2019 (2): 52-56.

[88] 原涛, 凌文辁. 追随力研究述评与展望 [J]. 心理科学进展,

2010,18(5):769-780.

[89] 原涛. 追随特质模型及追随动机与相关变量的关系研究[D]. 广州：暨南大学，2011.

[90] 郑伯埙，王安智，黄敏萍. 康庄大道与羊肠小径之间的抉择：提升华人管理研究的"局内人"观点[J]. 组织管理研究，2009，5（1）：109-128.

[91] 张大鹏，孙新波. 供应链合作网络中整合型领导力对企业间协同创新绩效的影响研究[J]. 工业工程与管理，2017，22（6）：128-134.

[92] 张大鹏，孙新波，陆金瑶. 整合型领导力研究综述及未来展望[J]. 领导科学，2018（26）：20-23.

[93] 张大鹏，孙新波，刘鹏程，等. 整合型领导力对组织创新绩效的影响研究[J]. 管理学报，2017，14（3）：389-399.

[94] 张焕勇. 企业家能力与企业成长关系研究[D]. 上海：复旦大学，2007.

[95] 张丽华. 改造型领导与组织变革过程互动模型的实证与案例研究[D]. 大连：大连理工大学，2002.

[96] 张丽芸. 企业家社会资本、企业家资源整合能力与战略绩效之间的关系研究[D]. 兰州：甘肃政法学院，2019.

[97] 张澎涛. 不当督导对组织承诺的影响：追随力的中介效应[D]. 开封：河南大学，2013.

[98] 张清霞. 家长式领导、集体效能与下属工作态度的关系研究[J]. 济南：山东师范大学，2007.

[99] 张锐. 安格拉·默克尔：欧洲的"无冕之王"[J]. 对外经贸实务，2013（11）：11-15.

[100] 张鑫. 教练员服务型领导行为理论综述[J]. 中国电子教育，2014（3）：8-12.

[101] 张长立. 领导权威的实质及其运行规律探微[J]. 苏州大学学报（哲学社会科学版），2010，31（6）：23-25.

[102] 张维迎. 理解公司：产权、激励与治理[M]. 上海：上海人民出版社，2014.

[103] 赵晓霞. 追随力约束下的领导者与追随者关系研究：结构模型、层次推演及理论分析［D］. 北京：北京交通大学, 2021.

[104] 赵砚, 宋夏云. 整合型领导力对组织创新绩效影响研究［J］. 中国领导科学, 2017 (6): 34-38.

[105] 郑天祥, 王克喜. "格物致知"的科学逻辑意蕴［J］. 湖南科技大学学报（社会科学版）, 2021, 24 (1): 41-45.

[106] 周瑜. 领导者心理资本、信任与员工追随行为关系研究［J］. 广州：广东外语外贸大学, 2020.

[107] 周坦. 关于警察行政权的实施和监督问题的思考［J］. 攀登, 2008 (5): 137-138.

[108] 朱学红, 杨静, 伍如昕. 理念型心理契约、组织公民行为与团队绩效关系分析［J］. 统计与决策, 2014 (22): 93-97.

[109] ABU-TINEH A M, KHASAWNEH S A, AL-OMARI A A. Kouzes and Posner's transformational leadership model in practice: the case of Jordanian schools［J］. Leadership & organization development journal, 2008, 29 (8): 648-660.

[110] ADLER N J. Global leadership: women leaders［J］. Management international review, 1997, 37: 171.

[111] ADLER R W, REID J. The effects of leadership styles and budget participation on job satisfaction and job performance［J］. Asia-Pacific management accounting journal, 2008, 3 (1): 21-46.

[112] ALCORN D S. Dynamic followership: empowerment at work［J］. Management quarterly, 1992, 33 (1): 9.

[113] ALVES J C, LOVELACE K J, MAN C C, et al. A cross-cultural perspective of self-leadership［J］. Journal of managerial psychology, 2006, 21 (4): 338-359.

[114] ANDERSON C, KRAUS M W, GALINSKY A D, et al. The local-ladder effect: social status and subjective wellbeing［J］. Psychological science, 2012, 23 (7): 764-771.

[115] ANTONAKIS J, AVOLIO B J, SIVASUBRAMANIAM N. Context and leadership: an examination of the nine-factor full-range leader-

ship theory using the multifactor leadership questionnaire [J]. Leadership quarterly, 2003, 14 (3): 261 – 295.

[116] AVOLIO B J. Promoting more integrative strategies for leadership theory-building [J]. American psychologist, 2007, 62 (1): 25 – 33.

[117] AVOLIO B J, KAHAI S, DODGE G E. E-leadership: implications for theory, research, and practice [J]. The leadership quarterly, 2000, 11 (4): 615 – 668.

[118] AVOLIO B J, WALUMBWA F O, WEBER T J. Leadership: current theories, research, and future directions [J]. Annual review of psychology, 2009, 60 (1): 421 – 449.

[119] BACH S, EDWARDS M R. Managing human resources: human resource management in transition [M]. 5th ed. Chichester, West Sussex: Wiley, 2013.

[120] BAKER S D. Followership: the theoretical foundation of a contemporary construct [J]. Journal of leadership & organizational studies, 2007, 14 (1): 50 – 60.

[121] BANUTU-GOMEZ M B, BANUTU-GOMEZ S M T. Leadership and organizational change in a competitive environment [J]. Business renaissance quarterly, 2007, 2 (2): 69.

[122] BARBUTO J E, WHEELER D W. Scale development and construct clarification of servant leadership [J]. Group & organization management, 2006, 31 (3): 300 – 326.

[123] BARKER C, JOHNSON A, LAVALETTE M. Leadership matters: an introduction [M]. Manchester: Manchester University Press, 2001: 1 – 23.

[124] BASS B M. Leadership: good, better, best [J]. Organizational dynamics, 1985, 13 (3): 26 – 40.

[125] BASS B M. Does the transactional-transformational leadership paradigm transcend organizational and national boundaries? [J]. American psychologist, 1997, 52 (2): 130 – 139.

[126] BASS B M. Personal selling and transactional/transformational lead-

ership [J]. Journal of personal selling and sales management, 1997, 17 (3): 19 - 28.

[127] BASS B M, AVOLIO B J. Transformational leadership and organizational culture [J]. International journal of public administration, 1993, 17 (1): 112 - 121.

[128] BASS B M, AVOLIO B J. Improving organizational effectiveness through transformational leadership [M]. New York: Sage Publications, Inc., 1994.

[129] BASS B M, STOGDILL R M. Bass & Stogdill's handbook of leadership: theory, research, and managerial applications [M]. New York: Simon and Schuster, 1990.

[130] BECHERER R C, MENDENHALL M E, EICKHOFF K F. Separated at birth: an inquiry on the conceptual independence of the entrepreneurship and the leadership constructs [J]. New England journal of entrepreneurship, 2008, 11 (2): 13 - 27.

[131] BECKER H S. Notes on the concept of commitment [J]. American journal of Sociology, 1960, 66 (1): 32 - 40.

[132] BENNIS W G, NANUS B. Leaders: the strategies for taking charge [M]. New York: Harper and Row, 1985.

[133] BERNARD L L. Collective responses and leadership [M]. New York: Henry Holt and Company, 1926.

[134] BINDL U K, UNSWORTH K L, GIBSON C B, et al. Job crafting revisited: implications of an extended framework for active changes at work [J]. Journal of applied psychology, 2019, 104 (5): 605 - 628.

[135] BJUGSTAD K, THACH E C, THOMPSON K J, et al. A fresh look at followership: a model for matching followership and leadership styles [J]. Journal of behavioral and applied management, 2006, 7: 304 - 319.

[136] BLAKE R R, MOUTON J S. Theory and research for developing a science of leadership [J]. Journal of applied behavioral science,

1982, 18 (3): 275-291.

[137] BLIGH C M, KOHLES C J, PEARCE L C, et al. When the romance is over: follower perspectives of aversive leadership [J]. Applied psychology, 2007, 56 (4): 528-557.

[138] BLUEDORN C A, JAUSSI S K. Leaders, followers, and time [J]. The leadership quarterly, 2008, 19 (6): 654-668.

[139] BOYACIGILLER N A, ADLER N J. The parochial dinosaur: organizational science in a global context [J]. Academy of management review, 1991, 16 (2): 262-290.

[140] BONO J E, ILIES R. Charisma, positive emotions and mood contagion [J]. The leadership quarterly, 2006, 17 (4): 317-334.

[141] BOYATZIS R E. Stimulating self-directed learning through the managerial assessment and development course [J]. Journal of management education, 1994, 18 (3): 304-323.

[142] BREWER M B, GARDNER W. Who is this "we"? Levels of collective identity and self representations [J]. Journal of personality and social psychology, 1996, 71 (1): 83-93.

[143] BRIGGS D G. The relationship between leadership practices and organizational effectiveness outcomes: a public transit agency study [D]. Minnesota: Capella University, 2008.

[144] BRUSH T H. Resource integration: an approach to strategy renewal [J]. Journal of business research, 2007, 60 (12): 1241-1254.

[145] BRYMAN A. The generalizability of implicit leadership theory [J]. Journal of social psychology, 1987, 127 (2): 129-141.

[146] BUCHEN I H. Servant leadership: a model for future faculty and future institutions [J]. Journal of leadership studies, 1998, 5 (1): 125-134.

[147] BURNS J M. Leadership [M]. New York: Harper and Row, 1978: 145-542.

[148] BYCIO P, HACKETT R D, ALLEN J S. Further assessments of Bass's (1985) conceptualization of transactional and transformational

leadership [J]. Journal of applied psychology, 1995, 80 (4): 468 - 478.

[149] CARIFIO J, EYEMARO B. The development and validation of a measure of relational leadership [J]. 2002.

[150] CARLESS S A, WEARING A J, MANN L. A short measure of transformational leadership [J]. Journal of business and psychology, 2000, 14 (3): 389 - 405.

[151] CARSTEN M K, BLIGH M C. Here today, gone tomorrow: follower perceptions of a departing leader and a lingering vision [M] // SHAMIR B, PILLAI R, BLIGH M C, et al. Follower-centered perspectives on leadership: a tribute to the memory of James R. Meindl. Greenwich: Information Age Publishing, 2007: 211 - 241.

[152] CAVEIL D P. The good follower: an indispensable ingredient for strong leadership [J]. Naval war college review, 2007, 60 (2): 111 - 124.

[153] CHALEFF I. Full participation takes courage [J]. The journal for quality and participation, 1998, 21 (1): 36.

[154] CHEN C C, LEE Y T. Leadership and management in China: philosophies, theories, and practices [M]. Cambridge: Cambridge University Press, 2008.

[155] COFFEE R, JONES G. The power of followership [J]. Harvard business review, 2005, 83 (12): 84 - 92.

[156] CONGER J A. Qualitative research as the cornerstone methodology for understanding leadership [J]. The leadership quarterly, 1998, 9 (1): 107 - 121.

[157] CONGER J A. Charismatic and transformational leadership in organizations: an insider's perspective on these developing streams of research [J]. The leadership quarterly, 1999, 10 (2): 145 - 179.

[158] CONGER J A, KANUNGO R N. Toward a behavioral theory of charismatic leadership in organizational settings [J]. Academy of management review, 1987, 12 (4): 637 - 647.

[159] CONGER J A, KANUNGO R N. Charismatic leadership in organizations: perceived behavioral attributes and their measurement [J]. Journal of organizational behavior, 1994, 15 (5): 439-452.

[160] CONGER J A, KANUNGO R N, MENON S T. Charismatic leadership and follower effects [J]. Journal of organizational behavior, 2000, 21 (7): 747-767.

[161] CONGER J A, KANUNGO R N, MENON S T, et al. Measuring charisma: dimensionality and validity of the Conger-Kanungo scale of charismatic leadership [J]. Canadian journal of administrative sciences, 1997, 14 (3): 290-301.

[162] DANSEREAU F, GRAEN G, HAGA W J. A vertical dyad linkage approach to leadership within formal organizations: a longitudinal investigation of the role making process [J]. Organizational behavior and human performance, 1975, 13 (1): 46-78.

[163] DASGUPTA P. Literature review: e-leadership [J]. Emerging leadership journeys, 2011, 4 (1): 1-36.

[164] DE CREMER D, VAN VUGT M. Intergroup and intragroup aspects of leadership in social dilemmas: a relational model of cooperation [J]. Journal of experimental social psychology, 2002, 38 (2): 126-136.

[165] DE GROOT T, KIKER D S, CROSS T C. A meta-analysis to review organizational outcomes related to charismatic leadership [J]. Canadian journal of administrative sciences, 2000, 17 (4): 356-372.

[166] DELOBBE N, COOPER-THOMAS H D, DE HOE R. A new look at the psychological contract during organizational socialization: the role of newcomers' obligations at entry [J]. Journal of organizational behavior, 2016, 37 (6): 845-867.

[167] DEN HARTOG D N, BOSELIE P, PAAUWE J. Performance management: a model and research agenda [J]. Applied psychology, 2004, 53 (4): 556-569.

[168] DEN HARTOG D N, HOUSE R J, HANGES P J, et al. Culture spe-

cific and cross culturally generalizable implicit leadership theories: are attributes of charismatic/transformational leadership universally endorsed? [J]. The leadership quarterly, 1999, 10 (2): 219 – 256.

[169] DENNIS R S, BOCARNEA M. Development of the servant leadership assessment instrument [J]. Leadership & organization development journal, 2005, 26 (8): 600 – 615.

[170] DENNIS R, WINSTON B E. A factor analysis of Page and Wong's servant leadership instrument [J]. Leadership & organization development journal, 2003, 24 (8): 455 – 459.

[171] DERUE D S, NAHRGANG J D, WELLMAN N, et al. Trait and behavioral theories of leadership: an integration and meta-analytic test of their relative validity [J]. Personnel psychology, 2011, 64 (1): 7 – 52.

[172] DICKSON M W, SMITH D B, GROJEAN M W, et al. An organizational climate regarding ethics: the outcome of leader values and the practices that reflect them [J]. The leadership quarterly, 2001, 12 (2): 197 – 217.

[173] DIERENDONCK D V, NUIJTEN I. The servant leadership survey: development and validation of a multidimensional measure [J]. Journal of business and psychology, 2011, 26 (3): 249 – 267.

[174] DIXON G, WESTBROOK J. Followers revealed [J]. Engineering management journal, 2003, 15 (1): 19 – 26.

[175] DORFMAN J H. Modeling multiple adoption decisions in a joint framework [J]. American journal of agricultural economics, 1996, 78 (3): 547 – 557.

[176] DORFMAN P W. International and cross-cultural leadership research [M] // PUNNETT B J, SHENKAR O. Handbook for international management research. Oxford, UK: Blackwell Publishing Ltd., 1996: 504 – 518.

[177] DVIR T, SHAMIR B. Follower developmental characteristics as predicting transformational leadership: a longitudinal field study [J].

The leadership quarterly, 2003, 14 (3): 327-344.

[178] EARLEY P C. Leading cultural research in the future: a matter of paradigms and taste [J]. Journal of international business studies, 2006, 37: 922-931.

[179] EBENER D R. The servant parish: a case study of servant leadership and organizational citizenship behaviors in high-performing Catholic parishes [D]. Davenport: St. Ambrose University, 2007.

[180] EL-FARH L, MASSOT M, LEMAL M, et al. Physical properties and electrochemical features of lithium nickel-cobalt oxide cathode materials prepared at moderate temperature [J]. Journal of electroceramics, 1999, 3 (4): 425-432.

[181] ELKIN G, JACKSON B, INKSON J. Organisational behaviour in New Zealand: theory and practice [J]. 3rd ed. Englewood Cliffs: Prentice Hall, 2008.

[182] EDGAR F, GEARE A. HRM practice and employee attitudes: different measures-different results [J]. Personnel review, 2005, 34 (5): 534-549.

[183] EVANS M G. Leadership and motivation: a core concept [J]. Academy of management journal, 1970, 13 (1): 91-102.

[184] FAIRHURST G T, UHL-BIEN M. Organizational discourse analysis (ODA): examining leadership as a relational process [J]. The leadership quarterly, 2012, 23 (6): 1043-1062.

[185] FIEDLER F E. A theory of leadership effectiveness [M]. New York: McGraw-Hill, 1967.

[186] FIEDLER F E. The contribution of cognitive resources and leader behavior to organizational performance [J]. Journal of applied social psychology, 1986, 16 (6): 532-548.

[187] FIEDLER R L, DENNISON B, JOHNSTON K J, et al. Extreme scattering events caused by compact structures in the interstellar medium [J]. Nature, 1987, 326 (6114): 675-678.

[188] FOTI R J, LUCH C H. The influence of individual differences on the

perception and categorization of leaders [J]. The leadership quarterly, 1992, 3 (1): 55-66.

[189] FRENCH J R P, RAVEN B. The bases of social power [M] // CARTWRIGHT D. Studies in social power. East Lansing: University of Michigan Press, 1959.

[190] FREW D R. Leadership and followership [J]. Personnel journal, 1977, 56 (2): 90-97.

[191] GAO-URHAHN X, BIEMANN T, JAROS S J. How affective commitment to the organization changes over time: a longitudinal analysis of the reciprocal relationships between affective organizational commitment and income [J]. Journal of organizational behavior, 2016, 37 (4): 515-536.

[192] GARDNER H. Leadership: a cognitive perspective [M]. SAIS Review, 1996, 16 (2): 109-122.

[193] GOFFEE R, JONES G. Why should anyone be led by you? [J]. Harvard business review, 2000, 78 (5): 62-70, 198.

[194] GRAHAM J W. Servant-leadership in organizations: inspirational and moral [J]. The leadership quarterly, 1991, 2 (2): 105-119.

[195] GREENLEAF R K. Servant leadership in business [J]. Leading organizations: perspectives for a new era, 1977, 2: 87-95.

[196] HERSEY P, BLANCHARD K H. Life cycle theory of leadership [J]. Training and development journal, 1969, 23 (5): 26-34.

[197] HOFSTEDE G. The cultural relativity of organizational practices and theories [J]. Journal of international business studies, 1983, 14 (2): 75-89.

[198] HOFSTEDE G. The business of international business is culture [J]. International business review, 1994, 3 (1): 1-14.

[199] HOLLANDER E P. Legitimacy, power, and influence: a perspective on relational features of leadership [M] // CHEMERS M M, AYMAN R. Leadership theory and research: perspectives and directions. New York: Academic Press, 1993: 29-47.

[200] HOOPER D T, MARTIN R. Beyond personal leader-member exchange (LMX) quality: the effects of perceived LMX variability on employee reactions [J]. The leadership quarterly, 2008, 19 (1): 20-30.

[201] HOUSE R J, HANGES P J, JAVIDAN M, et al. Culture, leadership, and organizations: the GLOBE study of 62 societies [M]. Thousand Oaks: Sage Publications, 2004.

[202] HOUSE R J, WRIGHT N S, ADITYA R N. Cross-cultural research on organizational leadership: a critical analysis and a proposed theory [M] // EARLEY P C, EREZ M. New perspectives on international industrial/organizational psychology. San Francisco: The New Lexington Press/Jossey Bass Publishers, 1997: 535-625.

[203] HOUSE R, JAVIDAN M, HANGES P, et al. Understanding cultures and implicit leadership theories across the globe: an introduction to project GLOBE [J]. Journal of world business, 2002, 37 (1): 3-10.

[204] HOWELL J M, FROST P J. A laboratory study of charismatic leadership [J]. Organizational behavior and human decision processes, 1989, 43 (2): 243-269.

[205] HOWELL J M, SHAMIR B. The role of followers in the charismatic leadership process: relationships and their consequences [J]. Academy of management review, 2005, 30 (1): 96-112.

[206] JUDGE T A, PICCOLO R F. Transformational and transactional leadership: a meta-analytic test of their relative validity [J]. Journal of applied psychology, 2004, 89 (5): 755-768.

[207] JUNG D I, BASS B M, SOSIK J J. Bridging leadership and culture: a theoretical consideration of transformational leadership and collectivistic cultures [J]. Journal of leadership & organizational studies, 1995, 2 (4): 3-18.

[208] JUNG D I, CHOW C, WU A. The role of transformational leadership in enhancing organizational innovation: hypotheses and some preliminary findings [J]. The leadership quarterly, 2003, 14 (4/5):

525-544.

[209] KANUNGO R N. Leadership in organizations: looking ahead to the 21st century [J]. Canadian psychology/psychologie canadienne, 1998, 39 (1/2): 71-82.

[210] KARK R, SHAMIR B. The influence of transformational leadership on followers' relational versus collective self-concept [J]. Academy of management proceedings, 2002 (1): D1-D6.

[211] KARK R, SHAMIR B, CHEN G. The two faces of transformational leadership: empowerment and dependency [J]. Journal of applied psychology, 2003, 88 (2): 246-255.

[212] KEE H W, KNOX R E. Conceptual and methodological considerations in the study of trust and suspicion [J]. Journal of conflict resolution, 1970, 14: 357-366.

[213] KELLERMAN B. Followership: how followers are creating change and changing leaders [M]. Boston: Harvard Business Press, 2008.

[214] KELLY S. Leadership: a categorical mistake? [J]. Human relations, 2008, 61 (6): 763-782.

[215] KELLY V E. The leadership institute for a new century: a three-year descriptive study and evaluation [J]. 1992.

[216] KIM M, BEEHR T A. Job crafting mediates how empowering leadership and employees' core self-evaluations predict favourable and unfavourable outcomes [J]. European journal of work and organizational psychology, 2020, 29 (1): 126-139.

[217] KIRKPATRICK S A, LOCKE E A. Direct and indirect effects of three core charismatic leadership components on performance and attitudes [J]. Journal of applied psychology, 1996, 81 (1): 36-51.

[218] KLEIN K J, HOUSE R J. On fire: charismatic leadership and levels of analysis [J]. The leadership quarterly, 1995, 6 (2): 183-198.

[219] KLUCKHOHN F R, STRODTBECK F L. Variations in value orientations [M]. Westport: Greenwood Press, 1961.

[220] KOCHAN T, BEZRUKOVA K, ELY R, et al. The effects of diversity on business performance: report of the diversity research network [J]. Human resource management, 2003, 42 (1): 3 - 21.

[221] KOOPMAN P L, DEN HARTOG D N, KONRAD E. National culture and leadership profiles in Europe: some results from the GLOBE study [J]. European journal of work and organizational psychology, 1999, 8 (4): 503 - 520.

[222] KÜPERS W M. Phenomenology and integral pheno-practice of wisdom in leadership and organization [J]. Social epistemology, 2007, 21 (2): 169 - 193.

[223] LAMMERS J G, VAN BOOM J H. Synthesis of phospholipids via phosphotriester intermediates [J]. Recueil des travaux chimiques des paysbas, 1979, 98 (4): 243 - 250.

[224] LANGER E J. Minding matters: the consequences of mindlessness-mindfulness [M] // Advances in experimental social psychology. Pittsburgh: Academic Press, 1989, 22: 137 - 173.

[225] LAUB J A. Assessing the servant organization: development of the servant organizational leadership assessment (SOLA) instrument [J]. Boca Raton: Florida Atlantic University, 1999.

[226] LAW K S, WONG C S, SONG L J. The construct and criterion validity of emotional intelligence and its potential utility for management studies [J]. Journal of applied psychology, 2004, 89 (3): 483 - 496.

[227] LEITHWOOD K A. The move toward transformational leadership [J]. Educational leadership, 1992, 49 (5): 8 - 12.

[228] LEITHWOOD K, JANTZI D. Transformational leadership [J]. The essentials of school leadership, 2005, 31: 43.

[229] LEMOINE G J, CARSTEN M K. "On leaders and followers: advancing a more" "balanced" "view of leadership" [J]. Academy of management annual meeting proceedings, 2014 (1): 16916.

[230] LEVITT T. The globalization of markets [J]. Harvard business re-

view, 1983, 61 (3): 92 – 102.

[231] LEWICKI R J, BUNKER B B. Trust in relationships: a model of trust development and decline [M] // BUNKER B B, RUBIN J Z. Conflict, cooperation, and justice: essays inspired by the work of morton deutsch. San Francisco: Jossey Bass, 1995.

[232] LIDEN R C, WAYNE S J, ZHAO H, et al. Servant leadership: development of a multidimensional measure and multilevel assessment [J]. The leadership quarterly, 2008, 19 (2): 161 – 177.

[233] LIKERT R. New patterns of management [M]. New York: McGraw-Hill Book Company, 1961.

[234] LITTLE L M, KLUEMPER D H, NELSON D L, et al. Development and validation of the interpersonal emotion management scale [J]. Journal of occupational and organizational psychology, 2012, 85 (2): 407 – 420.

[235] LIU C, READY D, ROMAN A, et al. E-leadership: an empirical study of organizational leaders' virtual communication adoption [J]. Leadership & organization development journal, 2018, 39 (7): 826 – 843.

[236] LONNER W J, BERRY J W, HOFSTEDE G H. Culture's consequences: international differences in work related values [J]. Social science electronic publishing, 1981, 36 (1): 129 – 130.

[237] LORD R G, BROWN D J, FREIBERG S J. Understanding the dynamics of leadership: the role of follower self-concepts in the leader/follower relationship [J]. Organizational behavior and human decision processes, 1999, 78 (3): 167 – 203.

[238] LORD R G, BROWN D J, HARVEY J L, et al. Contextual constraints on prototype generation and their multilevel consequences for leadership perceptions [J]. The leadership quarterly, 2001, 12 (3): 311 – 338.

[239] LORD R G, FOTI R J, DE VADER C L. A test of leadership categorization theory: internal structure, information processing, and

leadership perceptions [J]. Organizational behavior and human performance, 1984, 34 (3): 343 – 378.

[240] LOWE K B, KROECK K G, SIVASUBRAMANIAM N. Effectiveness correlates of transformational and transactional leadership: a meta-analytic review of the MLQ literature [J]. The leadership quarterly, 1996, 7 (3): 385 – 425.

[241] LUNDIN S, LANCASTER L. How to be an effective follower [J]. Training and development journal, 1990, 44 (10): 43 – 45.

[242] MAMPILLY S R. Power precept for managers [EB/OL]. [2024 – 05 – 06]. https://www.researchgate.net/profile/Sebastian-Rupert-Mampilly/publication/236629679_Power_Precept_for_Managers/links/0deec5188c41cdb925000000/Power-Precept-for-Managers.pdf.

[243] MAN T W Y, LAU T, CHAN K F. The competitiveness of small and medium enterprises: a conceptualization with focus on entrepreneurial competencies [J]. Journal of business venturing, 2002, 17 (2): 123 – 142.

[244] MAO J Y, CHIANG J T J, CHEN L, et al. Feeling safe? A conservation of resources perspective examining the interactive effect of leader competence and leader self-serving behaviour on team performance [J]. Journal of occupational and organizational psychology, 2019, 92 (1): 52 – 73.

[245] MCCLELLAND D C. Human motivation [M]. Cambridge: Cambridge University Press, 1987.

[246] MEILINGER P S. The ten rules of good followership [J]. Military review, 1994, 74 (8): 32.

[247] MENDENHALL M E, OSLAND J, BIRD A, et al. Global leadership: research, practice, and development [M]. London: Routledge Press, 2012.

[248] MILLER M. Transformational leadership and mutuality [J]. Transformation, 2007, 24 (3/4): 180 – 192.

[249] MILLER R L, BUTLER J, COSENTINO C J. Followership effective-

ness: an extension of Fiedler's contingency model [J]. Leadership & organization development journal, 2004, 25 (4): 362 – 368.

[250] MITTAL R, DORFMAN P W. Servant leadership across cultures [J]. Journal of world business, 2012, 47 (4): 555 – 570.

[251] OFFERMANN L R, KENNEDY J K, WIRTZ P W. Implicit leadership theories: content, structure, and generalizability [J]. The leadership quarterly, 1994, 5 (1): 43 – 58.

[252] PADILLA A, HOGAN R, KAISER R B. The toxic triangle: destructive leaders, susceptible followers, and conducive environments [J]. The leadership quarterly, 2007, 18 (3): 176 – 194.

[253] PAGE D, WONG P T P. A conceptual framework for measuring servant leadership [M] // ADJIBOLOSOO B S K. The human factor in shaping the course of history and development. Lanham: University Press of America, 2000: 69 – 110.

[254] PARRY K W. Enhancing adaptability: leadership strategies to accommodate change in local government settings [J]. Journal of organizational change management, 1999, 12 (2): 134 – 157.

[255] PARRY K W. Viewing the leadership narrative through alternate lenses: an autoethnographic investigation [J]. Management revue, 2008, 19 (1/2): 126 – 147.

[256] PASTOR C J, MAYO M, SHAMIR B. Adding fuel to fire: the impact of followers' arousal on ratings of charisma [J]. Journal of applied psychology, 2007, 92 (6): 1584 – 1596.

[257] PATTERSON K A. Servant leadership: a theoretical model [D]. Virginia Beach: Regent University, 2003.

[258] PETERSON D. Perceived leader integrity and ethical intentions of subordinates [J]. Leadership & organization development journal, 2004, 25 (1): 7 – 23.

[259] PETERSON R S. A directive leadership style in group decision making can be both virtue and vice: evidence from elite and experimental groups [J]. Journal of personality and social psychology, 1997, 72

(5): 1107-1121.

[260] PILLAI R, SCHRIESHEIM C A, WILLIAMS E S. Fairness perceptions and trust as mediators for transformational and transactional leadership: a two-sample study [J]. Journal of management, 1999, 25 (6): 897-933.

[261] PIRSON M, LANGER E J, BODNER T, et al. The development and validation of the Langer mindfulness scale-enabling a socio-cognitive perspective of mindfulness in organizational contexts [J]. SSRN electronic journal, 2012.

[262] PODSAKOFF P M, MACKENZIE S B, MOORMAN R H, et al. Transformational leader behaviors and their effects on followers' trust in leader, satisfaction, and organizational citizenship behaviors [J]. The leadership quarterly, 1990, 1 (2): 107-142.

[263] POTTER III E H, ROSENBACH W E, PITTMAN T S. Leaders and followers: lighting the candle at both ends [C] // Proceedings of the 1996 NLI conference: leaders & change. The institute, 1996: 149.

[264] PRINCE L. Eating the menu rather than the dinner: tao and leadership [J]. Leadership, 2005, 1 (1): 105-126.

[265] QIN X, CHEN C, YAM K C, et al. Adults still can't resist: a social robot can induce normative conformity [J]. Computers in human behavior, 2022, 127: 107041.

[266] QUINN R W, BUNDERSON J S. Could we huddle on this project? Participant learning in newsroom conversations [J]. Journal of Management, 2016, 42 (2): 386-418.

[267] RAFFERTY A E, GRIFFIN M A. Dimensions of transformational leadership: conceptual and empirical extensions [J]. The leadership quarterly, 2004, 15 (3): 329-354.

[268] REED L, EVANS A E. 'What you see is [not always] what you get!' Dispelling race and gender leadership assumptions [J]. International journal of qualitative studies in education, 2008, 21 (5): 487-499.

[269] REINKE S J. Service before self: towards a theory of servant leadership [J]. Global virtue ethics review, 2004, 5 (3): 30-57.

[270] RICH B L, LEPINE J A, CRAWFORD E R. Job engagement: antecedents and effects on job performance [J]. Academy of management journal, 2010, 53 (3): 617-635.

[271] ROMAN A V, VAN WART V, WANG X H, et al. Defining eleadership as competence in ICT-mediated communications: an exploratory assessment [J]. Public administration review, 2019, 79 (6): 853-866.

[272] ROSENAU J. Followership and discretion: assessing the dynamics of modern leadership [J]. Harvard international review, 2004, 26 (3): 14-17.

[273] ROUCHE J E, BAKER G A, ROSE R R. Shared vision: transformational leadership in American community colleges [D]. Washington, DC: Community College Press, 1989.

[274] ROUSSEAU D M. New hire perceptions of their own and their employer's obligations: a study of psychological contracts [J]. Journal of organizational behavior, 1990, 11 (5): 389-400.

[275] RUSSELL R F, STONE A G. A review of servant leadership attributes: developing a practical model [J]. Leadership & organization development journal, 2002, 23 (3): 145-157.

[276] SALTER C R, HARRIS M H, MCCORMACK J. Bass & Avolio's full range leadership model and moral development [EB/OL]. [2024-05-06]. http://g-casa.com/conferences/milan/paper/McCormack.pdf.

[277] SCANDURA T, DORFMAN P. Leadership research in an international and cross-cultural context [J]. The leadership quarterly, 2004, 15 (2): 277-307.

[278] SCHAUFELI W B, BAKKER A B, SALANOVA M. The measurement of work engagement with a short questionnaire: a cross-national study [J]. Educational and psychological measurement, 2006, 66

(4): 701-716.

[279] SELVARAJAH C, MEYER D. One nation, three cultures: exploring dimensions that relate to leadership in Malaysia [J]. Leadership & organization development journal, 2008, 29 (8): 693-712.

[280] SENDJAYA S. Development and validation of servant leadership behavior scale [J]. Servant leadership research roundtable, 2003.

[281] SERGIOVANNI T J. Value-added leadership: how to get extraordinary results in schools [J]. NASSP bulletin, 1991, 75: 118-119.

[282] SHAMIR B. From passive recipients to active co-producers: followers' roles in the leadership process [J]. Follower-centered perspectives on leadership: a tribute to the memory of James R. Meindl, 2007, 9: 39.

[283] SHAMIR B. Leadership in boundaryless organization: disposable or indispensable? [J]. European journal of work and organizational psychology, 1999, 8 (1): 49-71.

[284] SHAMIR B, HOUSE R J, ARTHUR M B. The motivational effects of charismatic leadership: a self-concept based theory [J]. Organization science, 1993, 4 (4): 577-594.

[285] SHAMIR B, HOWELL J M. Organizational and contextual influences on the emergence and effectiveness of charismatic leadership [J]. The leadership quarterly, 1999, 10 (2): 257-283.

[286] SIMSEK Z, VEIGA J F, LUBATKIN M H. The impact of managerial slack on firm performance in a knowledge-intensive industry [J]. Journal of high technology management research, 2005, 16 (1): 55-68.

[287] SIRMON D G, HITT M A. Managing resources: linking unique resources, management, and wealth creation in family firms [J]. Entrepreneurship theory and practice, 2003, 27 (4): 339-358.

[288] SIRMON D G, HITT M A, IRELAND R D. Managing firm resources in dynamic environments to create value: looking inside the black box [J]. Academy of management review, 2007, 32 (1): 273-292.

[289] SPEARS L C. Insights on leadership: service, stewardship, spirit, and servant-leadership [M]. New York: John Wiley & Sons, Inc., 1998.

[290] SPREITZER G. Giving peace a chance: organizational leadership, empowerment, and peace [J]. Journal of organizational behavior, 2007, 28 (8): 1077-1095.

[291] SPREITZER G M, PERTTULA K H, XIN K. Traditionality matters: an examination of the effectiveness of transformational leadership in the United States and Taiwan [J]. Journal of organizational behavior, 2005, 26 (3): 205-227.

[292] STAJKOVIC A D, CARPENTER M A, GRAFFIN S D. Relationships among charismatic leadership, social network extensiveness, and self-set career goals: a cross-cultural examination in the United States and China [J]. Academy of management annual meeting proceedings, 2005, 2005 (1): 1-6.

[293] STEGER J A, JR MANNERS G E, ZIMMERER T W. Following the leader: how to link management style to subordinate personalities [J]. Management review, 1982, 71 (10): 22-28, 49-51.

[294] STEPHENS L R, IRVINE R F. Stepwise phosphorylation of myo-inositol leading to myo-inositol hexakisphosphate in Dictyostelium [J]. Nature, 1990, 346 (6284): 580-583.

[295] TANG C, NAUMANN S E. Paternalistic leadership, subordinate perceived leader-member exchange and organizational citizenship behavior [J]. Journal of management & organization, 2015, 21 (3): 291-306.

[296] TANG L, KOVEOS E P. A framework to update Hofstede's cultural value indices: economic dynamics and institutional stability [J]. Journal of international business studies, 2008, 39 (6): 1045-1063.

[297] TEJEDA M J, SCANDURA T A, PILLAI R. The MLQ revisited: psychometric properties and recommendations [J]. The leadership quarterly, 2001, 12 (1): 31-52.

[298] THIEL C, GRIFFITH J, CONNELLY S. Leader-follower interpersonal emotion management: managing stress by person-focused and emotion-focused emotion management [J]. Journal of Leadership & organizational studies, 2015, 22 (1): 5-20.

[299] THOMPSON J A, BUNDERSON J S. Violations of principle: ideological currency in the psychological contract [J]. Academy of management review, 2003, 28 (4): 571-586.

[300] TIMS M, BAKKER A B. Job crafting: towards a new model of individual job redesign [J]. South African journal of industrial psychology, 2010, 36 (2): 1-9.

[301] TOSI H L, MISANGYI V F, FANELLI A, et al. CEO charisma, compensation, and firm performance [J]. The leadership quarterly, 2004, 15 (3): 405-420.

[302] TRIANDIS H C. The psychological measurement of cultural syndromes [J]. American psychologist, 1996, 51 (4): 407-415.

[303] TSUI A S, ZHANG Z X, WANG H, et al. Unpacking the relationship between CEO leadership behavior and organizational culture [J]. The leadership quarterly, 2006, 17 (2): 113-137.

[304] VAN KNIPPENBERG D, VAN GINKEL W P, HOMAN A C. Diversity mindsets and the performance of diverse teams [J]. Organizational behavior and human decision processes, 2013, 121 (2): 183-193.

[305] VAN WART M, ROMAN A, WANG X H, et al. Operationalizing the definition of e-leadership: identifying the elements of e-leadership [J]. International review of administrative sciences, 2019, 85 (1): 80-97.

[306] VAN WART M, ROMAN A, WANG X H, et al. Integrating ICT adoption issues into (e) leadership theory [J]. Telematics and informatics, 2017, 34 (5): 527-537.

[307] VAN VUGT M. Evolutionary origins of leadership and followership [J]. Personality and social psychology review, 2006, 10 (4): 354-371.

[308] VAN VUGT M, HOGAN R, KAISER R B. Leadership, followership, and evolution: some lessons from the past [J]. The American psychologist, 2008, 63 (3): 182-196.

[309] VROOM V H, YETTON P W. Leadership and decisionmaking [M]. Pittsburgh: University of Pittsburgh Press, 1973.

[310] WALDMAN D A, RAMIREZ G G, HOUSE R J, et al. Does leadership matter? CEO leadership attributes and profitability under conditions of perceived environmental uncertainty [J]. Academy of management journal, 2001, 44 (1): 134-143.

[311] WALDMAN D A, SIEGEL D S, JAVIDAN M. Components of CEO transformational leadership and corporate social responsibility [J]. Journal of management studies, 2006, 43 (8): 1703-1725.

[312] WALKER A G, SMITHER J W, WALDMAN D A. A longitudinal examination of concomitant changes in team leadership and customer satisfaction [J]. Personnel psychology, 2008, 61 (3): 547-577.

[313] WILLIAMS J R. The conceptualization of leadership and leadership development by academic department heads in colleges of agriculture at land grant institutions: a qualitative study [M]. Stillwater: Oklahoma State University, 2007.

[314] WINSTON B E. Extending Patterson's servant leadership model: explaining how leaders and followers interact in a circular model [J]. Servant leadership research roundtable, 2003, 9: 1-9.

[315] WOFFORD D S, FORKEY D M, RUSSELL J G. Nitrogen-15 NMR spectroscopy: prototropic tautomerism of azoles [J]. The journal of organic chemistry, 1982, 47 (26): 5132-5137.

[316] WONG P T P, PAGE D. Servant leadership: an opponent-process model and the revised servant leadership profile [J]. Servant leadership research roundtable, 2003, 1: 1-13.

[317] WREN J T. The leader's companion: insights on leadership through the ages [M]. New York: Free Press, 1995.

[318] WRZESNIEWSKI A, DUTTON J E. Crafting a job: revisioning em-

ployees as active crafters of their work [J]. The academy of management review, 2001, 26 (2): 179 – 201.

[319] YANG J, CHUNG S J. Effect of mindfulness on innovative behavior: mediating effect of self-efficacy and moderating effect of affective organizational commitment [J]. 경영교육연구, 2019, 34 (5): 55 – 85.

[320] YAVAS A, YANG S. The strategic role of listing price in marketing real estate: theory and evidence [J]. Real estate economics, 1995, 23 (3): 347 – 368.

[321] YUKL G, GORDON A, TABER T. A hierarchical taxonomy of leadership behavior: integrating a half century of behavior research [J]. Journal of leadership & organizational studies, 2002, 9 (1): 15 – 32.

[322] ZACCARO S J, HORN Z N J. Leadership theory and practice: fostering an effective symbiosis [J]. The leadership quarterly, 2003, 14 (6): 769 – 806.

[323] ZHANG H, EVERETT A M, ELKIN G, et al. Authentic leadership theory development: theorizing on Chinese philosophy [J]. Asia pacific business review, 2012, 18 (4): 587 – 605.

[324] ZIGURS I. Leadership in virtual teams: oxymoron or opportunity? [J]. Organizational dynamics, 2003, 31 (4): 339 – 351.